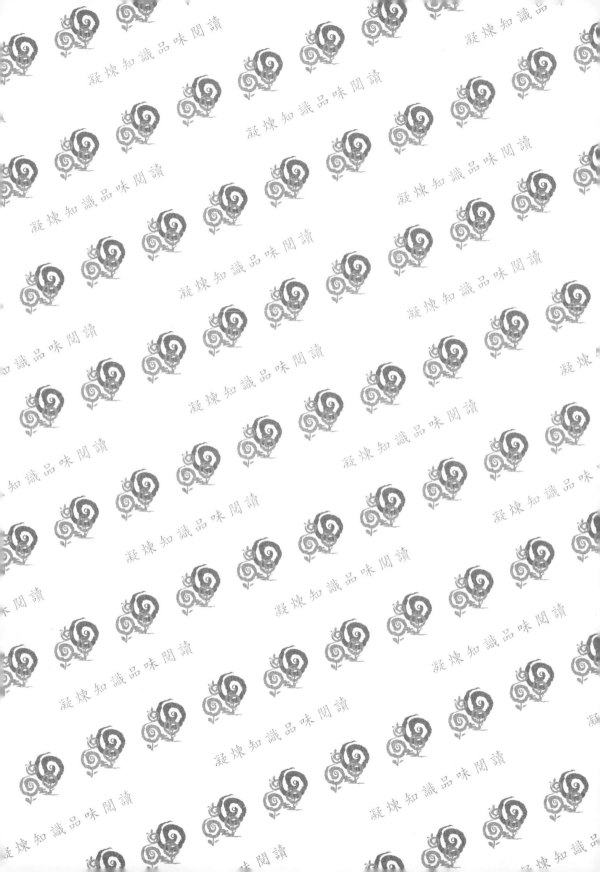

教育實習與教師之路
成為教師的十四堂課

劉世雄　著

五南圖書出版公司 印行

自　序

　　一個國家的國力取決於教育，而教育的根本在師資，師資的良窳決定了一個國家的發展。師資對了，教育就對了；教育對了，國力就強了。良好的師資培育需要從基礎專業養成開始，並在每一個階段持續增能。

　　當前師資培育制度可以分為兩個階段：職前師資培育與在職教師專業成長。在職教師專業成長部分，已在我的另一本書《臺灣學校需要的學習共同體》著墨。在那本書裡，我以日本授業研究的觀點為基礎，以Vygotsky的社會互動論來開展，並以學校教師相互協助、相互分享，進而相互成長的協同學習之理念進行建構，再輔以五年的研究與走訪臺灣各地學校的心得，發展臺灣學校應有的教師專業成長模式，期待這種貼近教育實務的教師成長經驗，改善學生學習成效，不斷提升臺灣的學校教育品質。

　　本書則針對職前師資培育部分發展觀點。職前師資培育是由師資培育之大學甄選師資生或學程生，安排教育學分課程與增能活動，試圖培養師資生具備一個教師應有的專業知能與態度。師資生在修讀教育學程期間，需要瞭解未來任教的科目與其教材內容要素，需要熟知教育方法與策略，也需要多觀察、多見習和多體驗中小學教育實務。待修畢應有的教育學分與完成各種檢驗後，得申請並前往中小學、幼兒園進行為期半年的教育實習。實習學生需要對一個學校教育充分瞭解，再透過任教科目的教材或主題分析進行教學練習，並藉由其他活動參與，逐漸驗證教育理論、充實教育實務知能以及擴展教育理念，亦期待在教育實習期間，型塑高度教育熱忱與教育信念。之後，再通過教師資格檢定考試，取得合格教師證，以此報考各地各校辦理的教師甄選，在眾多考生競爭下，脫穎而出者始可獲得學校聘書，成為一位專任教師，開始展開教師生

涯。

　這一段教師之路層層關卡，想要成為教師的人在每一個階段需要全力投入。只是這幾年來，臺灣社會少子女化現象，學校教師缺額逐漸變少，使得要考上教師一職更加辛苦。不過，有些人意志堅定，其個人思想與作為均顯現一個教師的特質，只是在這一路過程中，忽略了某些細節、偏離了某些方向、或是誤解了某些作法，讓自己的學習有所缺漏，也無法在教師甄選上充分展現一個教師的知能。即使最終榜上有名，獲得學校聘書成為專任教師，但因為需要獨當一面，沒人從旁輔導，初任教師三年的震撼教育往往讓他們失去教育方向與教師自我認同。

　我先前在小學服務時，便有機會擔任教育實習輔導教師，在2000年更擔任一個學校內部掌管實習學生業務的處室主管。之後到國立彰化師範大學師資培育中心任教，再兼任教育實習與就業輔導組組長以及師資培育中心主任，完全投入師資培育的工作。另外，除了申請科技部研究計畫外，我也主持過全國性師資培育相關計畫，如教育實習績優獎、優質教育實習機構訪視、教育實習平臺等業務，對師資培育業務相當熟悉。這十年來接觸過的師資生和實習學生超過五千人，看著他們學習、成長，最終如願成為教師，相當高興；不過，我也看過許多具有教師特質且相當努力的師資生、實習學生和初任教師不知如何分析教材、不知如何設計教學活動，甚至面臨挫折卻又不知所措，最終放棄或迷失，令人感到惋惜。

　國內的師資培育與教育實習環境仍不健全，特別是教育實習階段，主管機構分別有教育部、國前署或各縣市政府，以及師資培育之大學。師資培育之大學和絕大部分的教育實習機構並沒有隸屬關係，往往僅以一紙契約書建立合作關係。再者，教育實習機構和教育實習輔導教師的遴選多樣化，多數僅有消極規範。另外，擔任教育實習輔導教師也未有合宜的訓練，雖然他們多數具有熱忱，也相當辛苦，但往往僅以自己教導中小學生的經驗指導實習學生學習。

更令人擔憂的是，少部分教育實習機構對於實習學生抱持著「多一個人力」的想法，忽略傳承學校教育理念與欠缺教育實務指導的階段性策略。更甚的是，亦曾聽聞實習學生被賦予具有教育責任的工作，也聽聞教育實習機構不願意讓實習學生上臺教學或全學期僅提供幾個小時的試教機會。再從實習學生端談起，一部分的實習學生未知教育實習的眞實意義，等著人家教導；另一部分的實習學生即使有心學習，卻不知如何請教或也可能缺乏機會；再另有一部分的實習學生欠缺人際關係的營造，經常與學校師長、學生和家長產生些許緊張的關係。

我是一個師資培育工作者，上述的現象讓我些許激動，這不是一個先進國家應有的師資培育現象，但這十年來，上述的問題卻年年發生，鮮少改善。每當我的學生在教育實習期間透過通訊軟體求助於我時，我壓抑著自己內心的情感，一句句開導與提供建議，鼓勵他們營造正向的想法去體認一個學校組織文化，在積極爲學校教育奉獻之時，也需要試著找尋各種學習機會，淬鍊自己、培養自己具有一個教師應有的風範和知能，更提醒他們不要忘了準備教師檢定考試與教師甄試。畢竟要成爲一個好老師之前，得要先獲得合格教師證與教師聘書。

我先前的師資生和實習學生們相當期待我將教育實習的理念與成爲教師的歷程作法寫成一本書，許多師資培育之大學的同行教授也鼓勵我將理念型塑於文字，也感謝五南圖書出版公司陳念祖副總編輯的關心與提醒。今年元旦開始，經過半年的資料蒐集與撰寫，將這十年來的經驗與理念一句句在鍵盤上敲打出來，這其中透露著我對國家師資的期待，夾帶著我對師資生的期許，也隱含著我對師資培育工作的情感，希望每一個眞正想要成爲教師的人，能藉由本書強化既有的教師特質與知能，在教師之路上豪邁前進。

從職前師資培育到在職教師專業成長都很重要，牽涉到國家師資的良窳，影響國力的發展。我的兩本書——《臺灣學校需要的學

習共同體》和《教育實習與教師之路：成為教師的十四堂課》，都是我多年的經驗和心得，也共構了一個成功教師的歷程。特別是現在這一本《教育實習與教師之路：成為教師的十四堂課》，有別於其他師資培育或教育實習相關書籍，不全以學校行政和教育工作角度撰寫，而多以師資生、實習學生和初任教師的立場出發，目的是希望師資生、實習學生和初任教師在閱讀之後，除了熟悉教材教法與教案設計外，對自己的教育理念與教育作為產生明確的方向，更堅定自己的信念。不過，此書雖然具有閱讀的價值性，但論述上可能受限於個人經驗，部分觀點可能思慮不周；另也可能出書在即，論述略有不夠充分之處，尚祈各界不吝指正是幸。

劉世雄

於國立彰化師範大學師資培育中心

2016年6月20日

目　錄

第一章

走入「教師」這條路

　　星期一清晨六點多，鬧鐘響了，你非得起床不可。七點之前或甚至更早你得出門，因為多數的孩子即將到學校，你必須同時到學校，開始與這群孩子相處一天，忙碌到太陽下山。該下班了，或許你得把當天的作業改完、記錄做完，可能還得思考一下明天上課的內容，確認所需要用的教具夠不夠，才能放心離開學校。回到家飯後稍做歇息，可能手機電話聲響起、Line通訊軟體聲響起，某個家長先跟你說聲抱歉打擾，再向你請教或談論他的孩子在學校、在生活、在成長過程中的表現與擔心。或許放下電話時，抬頭看著牆壁上的掛鐘，時針正指著十的位置。這樣的日子會有多久？每星期五天，每學期一百天。會很累嗎？是，身體是有點累，但心裡是喜悅的，因為你看到孩子的成長、他們臉上的笑容，以及自己知覺在教育工作事務上愈來愈嫻熟的專業能力。多數教師就這樣過了二、三十年。

　　另外一種情境故事也可能發生。在某一個課堂上，你賣力地教學，見某一學生趴在桌上睡覺，你叫醒他並斥責他，他反而用一種憤怒的眼神對你說：「我睡覺關你啥事」。你可能會生氣，並找學務主任或生教組長前來處理，幾天後卻聆聽到他人背後談論你班級經營能力不佳的評語。再過幾天，你發現學生作業未完成，便在聯絡簿上書寫一段話，試圖提醒家長多督促，第二天家長的回應是「請老師多盡責任才是」。逐漸地，你又發現學校派很多工作給你，讓你無法好好備課，你想訴說委屈，卻無法獲得情感支持。你可能看到其他教師工作輕鬆，好像不怎麼努力，學生卻乖巧聽話、學習認真，家長們也很支持那些老師。你開始懷疑，懷疑校長、懷疑學校、懷疑教育政策，最後懷疑自己，考慮自己要不要繼續教下去？最後也可能讓自己天天在抱怨中度過，就這樣度過二、三十年。

　　上述故事的部分細節可能發生在每一個教師身上，畢竟學校是一個社會化情境，教師是一個需要與人互動的工作。與教師互動的學生、同儕教師、行政人員、校長、家長和其他可能接觸的社會人士，都有其獨特思想、觀點、生活背景、習慣、行為模式和個人對教育的價值觀。教育工作相當複雜，不是光有教學技巧即可滿足工作需求，教師還需要一些心理特質、專業能力和持續動力。教師特質的型塑、專業能力的提升與教育熱忱的維持，是一個走入教師這條路之三個重要條件。

　　許多大學生考進師資培育之大學是以修習教育學程爲目的，然而這其中有許多學生特別是以教師工作待遇爲走入教師這條路的首要考量，姑且不論要成爲一位合格教師需要經過許多關卡，一個修習教育學程的大學生是否理解教師工作內容和情境，以及思考自己是否可以在大學修習教育學程期間培養自己具有一個教師應有的特質，還是認爲只要自己認眞讀書便可成爲教師，不同的思考可能有不同的決定，甚至不同的結果。本章即從教師應有的特質談起，提供師資生們思考自己的想法與作爲是否貼近這些特質。如果差異太大，即使幾年之後考上教師，恐怕也是在工作中抱怨，在抱怨中度過教師生涯而已。

第一節 教師應有的心理特質

　　特質是指一個人特有的性質，大多是與生俱來的本質與天賦，不過，只要個人具有積極態度，也可以藉由後天的省思與調整，逐步型塑自己想要的特質。在特質前若加上職業名稱，即是指該職業的人物應在那職業工作表現上所需要的心理特徵。以教師而言，教師的工作屬性涉及一群教師集體在「人的教育」上努力，而教育之普遍功能在使人之個體天賦、生活知能和社會責任能夠良性發展。爲促進教育功能的顯現，教師除了彰顯正向心理以收示範之效外，也要有充分的學術專業知識以啓發學生的知能。另外，教師還需要與他人建立良善的社交關係藉以進行有意義的互動。因此，教師應有的特質即包含了正向心理、學術專業和社交關係等三大層面。

一、正向心理

㈠教師是一個彰顯正向人格特質的人

　　正向心理是一種信念，凡事相信事情會有好的結果、往好的地方發展以及不常怨天尤人，即使遇到了困境，也相信自己可以克服，並將危機化爲轉機。若個體將正向心理發展爲比較持久之獨特性內在心理及外在行爲

型態，則會展現如關懷、誠實、寬恕、堅毅、勇氣、自信、冷靜……人格特質。教師若具備這些正向人格特質，除了自我調整自己的處事作為外，亦可感染學生，引領學生有正向的人生觀。

在班級經營中，教師愈能彰顯正向的人格特質，班級氣氛愈佳，亦能成為學生行為的典範，進而從潛移默化中去改變學生的心性與品格。在學生輔導中，教師彰顯正向人格特質，會以同理心去傾聽和體會學生感受，設身處地為學生著想並積極地協助學生，讓學生感受到教師的關懷，進而改變自己的錯誤行為。在教師專業成長中，教師彰顯正向人格特質，會不斷地省思自己的不足、不斷地自我充實以及參與各項研習進修，時時為學校和教學注入創意與活力。在教師同儕互動中，教師彰顯正向人格特質，處事圓融，會與同事建立良好的人際互動關係，以隨和的態度去關心他人，營造溫馨的校園文化。

(二) 教師是一個能自我穩定情緒的人

情緒是一個人綜合周遭人事物所引發的知覺、思考和行為，所產生的心理和生理狀態，會有原因、會有強度、也會有持續時間。亦即個體受到某些刺激或在特定情況下，所體驗到各種不同的心理和生理感覺，例如：歡喜、憤怒、悲傷、快樂、恐懼、驚訝、厭惡、羞恥、愛……，這些感覺可能輕微，也可能強烈。情緒是人人與生俱來的，情緒既有原因，亦有知覺，無好壞之分，也無須忽視、壓抑、排斥或控制它，而是需要以主動積極的態度去面對它與處理它。因此個體在理解情緒的產生因素後，可以嘗試控制情緒的強度和持續時間，這即是情緒管理。

教師情緒來源有多個面向，包含教師生理和個人生活、學校環境、親師互動、社會媒體、教育改革、學生回應表現……。情緒會激發個體的身體反應，正向的情緒使教師樂於工作，增進教學熱忱；負向情緒將使教師對教學工作產生挫折，也會影響別人。若教師長期處於負向情緒，又無法適當的抒發，將使心理痛苦轉為身體疾病。檢視當前校園內的師生衝突或親師衝突事件，大都有教師情緒管理失當的因素，而衝突來源大都是學生的表現。教師在教育過程中，主要面對生理和心理正在發展中的學生，這

些學生的行為無法如同大人般的理性成熟，教師不宜以大人的標準看待學生的行為，若能如此，便可以用「即使學生犯錯都是需要教導」的想法作為降低負向情緒的原因，師生衝突所引起的教師情緒失控現象可能就會減少。另外，親師溝通時也需要諒解家長並非教育專業人員，無法提出符合教育專業的觀點，若能如此，亦可能減少親師衝突的情緒來源，便可穩定自己的情緒。

(三) 教師是一個具有高度教育熱忱的人

熱忱是一個人熱衷於某件事務的程度，它能激發個體完成該事務的能量，也因此是決定目標達成或工作成敗的關鍵。史蒂夫‧賈伯斯（Steve Jobs）提及「If you are working on something exciting that you really care about, you don't have to be pushed. The vision pulls you.」，亦即「如果你在做一件令人興奮且你真正關心的事，你不需要被催促，願景會牽引著你」，這即是熱忱的表現。以教育的工作屬性思考，教師的教育熱忱可以推演為：教師在教育活動中，面對各種教師應有的責任，包含校務活動、教學、學生輔導和專業成長，能夠投入心力、耐心指導，且不斷省思自己的作為與持續試圖改善工作品質，以增進教育的最大效果之教師心理狀態。

一個具有高度教育熱忱的教師，會在教材選擇、內容分析與詮釋、教學和評量上投入心力，並在教學過程中關注學生表現和營造正向學習氣氛，亦能激發學生內在學習動機。即使在教育工作上面臨困難，也欠缺資源和支援，會勇於克服困境與難題。當前科技發展、社會文化變遷快速，使得教育型態和內容需要隨之改變。具有高度教育熱忱的教師能夠知覺和預測未來社會型態，轉化為當前的教育模式，並積極在自己的教育領域內試驗，亦經常分享自己的教育心得，帶領其他學校和教師前進。反之，教師若缺乏教育熱忱，教育工作遭遇問題時，常忽視、歸咎他人或推卸責任，教師專業成長將停滯不前。

(四) 教師是一個持有價值中立態度的人

價值中立源自於「是」和「應該」之間的討論。「是」是一種事實判斷或實然的判斷，而「應該」是一種價值判斷或應然的判斷，這兩者之間

要有明顯的區分。當個體獲得某項事實性資料，不能將自己的價值觀念強加於資料內，使其彰顯自己的價值，亦即呈現無價值傾向的事件描述。不過，以社會科學而言，事件觀點很難有無價值性的判斷，因此，讓諸多價值多元呈現、讓聆聽者自主判斷，即是一種價值中立的態度。

早期的課程充滿政治、威權與性別刻板印象的意識型態，早期的校園儀式或制度亦隱含潛在課程，當代教師好不容易理解與跳脫早期的課程意識型態，也需要自省是否跳脫他人的意識進而灌輸自己的價值意識給學生。在社會生活或教育過程中，有許多的資料可以有不同的解讀，教師單一的論述即有教師的價值判斷成分，若遇爭議性的議題，教師需要持有多元價值呈現的態度，亦即秉持價值中立的理念，引導學生批判思考，若有必要，鼓勵學生當下不做價值選擇，待成人後再行選擇自己認同的價值。若教師在爭議性議題過於主觀，可能落入另一種威權體現，也會遭受質疑。藉此，保持價值中立的態度也是一種教師特質。

二、學術專業

(一)教師是一個具有豐富知識的人

教師所需要具備的專業知識要豐富到足以應付教育工作所需，這包含學科知識、教學知識與通識知識。學科知識可以提供教師選擇教材、分析教材和統整教材的知識；教學知識可以讓教師知道有哪些教學策略、教學方法、教學資源和評量方式可用；而通識知識則可提供教師在安排活動、照顧學生以及協助學生處理各種事務的參考內容。由於教育事務和學生問題的處理都是統整性，非獨立知識可面對，因此，教師也要能連結學科知識、教學知識與通識知識，熟悉可能的應用情境。

在教育過程中，教師幾乎是啟發學生獲得知識的重要來源，學生課業有問題，教師要有足夠的知識判斷原因和指出學習的起點；學生在學校生活有問題，教師要有充分的知識判斷生理、心理或同儕之間的問題，並輔導解決；學生的家庭有困難，教師要瞭解問題所在與具有相對應的知識，除了儘量提供協助，亦可代替尋求社會機構幫忙。另外，教師所需要的知識不會一成不變，環境持續變遷，知識也可能不夠充分，教師需要積極學

習或請教他人，並在每一次的問題處理中，擴充了自己的知識。

(二)教師是一個能發展教學魅力的人

　　魅力，是一個人對他人的吸引力，是個體不僅具有同類群的人之普遍性心理特質，也包含個體獨特的氣質，足以吸引他人欣賞。教師的教學魅力既含有教學者應有的教學表現，更具有教學獨特、創新成效，讓人想要仿效的教學氣質。教師教學魅力的發展是基於積極熱忱的人格特質，並在平時的生活和工作中不斷加強自身修養，逐漸昇華起來，其潛在的教育價值不容低估。

　　教師要能發展教學魅力，亦即教師要在教學情境中，觀察周遭事物和學生表現，去建構適合自己和自己學生的教學模式，不同的教師有不同的教學魅力發展。例如：某一教師對網路科技情有獨鍾，便發展適合自己教學情境的行動學習教學模式；另一教師可能對學生差異化教學策略進行鑽研，便不斷實驗教學並發展出差異化互學的教學模式；亦可對某個學科的知識結構與細節屬性瞭解透澈，或對某個球類、音樂團隊、藝術人文和任何與教育有關的活動，具有鑽研探究的特質。如此，每位教師均有專長魅力，都是特色教師，讓人得以尊敬。不過，教學魅力的發展需要時間，也得先扎實地熟練一般教學策略，對創新教學具有積極探究的態度是重要的。

(三)教師是一個經常省思的人

　　教學省思已被許多師資培育機構視為教師專業培育的重要項目內容之一，透過教學省思的功能，教師觀察與評估他們自己的經驗，形成某種觀點，並進一步發展更適當的教學策略。一般而言，教學省思有三個層次：最低層次是確認問題與描述現象，純為技術、目標導向的作法；第二層次是從不同的觀點思考並發展可行方針，體會到知識的客觀性與信實度；最高層次是評估不同的觀點並決定行動方針，涉及社會文化價值觀和假設的質疑與批判。

　　教師實踐教育工作需要經常自我省思，能從實踐過程中蒐集資料、分析資料與自我檢討，對不確定的事務加以澄清，規劃更有效的解決策略，

適時調整或修正自己的教學，並將省思的結果作爲下一次實踐教育工作的參考依據，這可讓教師改善教學品質，進而開拓自己的教學視野。教學省思也有助於激發個人的自覺能力，對自己認知歷程能夠掌握、監督和評估，更能增進思考的彈性，對教師專業成長有著實的助益。值得一提的是教師可以與同儕教師協同合作與共同省思，可避免個人立場的不客觀，進而造成對教育事務的詮釋或判斷有所偏頗。不善於省思的教師，通常是獨力進行教育工作，孤立和封閉自己，傳統教學模式不斷重複出現，即使遇到問題，也不會思索改進之道，教師專業經常受到質疑。

三、社交關係

㈠教師是一個具備社交技能的人

教師每日都要與學生和同儕教師互動，有時也需要和家長或其他校外人士溝通，社交技能對教師而言非常重要。社交技能是指與他人互動溝通時一種可被接受的技巧行爲，良好的社交技能可以改善個人的生活品質，亦可促進溝通目的之達成。因此，社交技能被認定爲促使個人成功與他人互動的行爲之能力。社交技能是可以學習的，可以促進個人與其他人的良好關係，尋求協助和拒絕不合理的要求。

社交技能對教師的教育工作相當重要，影響著教師的學習、人際關係、共同存在感、心理健康、教師協同和師生合作。教師具有良好的社交技能，可以與學生、家長和同儕教師有效溝通，可以運用適當的方式處理可能的社交衝突。在教育工作實踐中，教師可以運用良好的社交技能，讓學生知覺適當的學習方向；教師處理學生的問題行爲時，教師良好的社交技能可以讓學生感受到教師的關懷；與家長互動溝通時，教師良好的社交技能可以讓家長信任教師的專業作爲；與行政人員討論校務時，良好的社交技能將可以讓彼此瞭解各自的需求與價值。由於社交技能對教師的重要性，因此，在師資培育階段，師資生需要培養社交技能，而實習階段和在職教師階段，也需要自己體會與學習適當的社交技巧。

(二) 教師是一個願意與他人協同合作的人

協同是指個人工作或學習與他人關係的連結，互動方式是尊重差異、分享知識以及相互取得對方的價值利益。協同與合作不同，合作是指與別人一起同心合力和分工，以達成一個共同目標。學校教育需要教師團隊合作，例如：辦理運動會，教師們分工各司其職，合作完成運動會的共同目標。不過，教師的教學工作又得獨當一面，例如：王老師和李老師都是國文老師，各自教導自己班上的國文課，但兩人可以分享教學理念與經驗。運動會的例子是合作，分享國文課教學心得是協同。以此而言，學校教師們需要與其他同儕教師可能因任務性質進行協同或合作。

不管是傳統教育模式或當前教育體制，教師多被安排獨力進行工作，例如：擔任班級導師、擔任三年一班的數學課程教師。獨力工作難免疏忽，可能需要相互提醒和相互協助，因此，學校教師需要協同的機會比合作還要多。

九年一貫課程開始實施時，各校便有教學群的規劃，二個或二個以上教師在一個教學群中，發揮個人專長及潛能，共同計畫、共同決定及共同實踐教育行動。姑且不論各校教學群的推動或是教師自組學習社群共同商討教育實務之現象，理念上，教師們互相討論，發揮集體智慧，共同設計教學計畫，並依教師專長分工合作，甚至對班群學生共同指導。這種突破以往教師單打獨鬥的工作情形，進而以協同合作模式實踐教育工作，對學生學習品質提升與教師專業成長均有顯著的利益。已有諸多教學群或社群教師體會到教師協同合作的利益，並展開教師共同備課、公開觀課和集體議課的作為。與同儕教師協同合作的意願，這也將成為教師的重要特質之一。

上述這九項特質是需要逐漸內化的，師資生剛進入師資培育過程，可先以自己個人知覺列出優先順序，在修讀教育學程、在教育實習，或在初任教師階段逐漸型塑。

第二節 教師應有的專業能力

專業是指在特定的職場工作中，所展現的知識、技能與態度，具有獨特和明確的知識體系，需要訓練並保有自主權。以教師的專業而言，是教師在教育工作中所嚴謹持有、透過不斷研究逐漸增長，也難由非專業人員取代的專門知識、技能與態度。教師應以他人無法立即取代的教育專業，進行教育工作。

上述的定義，除了顯示專業的內涵包含知識、技能與態度外，教師的專業表現要能彰顯獨特性與明確性。反過來說，如果教師的專業工作是一般人士可以做的事，那教師就無法具有專業的特質。因此，教師需要被培養與發展獨特的專業知識、技能與態度，若執行教育工作所使用的方法只是一般社會大眾或家長使用的方法，那教師專業將受到社會大眾與家長的質疑。

教師的專業工作主要是「學生的教育」，不過，影響教育的因素很多，所要做的事情也很多，除了普遍性的教育作為外，特定的學校、特定的學生和特殊的情境，可能都需要有特別的作為。

一、普遍性的教師專業知識

以普遍性的教師專業知識而言，舒曼（Shulman, 1987）提出了七項教師應該具備的知識。

㈠學科內容知識（content knowledge）
學科領域中的知識概念及架構。不同學科領域之知識架構不同，教師需要對特定科目知識體系清楚地瞭解。在當前的師資培育制度中，師資生在大學學系修讀的專門學科，是培養學科內容知識的機制。

㈡一般教學知識（general pedagogical knowledge）
一般教學知識是指轉化學科內容之教學原則與策略。以當前師資培育課程而言，「教學原理」即屬於這類知識。

㈢**課程知識**（**curriculum knowledge**）

教師對整體課程方案的理解。教師要能瞭解學校教育的課程發展，並且能掌握課程要素的組織安排，也就是教師具有課程內容設計、組織與銜接課程的基本知識。以當前師資培育課程而言，「課程發展與設計」即屬於這類知識。

㈣**學科教學知識**（**pedagogical content knowledge**）

教師為進行特定學科的教學，融合學科知識與一般教學知識以及其他可能相關聯的教育知識為學科教學知識。教師需要針對所任教的學科內容屬性，思考對應可行的教學策略，亦即將學科知識加以轉化形成教學的思維與行動。以當前師資培育課程而言，「教材教法」即屬於這類知識。

㈤**學習者特性的知識**（**knowledge of learner and their characteristics**）

學生的生理和心理發展相關的知識。教師需要瞭解學生的生理和心理發展階段與內涵，才能提供符合學生發展需求的知識或活動。以當前師資培育課程而言，「教育心理學」即屬於這類知識。

㈥**教育情境知識**（**knowledge of educational contexts**）

對於教育環境的認識，從班級或小組的學習環境，到學校地區的治理以及社區與文化特色等方面的理解。教師需要瞭解學生的家庭、社區文化，提供適性化的學習經驗。以當前師資培育課程而言，「班級經營」和「教育社會學」即屬於這類知識。

㈦**對教育目的、目標和價值與其哲學和歷史脈絡的知識**（**knowledge of educational aims**）

對於教育目的、目標與價值，以及教育相關的哲學與歷史脈絡發展的認識。教師需要透過教育目的與目標的發展，並透過哲學思辨探討教育的本質，建立教育價值信念，形成實踐教育工作的方針。教師也可以瞭解教育發展的歷史，學習良善的教育作為，避免錯誤的教育決策。以當前師資培育課程而言，「教育哲學」和「教育史」即屬於這類知識。

二、當代教師需要的專業知識

　　近幾年來，社會環境遽變，人們講求人權、民主，也戮力追求富庶生活，受教權已從教師教學實踐的觀點轉變為每個學生是否得到應有的學習機會之論述，學生所接受的知識也將被置入社會生活所需能力中，檢驗其充分性、意義性與價值性。這使得教育專業需要顧及到每個學生的特質與學生多元差異的尊重，以求受教權的彰顯；學習也需要深化以求未來生活關鍵能力的培養。因此，教師的專業知識必須要進階。本書思考現代社會對於受教權與學習深化的需求，以及整合先前的教師專業論述，提出五個當代教師需要的專業知識，以補充舒曼（Shulman, 1987）提出的普遍性教師專業知識。

㈠評量學生平時表現的專業知識

　　評量學生學習結果不僅讓教師瞭解教學成效，也讓學生知覺自己的學習結果。教師藉由評量結果強化或省思教學設計，作為補救或下次教學的參考。學生知覺自己的學習結果，亦可強化或自我調整自己的學習習慣或態度。因此，教師需要有評量的能力。

　　學習評量不只是命題出考卷，即使出考卷，也要是能引領學生學習的好考卷，更關鍵的是，教師要有能力對學生的平時表現做出判斷，包含平時的練習和實作的作業、上課態度及學習投入，以及與其他學生互動情形，綜合判斷學生學習表現，再提供個別化進階學習的機會或建議。不過，當前許多教師可能僅做量化表現的評量或總結性的評量，欠缺判斷學生平時表現的專業知識。

㈡設計分組協同與合作學習的專業知識

　　提供機會讓學生與同儕互動討論，可以增進學生學習資源，亦可以讓學生藉由聆聽他人的發表和觀察他人的表現，與自己的思維和表現做一對照，逐一比較異同，可能藉此促進學生的思考，如此，學習便可深化一些。再者，學生不能只有在知識上的瀏覽和理解，需要提供學生應用知識的機會，教師安排學生合作進行學習任務，讓學生得以運用所學知識的機

會，學習將會深化。因此，若要促進學生深度學習，學生需要同儕協同或合作。

不過，教師不能將學生隨機分組，要瞭解班級學生的互動氣氛、社交關係、社會情緒發展，除了避免學生之間的排擠、歧視、霸凌事件發生外，視學習任務進行異質或同質性分組，再配合合適的學習任務和導引，也需要監控學生分組學習的過程表現。學習深化需要學生互動，但設計學生分組與導引式學習任務是重要的教師專業知識。

(三)瞭解學生多元差異與融合教育的知識

瞭解學生的天賦是當代非常重要的教育理念，適性揚才，成就每一個孩子是臺灣十二年國民基本教育的願景，因此，教師需要細心觀察與主動發現學生資質和天賦。另外一方面，教師也要對來自弱勢家庭、不同文化家庭的學生和特殊學生多加理解。在實踐教育工作中，教師需要對班級的社會正義有所知覺，避免刻板印象，也要引導學生相互尊重差異，更需要仔細觀察學生的互動，避免發生偏見和歧視。

教師要有融合教育的專業知識，但此專業知識卻經常被忽略。教師身處於多元文化情境，往往不知道與不同學生的互動技巧，有時課堂中的一個金錢消費的教學實例，可能傷害來自弱勢家庭的孩子，或不知不覺暗示有錢真好。因此，建立融合教育的觀點，瞭解學生的學習風格、天賦、文化差異，甚至協助其生涯發展是教師的專業，藉此，教師也需要具備差異化教學的專業知識。

(四)指出教材核心知識與任務設計的專業知識

教師需要融合學科知識與一般教學知識，將學科知識加以轉化形成教學思維與教學活動。這種考慮學生認知發展所進行教材選擇、呈現教學活動與評量，本是教師重要的專業能力。

然而，多數教師可能發現學生對學科知識的理解不夠充分，產生許多迷思概念。原因可能是教師並未掌握教材知識概念的屬性細節，少講了一個細節，學生誤以為自己瞭解，但卻學習到錯誤的資訊，導致學力愈來愈差。另外，多數教師也經常反應課程上不完，這是因為教師講述太多，自

認為課本上的文字題目和補充講義都需要講授。教材教法應掌握教材核心知識細節和迷思概念的分析，之後，教師需要設計學生應用教材核心知識的任務，讓學生在任務參與中，自主發現和自主學習。這是除了深度學習外，亦是培養學生核心素養以面對學生未來生活與工作能力的關鍵作為。最後，教師也需要知道如何進行跨領域知識的統整，與其他教師協同備課與教學，避免片段的知識讓學生無法在實務情境中應用。

㈤ 專業認同進而引領教育發展的知識

教師專業認同指的是教師對教育專業工作、目標及本質的設定與評價，這常是教師忽略的專業能力。教師必須瞭解教育工作的複雜度與限制，並從中設定教育目標、責任、效能和滿意度程度，不可好高騖遠，也無須急功近利，應逐漸發現周遭環境與資源，逐步規劃自己的教學生涯，進而發展出教育的興趣與熱忱，以及高度認同教育工作。

當教師能夠在日常教育工作中展現自己的專業，便可從教室教學的角色昇華為教育的領導者。此領導者不一定是指行政領導，而是一種影響學生、教師同儕、家長與社會大眾的教育理念之引領。一個國家的國力取決於教育，教育的根本在師資，有好的教師，就會有好的教育。好的教師必須要擔任社會引領者的角色，而好的教師必須從專業認同開始。

第三節 建構教師生涯發展路徑

如果你是師資生，早已把成為一位教師當作目標，先前兩節的內容，你得先檢視自己的特質，並思考自己是否可以型塑那些特質；你也得仔細閱讀先前所述的教師專業能力，是否與你的想法差異過大。

或許還有一些師資生認為，「當教師不就是上臺把課教好即可，哪需要那麼多專業？我以前的教師都沒有那樣啊？」這樣的想法情有可原，原因是早先社會大眾對教師的要求並不高。不過，隨著民主、政治、人權、經濟的發展，以及來自企業認為學校無法培養人才的觀點不斷被拋出，當代的教師不能只停留在早先一、二十年的專業表現。或許可以說，當代的

師資生正處於一個師資培育轉型的世代。

　　這三、五年來，許多教師的專業成長已經跳脫早期的教師聆聽講座或參與工作坊的模式，那種與教育實務脫離的進修模式，已被認為無助於教師專業成長。逐漸地，有想法的教師開始在自己的班級試驗新的教學方法，也有一群志同道合的教師在校內或跨校成立教師共同備課社群；另外，也有一些學校開始在教育作為中融入網路科技元素，發展行動學習的課程方案。沒有任何行政命令要求這些教師或學校這樣做，他們秉持著創新、改變的態度與教育熱忱，試著想要找回自己當時投入教育的那股初衷，也試著想要為國家教育、為下一世代公民找出合適的教育方式。如果知道這些學校和教師的作為，你就會慢慢認為教師不能固守一成不變的教育方法。若不改變，或許仍不會被當前教育制度所淘汰，但同儕教師開始有些創新思維，家長之教育理念也跟著提升時，一成不變的教師將會受到質疑，甚至排斥。再翻回去看本章第一段的兩則故事，為何第二個教師會開始懷疑自己，懷疑他人，天天在抱怨中度過，或許自己就會有答案了。

　　教師是一個需要不斷專業成長的行業，從師資生開始，實習學生、初任教師（服務年資三年以內）、中階教師（服務年資三至十五年）到資深教師（服務年資十五年以上），每個階段都有專業成長的任務。若以師資生而言，短期目標即是修讀教育專門與教育專業課程、申請和參與教育實習、通過教師檢定考試與教師甄試。因此，從修讀教育學程開始，建構你的教育生涯路徑吧！

　　本書即以教育生涯路徑發展為各章節內容，從第二章開始，各章節重點即是師資生必經的教育生涯路。本書各章節均有獨立性，也具有關聯性，可整合閱讀，亦可獨立閱讀，期許本書可以帶給師資生和實習學生對教師之路的啟發，對教師生涯提供一些助益。

　　第二章提及「分析教材教法」，包含分析學科教材內容與關聯性、找出核心知識與其屬性細節，以及思考教材內容對應的教學方法，這是針對大四修習各科教材教法的師資生或是參與教育實習的實習學生所書寫。一個職前師資必須要能夠掌握教材的內容結構，以確認先備知識和新知識之間的關係。再者，當檢視教科書某個單元內容時，要能找出該單元的核心

知識和其包含的屬性細節。再針對重點核心知識，發展教學策略和評量方法，以及尋找輔助的教學資源。「分析教材教法」是一個教師從教科書或教材單元，轉化為教學活動之重要能力。

第三章是「學會寫教案」，藉由教材內容分析，找出核心知識後，教學者需要轉化為教學目標和行為目標，並依據學生認知、技能和情意程度設定教學目標層次。其次，藉由教學目標思考教學活動、教學策略與組織安排教學活動順序，不同教材內容和不同的學生可能會有不同的教學策略。另外，為了讓學習者更充分明白教材內容，教學者需要使用適當的教具、設備和數位媒體資源，也需要在過程中和教學結束前評量學生的學習表現。

第四章提及「教育實習前的準備」。師資生在升大四時，就要開始選擇教育實習機構，師資生需要瞭解當前國內教育實習制度與現況，本書除了提及教育實習相關法規外，也把各師資培育之大學和教育實習機構在教育實習輔導的積極投入與消極面對之現況和問題多做說明，另也提到許多實習學生不瞭解實習目的進而產生實習困擾的情形。找到一個適合自己的教育實習機構相當重要，即使部分師資培育之大學已有設定教育實習機構的地理區域，師資生也要多做瞭解。當選定好教育實習機構後，充分規劃自己的教育實習生涯可以讓自己在教育實習過程中獲得許多重要的經驗。此章最後一節，即提醒師資生在進入教育實習機構前應該思考和計畫的內容。

第五章是關於「參與教育實習的關鍵事」。參與教育實習不是只有教學、導師、行政或研習活動的參與，許多教育實習規範未提及的事反而影響教育實習的成敗。與輔導教師和同儕實習學生維持良性的互動關係，會讓實習學生獲得更多的學習機會，亦可相互分享價值信念、獲得工作和情感協助以及提升自己的學習效率。而與學生建立良好的師生關係以及學習和家長互動，也可以儘早體驗一個教師的專業角色。再者，如何安排教學見習、試教，導師或級務工作如何設計，以及校務參與的心態準備，實習學生應該多所瞭解。不過，「參與」不代表「學會」，「經歷」尚需要「思考」，實習學生需要省思。實習學生透過外在客觀環境的訊息接收，

而對自己的想法、行為和態度進行評估判斷，也藉由自我省思，個體可以修正、調整或修改，建構更好的行動意義，以及型塑自己的教育信念。

第六章是「學校行政事務參與」，部分教育實習機構對實習學生可能持有「多一個人力」的心態。如果實習學生進入實習機構，在行政實習部分沒有任何學習計畫，或者是抱持著一個「聽命行事」的心態，不僅自己在行政實習毫無所獲，到最後可能心理負荷不了，造成人際關係緊張或自己的身心受創。首先實習學生需要積極地瞭解各行政處室的業務和校務推動的運作模式，熟知一個學校內的組織分工與責任。然而，教育實習機構是一個社會化的環境，除了既有的教育事務需要推動外，亦有不同的文化、社交和情感情境，這非教育理論觀點所能描述，實習學生需要充分瞭解自己實習機構的文化和所處環境，也學習人際溝通、協調和規劃教育事務的行政能力。再者，實習學生需要在學校行政事務上有統整學習的經驗，實習學生可藉由觀摩辦理大型校務活動，包含目標與理念、流程設計、分布細節與關聯、執行過程與蒐集資料、歸納統整與省思，充分瞭解學校校務運作的脈絡。

第七章是關於實習學生在參與教育實習期間，如何「持續充實自己的專業能力」。實習學生不能僅仰賴教育實習機構提供的學習機會，也需要與校內外實習同儕進行協同學習，藉由相互分享經驗、相互情感支持和相互協助，克服遭遇的問題，彼此獲得更多學習和成長的機會。再者，十二年國民基本教育相關政策與實踐策略對實習學生非常重要，實習學生要把握在教育實習機構的時間，多去蒐集相關訊息、觀察見習，進而理解政策的內涵，並藉以提升自己的教育專業。另外，當前校園衝突事件偶會發生，校園有些不平靜，這些事件無法避免，但發生時往往讓教師處理措手不及，也影響了全體師生的情緒和心靈。實習學生參與教育實習，對教育實習機構發生的危機事件必須瞭解，可以思考解決危機的策略，藉此培養自己未來成為教師時處理校園危機的能力。

第八章是以「讓教育實習更成功」為題，讓實習學生在參與教育實習之學習上更有意義。部分實習學生到教育實習機構後，發現對教育實習的期待與現況落差太大，產生不適應，進而中止實習，甚至放棄教師生涯。

實習學生面對挫折與釋放壓力是師資培育過程中相當重要的內容，而實習學生也要自我瞭解，進而調適自己。其次，實習學生可以與他人建立社交網絡，形成或累積成社會資本，社會資本可以在心理遭受挫折時，相互提供情感支持與相互激勵，亦可以提供實習學生解決問題所需要的重要資訊以及討論和省思的機會。另外，實習學生要學習的內容很多，但在教育實習機構要做的事情也很多，多數實習學生在參與教育實習後的心得是「很忙」，卻難以說出幾個完整的學習內容。與其抱怨教育實習機構給了太多事，不如做好時間管理。

第九章是「準備教師檢定考試與教師甄試筆試」。教師資格檢定考試是一張教師之路的門票，沒有教師證便無法成為正式教師。每年仍有40%以上的實習學生，在教師資格檢定考試失利。本書特別撰寫此章，提供師資生和實習學生一些讀書計畫和方法。其次，本書整理歷年來教師資格檢定考試題目，分析出各考科的重點。近年來，教師資格檢定的考試題目多為情境題，本章即從考科重點與題目，提出一些情境題準備的方向供實習學生參考。再者，教師甄試的第一關筆試難度很高，有時通過率不到兩成，讀書方式不能像教師資格檢定考試一樣，需要多擴展、多涉獵，本章於書中擬出共組讀書社群的方法，實習學生在讀書社群相互分享讀書重點，能夠掌握更多的考題資訊。

第十章的內容是關於「準備教師甄試口試」，如果師資生已經獲得教師甄試複試的資格，那已達臨門一腳的時機了。如果師資生在此關失敗，甚是可惜。以口試而言，問題大都聚焦在教育理念、班級經營、教學知能、校務參與和特殊表現，也關注到個人儀容舉止和表達能力。以前面五項內容而言，非教育學程之課程所學的理論知識內容，多與學校事務以及個人在學校事務的特定表現有關，因此，考生需要多體驗和多蒐集教育實習所發生的事。製作教育專業履歷也是實習學生必要之功夫，製作教育專業履歷即是實習學生在師資培育階段和教育實習期間所參與教育事務的經驗，以及在省思後所型塑的個人專業能力，以摘要重點、關鍵語詞以及邏輯系統方式，將自己最好的一面呈現在書面上。另外，口試題目可以歸納成數個類型，考生可以藉由先前所蒐集的資料自己設計題目與練習。整

體而言，考生在內容、技巧和熟練度的相互配合下，把參與過的經驗說出來，讓口試官認定你就是具有教育專業能力、你就是他們想要的人。

第十一章即是「準備教師甄試試教」，試教包含教材內容、教學技巧和表達能力三個面向，如果考生在試教中能夠將三個面向統合聯繫好，將會呈現令人讚賞的教學表現。考生在上臺前抽取或被指定教材單元後，需要快速分析教材，找出所要教學的內容，再思考教學策略與所需時間，撰寫簡案，並且利用時間自己找地方試講。其次，教學流程與教學技巧的應用甚是重要，從進門到走出教室的試教時間，從開始講解到禮節應對，都需要注意。肢體動作、口才和板書的配合往往有畫龍點睛的作用，肢體動作配合語音語調可使教學生動活潑，應用板書更能讓學生對訊息接受更持久，這些是一位專業教師應有的能力，也會獲得評審教師的青睞。

第十二章是以「萬一失敗如何明年再戰」為題。近年來教師缺額漸少，能第一年就考上正式教師的實習學生，大都是大三或更早就開始準備。如果第一年沒有考上正式教師，仍堅持教師之路，那麼，考上代理或代課教師是必要之路。在代理或代課過程中，也因為不再是實習學生身分，許多教學事務可以自己掌握，本章提及代理或代課教師如何運用學校資源，再充實自己的專業能力。其次，也要瞭解自己的優勢與缺點，藉由自己的優勢去發展獨特新穎、令人驚豔的教學風格，也分析自己的缺點或不足，利用近一年的時間補充。求助社會資本是必要的，本章第三節即是提醒代理或代課教師需要讓他人或從他人的觀點來看待自己、調整自己，讓自己在第二年表現更好，達到目標。

而第十三章以「初任教師的震撼」為題，主要提及考上正式教師之後，教學生涯前三年會遇到一些震撼，包含學生難以管教、家長質疑新手教師不具專業，或是教學成效總是不如預期。本章主要提及初任教師所面臨的問題，再提出一些克服問題的建議。其次，初任教師需要加強自己的專業能力，不管是在課程、教學、班級經營和親師溝通上，自己需要擬出專業成長計畫。教育工作雖具複雜性，但不會無法克服，總是因為經驗不足而有些許震撼而已。只要初任教師瞭解問題本質，透過各種方式提升自己的專業並試著一一解決，逐漸轉化為更進階的專業能力，即可在教師教

學專業與個人自我認同中，發展二、三十年具有工作責任感的教師生涯路。

最後一章第十四章的內容是「成功教師的圖像」。即使成為教師，也經歷過教育震撼期，這並不表示可以完全應付所有的教育情境問題。教師要瞭解，沒有學生就沒有教師，教師之所以存在是因為學生的學習需求。另外，每一個學生都有受教權，教師要能提供每一位學生得以學習的活動。沒有一種完美的教學模式、也沒有永遠最佳的教師，教師需要因應學生的各種學習需求，積極找尋可以提升學生學習品質的方法，隨時調整自己，讓自己不斷精進學習。然而，成功的教師經驗需要傳承，教師運用自己過去在教育實習的體驗和幾年正式教師的教育經驗，帶領新一代的實習學生參與新時代的師資培育過程，培養他們可以獨力面對教育情境的能力。實習學生經過成功教師的引領與提攜，又成為另一位成功教師，以此循環，教育領域才能有正向的發展。

本書的內容包含教師特質、教材教法、教案寫作、實習前準備、參與教育實習、教師檢定考試、教師甄試、教師專業、初任教師、成功教師等一貫歷程，各章節除了提及當前現況外，也提出一些問題和因應策略。本書融合教育實習概念、選擇教育實習和參與教育實習的策略、準備教師資格檢定考試和教師甄試的重點內容，以及一個教師面對教育情境的能力，是一本「教師之路」的過程教科書。本書設定的主要對象為師資生、實習學生、初任教師、擔任教育實習的輔導教師和指導教授，資深教師和教育實習機構亦可參考，師資培育之大學教材教法與教學實習課程亦可使用。

參考文獻

Shulman, L. S. (1987). Knowledge and teaching: foundations of the new reform. *Harvard Educational Review, 57*, 1-22.

第二章

分析教材教法

教學者應該要熟悉學科教材，並且對教材內容進行分析，瞭解教材內容要素結構、要素的所有屬性以及可能的關聯，並具有邏輯系統地將其安排在教學流程中。要素是指事物構成的原質，教材要素包含（知識）概念、原理原則（概念與概念的關聯）、技能和態度。教材要素結構則指教材內容所有要素的關聯結構。教學者瞭解教材要素結構後，便可以藉由其關聯瞭解所要教導的內容與先前所學以及之後將學的內容。

而教材要素中，以概念爲最多，亦即教材內容充滿了許多的（知識）概念（例如：甲午戰爭、颱風、位值、五言絕句……）。概念之「屬性」是指知識所指稱之事物具有的性質，不只是內含事物的構成要素，還包含要素的特性。例如：正方形是一個知識概念，其屬性則包含四個邊、四個角、四個邊要等長、四個角是直角，其中「四個邊」、「四個角」是正方形的構成要素，「四個邊等長」、「四個角是直角」是正方形的特性。再舉一例，鳥是一個知識概念，其屬性則包含有羽毛、會飛，其中「羽毛」是鳥的構成要素，「會飛」是鳥的特性。教師在教導知識概念時，「要素」和「特性」都要提及，而且「要素」要配合「特性」去提（例如：羽毛→會飛），不過提到足以形容概念的獨特性即可，不需要所有要素都講（例如：講「鳥」的概念，就不需要講皮膚、骨骼、內臟）。每一個知識概念會包含兩個以上的屬性，本書提醒教學者，分析教材內容時多留意多個可能的屬性。

以一個單元教材而言，教師需要具備教材內容分析的能力，能夠發現教材的核心內容要素（該單元主要學習的內容要素，部分教材會再包含先前學過的內容要素）、所有屬性（一個核心內容要素是由好多個屬性所組成）與其關聯，並確認這些核心內容的認知、情意與技能等學習成分，這即是教材分析。之後，教師需要再考慮學生的特質與經驗，設定學生呈現核心內容的行爲表現，再依其教材的認知特性，運用適當的教學策略與安排適當的教學環境，使學生在學習之後，能夠對其核心內容表現出該既定的行爲，這即是教法分析。

上述的教材分析和教法分析是教學設計的兩個重要基礎架構，如果缺乏教材分析，可能部分的教材內容要素之屬性會在教學過程中被忽略；若

是缺乏教法分析，則學生對於教材內容的學習將不夠充分扎實，亦可能產生學習困難。因此，教材教法分析是教學者非常重要的工作。

國內師資生、實習學生或初任教師經常花費過多的心力在教法分析，亦即常思考如何熟練教學策略、發展創新教學策略以及安排學生學習活動，較少思考任教學科教材內容要素、單元內容要素與其屬性的分析。當學生學習情形不佳時，教學者往往改變教學策略，而較少思考學生是否具備先備知識、或是教學者少說了核心內容的哪一個屬性，或是無法引用相關的教材概念輔助說明。

一個好的教材教法分析，會有四段流程：

1. 先要能瞭解任教學科的教材內容結構；
2. 分析個別單元的核心內容要素與其所有屬性；
3. 再思考這些內容要以認知、情意或技能結果表現出來，便可形成教學目標；
4. 最後再選擇與核心內容對應的教學策略。

第一節　瞭解學科教材結構與關聯性

大部分學科之教材內容都採用螺旋式課程的組織編排方式，而且具有繼續性和順序性。繼續性是指某些重要課程內容要素在各學習階段重複出現，以讓學生重複學習，避免遺忘；而順序性是指學科內容配合學生的生理與心理發展，從具體到抽象、簡單到複雜或單一到多元順序編排，愈來愈深。教學者可以從學科教材要素結構發現，某特定單元的內容要素曾在先前年級或課程單元中簡單出現過，但是愈後面愈趨多元和複雜。學科內各教材內容要素是有關聯的，先前學過的內容可以作為後續學習的基礎，此關聯即是先備知識和新知識的連結。部分學科的內容要素關聯性雖然不緊密，但教學者若能充分瞭解任教學科內容要素的關聯性，便可以知道學生先前已經學過哪些知識、情意或技能，並藉此提供學生遷移到新知識的機會，也有助於新教材學習的教學成效。

通常出版商會在該學科教科書的教師手冊上，提供某一特定單元內容

要素與先前以及之後內容要素的關係圖，但有些僅呈現章節名稱，教學者可以參考。

數學和自然領域是教材內容要素連結性非常強的學科，這些領域的教材結構會以多個特定學科元素（例如：幾何、機率、代數）發展，以多元多線性方式呈現學科內容要素或單元名稱，箭頭起頭端的知識內容可以成為箭頭端的內容之先備知識，在新教材單元教學前，教學者可以藉此結構瞭解學生必須要具備或教師需要檢測學生是否具備新教材的先備知識。圖2-1是數學領域之內容要素「幾何」的部分內容要素結構關係圖，此僅為本書舉例讓讀者瞭解，不一定完全符合該學科的內容連結要件。

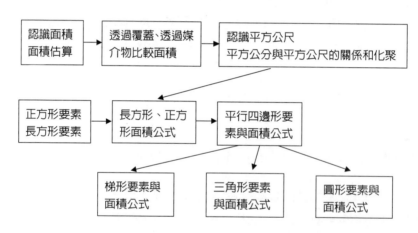

圖2-1　數學「幾何」之部分內容要素結構關係圖

另外，有些教科書的教材結構會以能力指標和單元名稱整合發展教材內容要素結構。這樣的內容要素結構可以讓教學者清楚學習者應有的先備知識或技能，而不需要藉由單元名稱去思考先備知識的內容要素。以圖2-2為例，教學者正準備進行「波的傳播和波的性質」單元之教學，而先備知識提到「察覺聲音界物質傳播」、「知道規則性運動可用來測量時間和方向」，讓教學者立即瞭解並且檢測學生是否具備該先備知識或技能。而之後的「承接單元」，也可以提供教師瞭解該單元教學後，學生將以此單元的知能學習哪些新的內容。

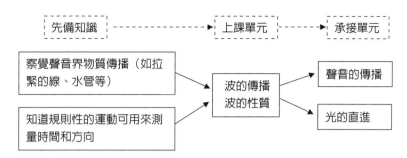

圖2-2 自然領域「波的傳播與波的性質」之部分內容要素結構關係圖

第三種教材內容要素結構通常會出現在英文、國文或社會領域，這種內容結構並不如先前兩種存有明顯的內容要素關係，但是教學者在設計教學活動也需要瞭解學生已經學過哪些重要的學科內容要素，例如：國文領域的修辭學，哪些單元出現過哪些修辭學詞句。再舉英文為例，如表2-1。閱讀、文法、句型通常是單元教學重點，欄位左邊提到單元名稱、中間欄位提及文法重點、右邊欄位提到句型（這即是內容要素），其中文法重點即可提供教師瞭解學生先前、現在以及未來要學習的文法。讀者可以自行參閱各出版商的教科書之教師手冊。

表2-1 英文領域之部分內容要素提示表

單元名稱	文法重點（要素）	句型
I enjoyed this tour.	過去式動詞規則變化	My dad watched the TV news in the evening.
When I touch my face, it is hot.	連接詞（when, because, so）	……
……		

即使部分教科書不提供教材內容要素結構，教學者也可以試著發展，以下舉一個社會領域的例子，如表2-2。表格內只有提到各年級各學期的上課單元，教學者可以自己在文書處理軟體上，自製表格，並在右邊增加一欄加入該單元的核心內容要素，包含概念、原則（包含公式、定律、原理、命題……）、技能、態度或其他重要學習內容。

表2-2　社會領域之部分內容單元提示表

	臺灣的自然環境	臺灣的歷史	從個人到社區發展
七年級上學期	1.臺灣的地理位置 2.臺灣的地形 3.臺灣的氣候 ……	1.臺灣的原住民族 2.國際競逐的年代 3.鄭氏時期的臺灣 ……	1.成長與情感 2.和諧的家庭關係 3.家庭組成與功能 ……
	臺灣的人文環境	臺灣的歷史	社會生活
下學期	1.臺灣的人口與分布 2.……	1.日治時期的臺灣 2.……	1.個人、社會與規範 2.……
……	……		

　　上述學科內容要素結構經常被教學者忽略，導致學生學習困難時，教學者還是重複地教導相同的教材知識。如果教學者能瞭解整個學科內容要素結構，就可以找出學生的學習起點或困難處。例如：在一個數學科補救教學的班級，一個國三學生之學習程度僅停留在國一，教學者便可以從學科內容要素結構找出學生的學習起點，依內容要素結構關係，逐一教導、逐一補救，這樣實施補救教學才有幫助。因此，教學者需要掌握整個學科的教材內容要素、所有屬性與其結構關聯性。

第二節　分析個別單元的核心內容要素與其所有屬性

　　單元內容或章節是教材編輯者根據一定範圍的內容組織而成，而該單元內有核心（重要）內容要素，這些內容要素大部分都是概念或原則（公式、定律、原理、命題）。有些概念具有結構性，亦即許多概念組成一個大概念或關聯形成一個原則。一般而言，無論教材內容領域、年級或學習階段的教學，都是在教概念（原則也是由概念教起）。這過程中，會應用到先前學習的概念，再學習新概念並運用於學習情境脈絡中。因此，概念是課程內容設計和教學活動設計的基礎。不過，多數的教材內容概念和原

則並沒有徹底被分析與建立關聯，學生也可能不知道如何組織這些概念到他們的認知結構中。

概念是由一群特定的事實或經驗，經過抽象化所形成的共同屬性，因此，要瞭解概念必須要瞭解形成概念的屬性，例如先前例子，正方形（是一個概念）有四個屬性：四個邊、四個角、四個邊都等長、四個角都是直角，如果有一個屬性不符合，那就不是正方形。教師分析教材內容概念時，需要把概念的所有屬性列出和說明清楚，並且提出一些非此概念的屬性（例如：故意找一個長方形，四個邊不等長），讓學生區別概念與非概念的意義。如果少講了一個屬性（例如：少講了四個邊都是等長），學生可能就會產生迷思概念，而誤解正方形的意義（例如：少了四個邊都等長的屬性，會誤解長方形也是正方形）。更甚者，當學生對某一概念產生迷思，便無法用此迷思概念去理解較深一層的概念。因此，教師對概念的教學是否充分將影響學生未來的學習。

教材內容概念有幾種類型：具體或抽象（例如：交通工具／運輸）、特定或非特定（例如：颱風／打擊，後者可以使用在球場、或身心狀況）、實體或象徵（例如：火成岩／風化現象）。教學者在解釋這些概念時，通常會舉出事實性的例子或生活經驗，不過，如果事實性的例子不夠包含到各種必要的屬性，學生可能就會誤解概念的定義。

師資生、實習學生或初任教師經常忽略教材單元內的核心內容之要素分析，往往會以自己對單元內容的解讀，或是以先前在中小學就讀時對當時教師教學的印象，認定某些特定內容就是該單元所需講授的內容，到最後大都以教科書所呈現的內容進行教學，無法抓取核心概念的意義，也教得不夠深入。部分教師一開始接觸某些新的教材單元時，不知如何分析單元內容，而僅仰賴多年教學經驗的心得多知道一些屬性而已，未能完全掌握所有屬性。

概念是重要的教材內容要素基礎，不過，學生不只是學習知識概念，教師還需要設計其他重要內容指導學生，下列即說明如何分析單元內容要素與建立單元內容要素結構圖。

一、分析單元內容要素與屬性

人類生活需要多種能力，學習表現也應該符合多樣化的能力。教師不是教書匠，不是教科書代言人，教師要能夠駕馭教科書。教科書或教材通常會以文字描述情節、故事、題目、作法或觀點，一個具有專業的教學者要能分析出教材單元內的重點內容，而不是照著文字唸、照著題目講或照著頁數教。不同的學科、不同的單元所分析的結果可能不同，原因在於有些教材傾向於知識性的描述，另一些教材可能是技術操作過程的訓練，亦有些教材強調推理思考，可能也有些教材綜合上述這些內容元素。另外，部分教學者也會以自己對教科書和其學生的知覺，額外加入可培養學生能力的內容或活動。

本書參考R. M. Gagne和K. L. Medsker（1986）的認知學習成果提出五個方向，師資生、實習學生和初任教師可以參考引用，藉以分析單元內容要素。換句話說，單元內容要素可能包含語文性知識（概念）、動作技能、情意態度、心智技能和認知策略等五種類型。

㈠ 語文性知識

語文性知識是指單元內容內，用文字描述某一現象、特徵、作法、觀點、議題……，這即是先前提到的「概念」，是一種具有某些共同屬性的集合體或知識的總稱。文字敘述型的教材單元比較容易發現這種概念化的語文性知識，有些學科領域不明顯，例如：數學應用題描述一個兩位數進位加法的情境，卻隱含著「位值概念」。

語文性知識是一種概念，因此，內含概念內所有屬性；反過來說，必須具有所有屬性才能稱該概念名稱。

㈡ 動作技能

是指單元內容內所描述的技能和展現此技能的操作步驟，例如：遊戲中的肢體表現、顯微鏡或機械操作、羽球揮拍……。這種技能通常要求呈現順暢的肢體動作，包含手眼協調、身體平衡。而整合性動作技能包含各種局部動作，且經過理解後所組成的一組活動，例如：開車、三步上籃。

　　而動作技能的屬性即是動作的步驟、過程順序的動作，惟必須完整做出所有過程動作才能稱作此動作技能。

(三)情意態度

　　情意態度通常包含信念、情感和行為的因子，是一種影響外在行為的內在狀態，而非外在行為，但卻需要透過外在行為觀察才能得知。例如：價值、理想、習慣、喜好、興趣……，均是情意態度，需要觀察學生在某些特定行為的表現，藉以推論學生具備該情意態度。教學者可以思考教材內容能型塑學生哪些情意態度。不過需要提及的是，有些情意態度雖然需要長期型塑，但是一個單元的教材內容可以型塑較為低層次的情意（第四章說明），如此逐步型塑且長期提升。亦可再透過先前提及的學科內容要素結構，進行任教學科內情意態度內容要素的關聯。

　　有些學科內容中，情意態度的內容元素不多或不明顯，教學者可以依據學習者的經驗自行加入，例如：在國文的「背影」單元，可以加入「孝順」之品德內容元素。

　　情意態度的屬性是在特定情境中，應表現的行為或表達的話語，綜合推論學習者是否具備該情意態度。

(四)心智技能

　　心智技能是一種程序性知識，亦即知道如何做某事的知識。具有心智技能的人能夠在環境中運用符號系統去處理事務，換句話說，要具備心智技能前，需要先獲得語文性知識、動作技能，也可能需要有積極的態度，才能完成事務處理的任務，例如：一個已經知道便利超商功能的人，便可以去設計商品促銷的活動。不過，心智技能有層次之分，由低層次到高層次分別是辨別、概念化（知道如何形成概念）、原則化（知道如何形成原則）、問題解決（知道如何解決問題）。單元內容要素分析時，可以依據學科、學生年齡，試著提出不同層次的心智技能作為教學內容要素。

　　有些單元內容中，心智技能的內容要素不會很明顯，教學者可以仔細去發現，或是藉由教材內容的語文性知識和動作技能，自己再規劃或加入心智技能的內容或活動。心智技能的例子有：數學應用題的解題、探究報

告、旅遊行程規劃。

而心智技能的屬性是知識、技能和程序的連結，需要在任務進行時表現出應有的屬性，才可以確認是否學會。

㈤認知策略

認知策略又稱為策略性知識，亦即知道使用什麼方法或策略管理自己的思考和學習的過程，也可以自我調整學習方法，例如：學習者自己發明記住臺灣原住民族名稱的方法。認知策略有簡單策略也有複雜策略，簡單策略是運用一種認知策略，例如：當一個人發現遺失錢包，他可以透過情境回溯方法回憶曾去過哪些地方、做過哪些事。而複雜認知策略即包含兩種以上的認知策略，例如：一個研究生知道用摘要、前後對照比較和運用概念圖等方法，呈現一個清楚易懂的研究資料成果。

如同先前所述，一般學科內容不會明顯呈現認知策略的內容要素，原因是認知策略被歸屬於學習方法。不過，教學者可以在單元內容要素分析時，若該單元內有複雜訊息需要理解和記憶，就可以加入認知策略的內容要素。

而認知策略的屬性即是呈現訊息處理的方法或策略，教學者指導學生認知策略時，會指導哪些方法或策略，這即是屬性。

幼兒園或較低年級的課程，通常會以遊戲或活動形式出現，本書建議以主題作為核心，再以知識、活動和情意相互聯絡，並且分析學生需要知道的知識內容、進行的活動細節以及表現的行為細節，作為內容要素的屬性分析。

二、內容要素的從屬和連結關係

教學者寫出單元內容要素，包含語文性知識、動作技能、情意態度、心智技能或認知策略（語文性知識以概念呈現，也會比其他要素還多，其他要素不一定有）後，開始找出從屬和連結關係。教科書內容編排順序是一個具有價值的參考來源，不過，教科書內容多是以序列逐步排列，無法呈現水平關係和從屬關係，其他四項內容要素（動作技能、情意態度、心

智技能和認知策略）可能也不明顯，教學者還是得重新思考。將單元內容屬於語文性知識的概念和其他內容要素建立從屬和連結關係，有助於教學活動的流暢性。

建立單元內容的概念和其他內容要素之從屬和連結關係，有三個順序：

1. 建立類別，先將相關概念歸類，或藉由大概念歸類小概念，並同時安排同一類別的概念之上層和下層關係。

2. 建立水平關係，這不僅提供一個大概念所內含的小概念，也可以提供學習者相互比較、相互應用和統整思考的學習機會。

3. 分析或嘗試加入動作技能、情意態度、心智技能或認知策略等內容要素，教學者可跳脫教科書內容進行思考，例如：教學者可以藉由單元內之具有關聯性的概念和動作技能，發展一個學習任務，要求學生解決，引導其心智技能的培養。

教學者在分析單元內容的概念和其他四項內容要素後，需要將這些內容要素形成從屬關係和水平連結關係，通常可以繪製樹狀圖或概念圖。以圖2-3而言，這是國中自然領域的「運動狀態」單元，內容要素會有從屬關係，亦有水平關係，另外灰色底格的部分，「問題解決」是教學者教導「等加速度運動」、「等速度運動」和「靜止」的內容後，要求學生藉由所學的概念與動作技能，去完成的任務，這是屬於「心智技能」，是教師跳脫教科書的內容所自行設計，而「速度計算」和「速率計算」是公式運用（原則層次）的「心智技能」。

有些教學者會使用概念構圖的方式，繪製單元內容要素的從屬和連結關係，這可以更清楚地知道每個概念之間的關係，如圖2-4，亦可以將其他四種內容要素試著加入。如粗框內的「計算」便是一種原則公式，運用低層次「心智技能」或提供情境問題，讓學生解題的高層次「心智技能」；另外，在「橫波」與「縱波」概念之間的「分辨」，也是一種低層次的心智技能。

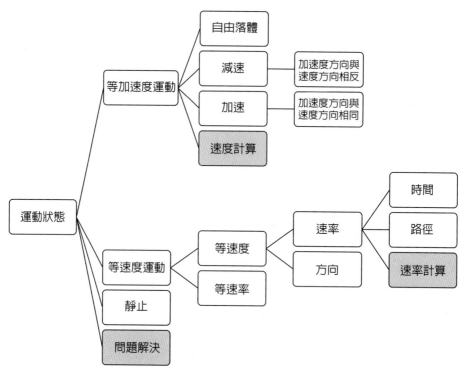

圖2-3　自然領域的「運動狀態」單元內容要素結構圖

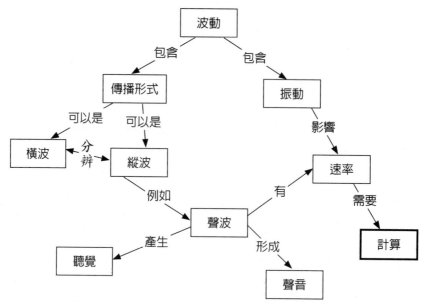

圖2-4　自然領域的「波動」單元內容要素概念圖

　　分析單元內容要素後，為了避免教學時少講了內容要素的屬性而產生迷思概念，教學者可以在概念或內容要素的旁邊寫下所有屬性的內容。圖2-5舉出社會領域「認識法律」單元為例，其中一個概念「憲法」之右邊方格內容即是屬性，亦即教學者至少必須提及這些屬性，否則學生對憲法會產生迷思概念，但此僅為舉例，教學者需要再思考其屬性是否充分。

　　值得一提的是，在第二層次加入「心智圖」的繪製，這是一種認知策略的應用，教學者在解釋「法律的種類」和「法律的主要功能」後，指導學生繪製這兩個內容要素的關聯心智圖。

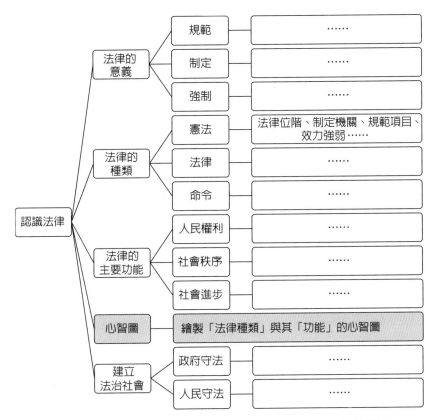

圖2-5　社會領域的「認識法律」單元內容要素與細節結構圖

第三節 思考內容要素所對應的教學策略

在分析學科內容結構與各單元內容要素後，教學者必須要思考使用什麼教學策略進行教學才會有好的教學成效。沒有完美的教學策略或模式，也無法論斷某一教學策略完全適合某種教材內容要素，亦即，教材內容要素的性質不同，教學策略還是要有適用性的考慮。

本書就先前所提出的五種內容要素（語文性知識、動作技能、情意態度、心智技能、認知策略），提出比較適用的教學策略，不過，本章僅談適用性，實際的教學步驟請讀者參考第三章。本書也建議讀者除了在教學場域中參考使用本書所提之教學策略外，也可進一步發展適合自己教學情境的教學策略。

一、語文性知識的教學策略

語文性知識通常是藉由文字描述去論證某個事件、現象、觀點、技術……的發展和過程，可用文字或語言表達。學習語文性知識之目的除了擴充學生知識訊息外，亦可能成為進一步發展動作技能、情意態度、心智技能以及認知策略等其他四種內容要素的應用基礎。

不過，即使用文字或語言表達，仍需要顧及學生是否理解語文性知識的意義，通常會涉及到學生是否具有先備知識、知識的抽象性和教師對該語文性知識的屬性是否完整掌握。因此，語文性知識的教學可以搭配畫圖、實景實物、媒體或教具，教師再以文字或語言說明、解釋和舉例，而教師在過程中需要提問學生，並從學生立即性的回應中瞭解學生對語文性知識的學習情形。

另外，建構主義者的觀點認為，知識的學習是學習者基於自己的先備知識或經驗，與環境或他人互動之後自我建構而來的，因此，教師也可以在瞭解學生的先備知識或經驗後，設計鷹架性的問題與分段性任務，運用問題發問、小組實驗、互動討論、探究報告等教學策略，可以讓學生自我建構語文性知識。

簡單而言，語文性知識比較適合運用講述教學法，但應以教具輔助教

學。而若以建構式教學策略，則鷹架性的問題與分段性任務之設計相當重要。

二、動作技能的教學策略

動作技能涉及到肢體動作表現、手眼協調和身體平衡，對幼稚園或較低年級的學生並不一定要明確地指導動作技能，可以讓學生在遊戲中表現出肢體動作即可。而中年級以上、國高中以及高職的學生，逐漸需要學習愈來愈複雜的技能，教學者除了考慮學生的生理發展是否足以學習之外，還需要分段示範指導，學生跟隨操作練習，逐步熟練動作技巧和逐步統整動作技能。

動作技能可以分為兩大類別，肢體動作和器械操作。肢體動作的教學主要需要考慮到空間、道具、音樂和練習時間，而器械操作則主要需要考慮場地設備、個人保護和安全措施。

歸納來說，動作技能是考慮學習者的生理發展，逐步學習和練習所獲得的，常用教學策略是講述和示範整合之教學策略。教學者可以依據動作技能的複雜度分段講解、示範、提供練習機會與訂正性回饋，惟需要注意的是，學習者是否清楚明白動作技巧以及是否有足夠練習時間。

三、情意態度的教學策略

情意領域教學目標指的是學生處理事務的情感表現，包含個人的感覺和回應，以及對人類事務產生的責任、價值、熱忱和理想，也因為是個人心理層面的領域，學習結果不容易被確認；再者，情意最高層次的品格形成（可查閱第三章），不太可能在一兩個單元的教學過程中便可型塑。然而，經過早先的研究和諸多的教學經驗，教學策略是可以培養較低層次的情意表現，進而促進情意態度的型塑。

情意態度包含認知、行為和情感成分，亦即知道什麼（what）和知道如何（how），並內化到投入行為，一直到角色模式的品格建立。教學者可以從學生認知和學生行為表現發覺，再併以觀察角度判斷學生的情意態度。

在教學策略上，教師講述和示範是基礎，不過，為了激發學生的情感，教學者可講述故事、播放影片、帶領學生參觀見習和參與實作的活動，激勵學生先在情意態度之認知和行為成分上做出回應，包含直接回應教學者提問和間接在教師安排的情境中回應表現。而在正向回應與建立信心後，教學者可以鼓勵學生於生活中實踐。

四、心智技能的教學策略

心智技能是一種程序性知識，學習者知道如何做某事的知識，當學習者遇到任務或問題時，能夠應用先前所學的知識、技能，積極地完成或處理，使其任務或問題解決得以圓滿達成目的。

先前提及，心智技能有辨別、概念化、原則化、問題解決等四個層次。教學者可利用單元內的核心內容要素，引導學生區別、發現差異以及從眾多現象中定義概念，培養學生關於辨別或概念化等心智技能；針對較高年級的學生，教師綜合先前所教導和單元內的核心內容要素，發展成個人或小組進行的任務或問題，提示知識和技能基礎後，激勵學生嘗試處理。

因此，心智技能的教學策略要以先前或該單元所學的知識和技能為基礎，此部分的教學策略則以該語文性知識和動作技能之策略為原則，另外，需要提供任務給學生實作，待學生實作之後，引導學生回想實作的過程，再激勵處理事務的信心，藉由外在的激勵轉化為內在成就感，再建立類似任務或問題的心智能力，這即是心智技能的教學策略。

五、認知策略的教學策略

認知策略是指學習者使用某種方法或策略，管理自己的思考和學習的過程，理想上，學習者能自我發現認知策略並進行教材訊息的處理，但是多數學生無法自我發現好的認知策略，教師直接指導和示範認知策略的應用是有用的。

認知策略的教學最好提供學生可以實際去處理知識訊息的情境，例如：一篇內容豐富且多角度的文章，教學者可以先示範文章閱讀理解的方

法，包含關鍵字、摘要、心智圖……，教學者再於過程中引導學生知覺自己處理文章內容的情形，包含選用什麼方法、過程步驟和判斷調整。

因此，講解、示範和練習是經常運用的教學策略，不過，最終要讓學生對知識訊息的管理和處理過程有所知覺，以培養學生未來使用認知策略的能力。

即使各師資培育之大學開設各科教材教法之課程，仍有多數師資生缺乏教材內容分析的能力。少數教材教法授課教授也不瞭解中小學教材的解構與分析，師資生僅能回憶先前在中小學時其教師的教材內容與教學方法，或是根據自己瀏覽教材後，以先前學習的經驗判斷核心內容要素。

再者，即使師資生瞭解學科教材結構，也多以教科書內容為主，較少自行設計和加入情意、心智技能和認知策略，但這三者卻是學生在生活中、在後續學習之必要能力。

師資生要瞭解，教學者對教材掌握不夠充分，學生學習表現就不佳；使用不當的教學方法，學生也難以有學習成效。因此，師資生需要具備教材分析與運用教學方法的能力，掌握核心知識內容後，進一步根據學生需要發展更多更有價值的學習內容，而不是補充艱難的語文性知識。

第三章

學會寫教案

當確定所要教學的教材單元之核心內容和其屬性後，便需要撰寫教學活動設計，顧名思義，即是許多教學活動的流程，簡稱教案。

撰寫教案有三個目的：

1. 將教學活動的思考流程轉化成文字流程。在書寫教案過程中可以幫助教學者邏輯思考教學目標、教學活動、教學時間、教學資源、教學評量等教學元素與其關聯性，綜合各種因素設計後，可以逐步發展教學活動流程。

2. 可以呈現自己的教學構想。以師資生、實習學生或初任教師而言，需要上臺試教給師資培育教授、輔導教師或學校主管觀看。藉由教案的呈現，他們可以在教學前知道教學活動的重點與流程，若有疏漏，師資生、實習學生或初任教師可以和師長討論，若獲得認同，則可能增加上臺教學的自信心。

3. 對自己的備課有幫助。藉由教案裡提及的教學資源，可以在備課時準備足夠的教具或資源。另外，由於師資生、實習學生或初任教師比較欠缺上臺教學經驗，教學演示給他人觀看時，難免會緊張，撰寫教案可以讓自己知道教學過程，也可以讓自己於教學前試講教案內的教學活動，不至於教學時不知教導什麼或因教學不順而慌張。

教學活動設計有五個重要元素，無論運用哪一種教案格式，均至少包含學習者分析、教學目標、教學活動流程、教學資源和教學評量，而這些元素具有緊密關係，相互牽引與相互回應。師資生、實習學生或初任教師可以依據這五種元素自選教案格式撰寫教案。而撰寫教案的步驟，可以參考下列各節的內容。

第一節 轉化核心知識為教學目標

教學目標不是描述教師的教學歷程、也不是教師的教學結果，亦不是學生的學習歷程，教學目標是教師教學完某一教材內容後，學生的學習表現「結果」，以作為教師判斷教學是否成功的參考。教育領域的專家或輔導教師通常可以從教學目標中得知教學活動和評量如何進行。

　　教學目標的設定非常重要，提供了後續教學活動的基礎，在絕大多數的教案設計中，教學流程、教學活動、教學資源和教學評量都是以教學目標爲核心進行安排。舉例而言，若教師的教學目標是「（學生）學會操作顯微鏡」，則教學活動一定是教師講解與示範、學生操作練習等，而教學資源則是顯微鏡的大圖片（講解各部位名稱用）、多部顯微鏡和玻片等，最後的評量內容便是測驗學生顯微鏡操作的過程，以確認學生是否學會操作。

　　教學目標提供選擇教學素材的基礎、提供教師發揮教學創造力的空間、提供教學評量的指引，也是一種實現有效教學的基礎。如果教學目標設置不當，可能導致教學難有成效，教學者也可能會產生挫折。

一、教學目標層次與知識向度

　　教學目標包含認知、技能與情意三個領域。布魯姆（B. S. Bloom）於1956年發表《認知領域教育目標分類手冊》（*Taxonomy of Educational Objective, Handbook1: Cognitive Domain*），將認知領域教育目標分爲知識（knowledge）、理解（comprehension）、應用（application）、分析（analysis）、綜合（synthesis）、評鑑（evaluation）六個主要類目，絕大部分的教學設計都採用這些教育目標。

　　不過，近年來，學習上強調學生能具有主動（active）、認知（cognitive）和建構歷程（constructive processes）的能力，不只強調學習者的知識（know），也強調學生的思考（how they think），前者指的是知識，後者指的是歷程。經由多年的討論，在2001年由L. W. Anderson和D. R. Krathwohl出刊修訂版。修訂版將教育目標分成兩個維度，原有的認知歷程向度改變成：記憶（remember）、瞭解（understand）、應用（apply）、分析（analyze）、評鑑（evaluate）、創造（create），刪除「綜合」層次，新增「創造」爲最高層次。而爲了強調教學目標是認知歷程的結果，將原本各層次的關鍵行爲也從名詞轉爲動詞。

　　另外，增加一個知識向度：事實性知識、概念性知識、程序性知識、後設認知知識，如圖3-1。

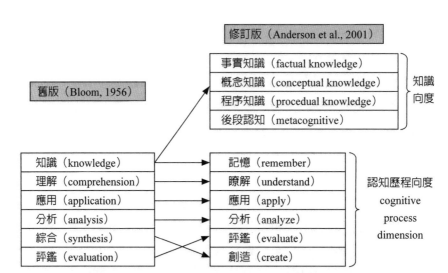

圖3-1　Bloom教育目標分類系統新舊版本對照圖

（譯自Anderson et al., 2001, p. 310）

㈠認知領域的教學目標

　　先前提到，教學目標是教師教學完某一教材內容（知識向度）後，學生在該教材內容上應該達到的表現程度（認知歷程向度），亦即教學目標的寫法包含「認知歷程向度」和「知識向度」，例如：分析沉積岩的形成原因。「沉積岩的形成原因」是知識向度，而「分析」是教師期望學生在知識向度表現出來的認知歷程向度（結果），亦即教師上完課後，學生能夠分析沉積岩的形成原因。因此，教學目標的寫法是：

$$教學目標＝認知歷程向度＋知識向度$$

也可以用下列方法去協助記憶：

$$教學目標＝表現動詞＋學習內容$$

　　一條教學目標只能是一個表現動詞和一個學習內容，例如：「說明甲

午戰爭發生的原因」是正確的，「說明甲午戰爭和鴉片戰爭發生的原因」是錯誤的，原因是包含兩個學習內容（甲午戰爭和鴉片戰爭），若有兩個動詞或內容，就需要再細分至一個表現動詞和一個學習內容。

　　不過，知識向度包含四種知識，認知歷程向度包含六種層次，以下再分別說明。

　　知識向度分成事實性知識、概念性知識、程序性知識、及後設認知知識。

　　事實性知識與概念性知識是指有關什麼（what）的知識。

　　事實性知識指的是特定的事實（例如：太陽從東邊升起、北回歸線通過臺灣）、精確和特定的資訊（例如：甲午戰爭、溫室葡萄）、學生應瞭解的術語（例如：等高線、國民生產毛額），或是可以進行問題解決的基本要素（例如：植物生長的要件）。

　　而概念性知識是指某些具有共通屬性的事實知識，經抽象化作用而形成一個元素或不同事物的類別、等級、區分和排列的知識，是一種分類和類別的知識（knowledge of classifications and categories），例如：運動、健康、風化現象、（國文修辭學的）頂真；而概念與概念之間或基本要素與較大的結構共同發揮功能的互動關係，則可稱為原則（請參閱本書第二章）、原理和通則的知識（knowledge of principles and generalizations），可用於描述、預測、解釋或決定行動與採取的方向（例如：時間與速度成反比、常運動的人比較健康）；而針對複雜的現象、問題和事物提出清楚、完全與系統性的觀點，以理論和模式呈現，亦可用來描述、瞭解、解釋和預測現象，是事實與概念中最抽象的層次，可以稱為理論／模式／結構的知識（knowledge of theories, models, and structures），例如：經濟消費模式、政府論。L. W. Anderson和D. R. Krathwohl的概念性知識包含上述所提的概念、原則、模式和理論。

　　事實性知識和概念性知識，主要在於提供高層次知識和解決問題時的應備知識。

　　程序性知識是有關如何（how）的知識，指的是如何做某件事的程序知識（如同本書第二章提及的心智技能）。通常是一系列或有步驟的流

程，以及決定何時運用不同程序的規準。涉及到1.特定學科的技能和演算知識（knowledge of subject-specific skills and algorithms），指有固定最終結果，或具有固定順序步驟的知識，例如：知道如何測量距離、規劃旅遊行程；2.特定學科的技術和方法知識（knowledge of subject-specific techniques and methods），特定學科的技巧和解決問題的方式，例如：利用顯微鏡觀察標本；3.運用規準的知識（knowledge of criteria for determining when to use appropriate procedures），確認何時使用適當程序的知識或判斷一個方法在某件事物的程序知識，例如：決定何時應用牛頓第二定律的知識。

後設認知知識則包含對認知歷程的理解、對認知歷程的控制（control）、監控（monitoring）和調整（regulation）的自我覺察，包含1.策略知識（strategic knowledge），指的是用於學習、思考和問題解決的策略知識，例如：複誦、筆記、摘要、概念圖等認知策略的應用知識；2.認知任務知識（包括脈絡和情境的知識）（knowledge about cognitive tasks, including appropriate contextual and conditional knowledge），指學生瞭解「何時」與「為何」能適當運用策略的知識，例如：使用樹狀圖分類比純背文字更容易記住；3.自我知識（self-knowledge），指的是自己知道自己知識的程度、個人能力優缺點、偏好的策略的察覺等。

綜合事實性知識、概念性知識、程序性知識、及後設認知知識等知識向度的說明，本書提醒師資生、實習學生或初任教師，當撰寫教學目標時，也要儘量包含程序性知識和後設認知知識，這兩種知識是培養學生應用事實性知識和概念性知識的能力，亦即活用知識的能力。

以下再以表3-1，說明認知領域之教學目標層次、細節與其參考的表現行為之動詞用語。數字愈大，表示行為愈趨複雜，也是較高層次的行為之意。另外，表格內的動詞用語只是一種參考，仍需要與知識內容連結後判斷適合與否才行，往往知識內容若趨於複雜，行為表現動詞可能會較為高層次。

表3-1　認知領域教學目標的層次與說明表

1. 記憶（remember）：從長期記憶中提取相關知識。	
1.1.再認（recognizing）：檢索長期記憶，找尋和所呈現的教材資訊一致或近似的知識。 1.2.回憶（recalling）：從長期記憶中，檢索相關知識。	知道、列舉、描述、命名、認明
2. 瞭解（understand）：從教師教學訊息中（包含口語、書面與圖形訊息）建構知識的意義。	
2.1.詮釋（interpreting）：從一種知識表徵改變到另一種知識表徵。 2.2.舉例（exemplifying）：對概念或原則的定義舉出一個特定的例子。 2.3.分類（classifying）：指認出某事物屬於某一特定的概念或原則。 2.4.摘要（summarizing）：提取一個主題或要點。 2.5.推論（inferring）：從所呈現的教材訊息中引出一個具有邏輯的結論。 2.6.比較（comparing）：在兩個以上的概念、事物間發現關係。 2.7.解釋（explaining）：建構一個事務系統中的因果模式。	解釋、說明、舉例摘要、歸類（事物）、歸納（要點）、指出（關係）
3. 應用（apply）：執行或使用一個程序在另一個情境。	
3.1.執行（executing）：執行一組程序在一個熟悉的任務中。 3.2.實行（implementing）：執行或修改一組程序在一個不熟悉的任務中。	應用、證明、解決
4. 分析（analyze）：分解教材資訊成幾個組成要素，並且確認各要素之間與整體結構的關聯。	
4.1.區別（differentiating）：從所呈現的教材訊息中指認出有關的或無關的，或是重要的與不重要的部分。 4.2.組織（organizing）：在一個知識架構中，指認出各細部要素如何統整與關聯。 4.3.歸因（attributing）：在所呈現的教材資訊中，指認出觀點、偏見、價值或意圖。	分析（流程）、判斷（各細節）、區別（異同）、指出（因果）
5. 評鑑（evaluate）：根據規準（criteria）與標準（standards）作判斷。	
5.1.檢查（checking）：在一系列過程或事物中，發現內部不一致、矛盾或是一組實踐成效的效果。 5.2.評論（critiquing）：在事物與外在規準中發現不一致，或指認一組程序在問題解決的適當性。	評估、判斷、評論、比較（價值）、批判
6. 創造（create）：將各個元素組裝在一起去形成一個完整且具功能的整體，或重組各要素成一個新的組型或結構。	
6.1.產生（generating）：基於特定規準，形成另一種可能性或假設。 6.2.計畫（planning）：規劃一個可以解決問題的程序。 6.3.製作（producing）：發明、設計或改寫一個特定的事物、程序或方案。	設計、規劃、創造、產出、改寫

教學目標是教師期望學生在知識向度表現出來的認知歷程向度之結果，師資生、實習學生或初任教師可以運用分類表（雙向細目分析表）發展目標，如表3-2。在作法上，先依本書第二章內容進行教材內容分析，再將所要教學的內容歸類或發展成事實性知識、概念性知識、程序性知識與後設認知知識（後兩者不一定要有），寫入表3-2的左邊欄位內。其次，再依學生能力設定認知歷程向度的層次，如同表3-2內的A、B、C……。最後，再用合適的教學目標動詞用語初步草擬教學目標。再舉例說明如表3-2下方。

表3-2　教學目標之雙向細目分析表實例

知識向度	認知歷程向度					
	記憶	瞭解	應用	分析	評鑑	創造
事實性知識		B				F
概念性知識					E	
程序性知識	A			D		
後設認知知識			C			

教學目標A：知道平行四邊形的面積公式。

教學目標B：說明甲午戰爭發生的原因。

教學目標C：應用心智圖繪製「恆久的美」的內容結構。

教學目標D：指出一個數學應用題計算錯誤之處。

教學目標E：評估政府發放消費券的效益。

教學目標F：改寫花木蘭代父從軍的情節。

特別注意的是，在發展教學目標時，需要考慮到學生的先備知識和先前經驗，有時得要思考較為低能力學生可以表現的程度，亦即低能力學生的認知歷程向度傾向記憶、瞭解和應用，而知識向度傾向事實性、概念性和程序性知識之辨別和概念化的層次，教師可以設定較為低層次或設定一兩個較為低層次的教學目標，鼓勵低能力學生達成。

（二）**技能領域的教學目標**

技能領域是屬於心理動作技能，原文是psychomotor，包含內在心理因素（認知心理能力）對外在技能學習與形成的影響，亦即心理動作技能不僅是表現於外的動作之熟練度與精確度，也包含知識理解等認知領域以完成動作的內在因子。因此，以E. J. Simpson（1972）技能領域分類理論最符合認知心理知能在技能學習之論點。Simpson對技能領域教育目標的分類，區分爲七大主階層與項數不等的次階層。

第一階層爲感知（perception），是指感官察覺、注意或感應到外界之物體、性質或關係的歷程，這符合技能的心理因素。感知是成爲一項動作的最初步驟，也是「情境—解釋—行動」鏈（situation- interpretation- action chain）的最基本事項；換句話說，當個體學習動作技能，則會經歷心理察覺刺激、判讀或解釋意義、產生相應動作等三階段歷程，而感知是屬於第一階段。以打籃球的三步上籃而言，當學生能注意察覺教師的三步上籃之歷程，即有感知層次的「心理」動作技能表現。感知層次教學目標之實例爲：指出三個動作的順序。一般動詞用語有：描述、說明、指認、發現等。

第二階層是趨向（set），亦有「預備」和「預勢」的意思，是指感官接收刺激、產生感覺或感應後，開始要進行某種動作或意向之心智與肢體的準備狀態，這亦符合技能的心理因素。再以三步上籃爲例，當學生能手持籃球隨意測試三步上籃之動作，即有趨向層次的心理動作技能表現。趨向層次教學目標之實例爲：選用合適的肢體動作表現。一般動詞用語有：選用、回應、表現、嘗試等。

第三階層是引導反應（guided response），亦有模仿之意，是指在教學者的教學指導示範下，或類似操作手冊、作業範例、標準程序單等書面文件或視聽媒材的導引下，所明顯跟隨經引導後做出的動作與行爲。在三步上籃例子中，學生能在教師的示範下，分別練習行進間運球、靠近籃框向前跨步、跳躍……分解動作，即有引導反應層次的心理「動作技能」表現。引導反應層次教學目標之實例爲：跟隨教師做出開合跳動作。一般動詞用語有：模仿、複製、依從、跟隨等。

第四階層是機械化（mechanism），有動作熟練之意，是指動作技能

可成爲習慣性、反射性的連續順暢動作反應。機械化的技能表現，源於長久或多次的技能練習，而能不加思考，立即正確反應的動作與自信。例如：學生能夠熟練三步上籃的每個細節動作，無需教師示範，這情境即有機械化層次的心理動作技能表現。機械化層次教學目標之實例爲：熟練顯微鏡的操作動作。一般動詞用語有：操作、裝卸、熟練、校驗等。

第五階層是複合明顯反應（complex overt response），含有綜合複雜動作內容所表現明確有效率的動作技能。複合明顯反應超越機械化的反應動作，能最有效能地融合多種動作或行爲的技能反應。學生能將三步上籃的所有細節動作完整做出一遍而無錯誤，即有複合明顯反應層次的心理動作技能表現。複合明顯反應層次教學目標之實例爲：完整做出跳箱的連貫動作。一般動詞用語有：組合、修繕、統整、混合等。

第六階層是適應（adaptation），亦即面對內容不明或初次嘗試的事項，重組、調整或修正動作行爲，以因應新問題情境或解決的技能能力。例如：學生能在有人阻擋下，藉由假動作修正，並完成三步上籃所有細節動作，即有適應層次的心理動作技能表現。適應層次教學目標之實例爲：修改一套現代舞蹈的組合動作。一般動詞用語有：調整、修正、改變、改組等。

第七階層是創新（origination），依據既有的知識與技能爲基礎，加入個體的創意，建構新的動作、行爲、處理方式或程序。這是最高階層的技能表現，能自既有的技能表現形式中，發揮不同以往或超乎現有水準的技能。學生能自我整合先前所學技能，發展創新不犯規的三步上籃動作，例如：挺腰延遲投籃，這即是創新的心理動作技能表現。創新層次教學目標之實例爲：運用基本動作，即興創作一分鐘的舞蹈表演。一般動詞用語有：設計、規劃、編輯、製作等。

技能領域目標的撰寫和認知領域教學目標的撰寫格式一樣，包含（心理動作技能）行爲表現和（心理動作）技能內容。

㈢情意領域的教學目標

情意領域教學目標指的是學生面對事務的情感表現，例如：感覺、價

值、欣賞、熱忱、動機和態度。根據布魯姆的教學目標情意領域之分類，有五個目標層次。

第一層次是接受（receiving phenomena），是指1.知覺，意識到現象或事物的存在；2.有意願接受，願接受特定刺激並不作判斷；3.選擇注意，將特定的現象或事物區分成形象與背景，並只注意其喜愛的部分。例如：能傾聽他人、能注意上課的內容。一般動詞用語有：詢問、選擇、傾聽、注意、尊重、指認等。

第二層次是回應（responds to phenomena），是指參與學習、對特定現象回應，亦有學習結果獲得滿意之意，包含三種次要層次：1.屬於被動的或順從的反應；2.出於自願、自動的反應；3.除自願反應外，另伴隨著愉快、趣味。例如：參與課堂討論、主動舉手發問、知道安全規則後進行動作。一般動詞用語有：回答、協助、順從、表現、練習等。

第三層次是價值化（valuing），是指一個人賦予一個特定的個體、現象或行為的價值，包含三種次要層次：1.接受現象、事物或行為的價值，並對其有一致的反應；2.接受、認同、堅信價值並進而追求；3.完全肯定某種價值，並表現於行為、進一步說服他人接受。例如：闡述民主的價值、認同環境保護的重要、規劃校園安全維護的路程圖。一般動詞用語有：解釋、闡述、認同、啟動、分享、規劃、探討等。

第四層次是（價值）組織（organization），是指一個人將諸多價值組成一體系、區別價值的意義、確定價值的關係，包含兩種次要層次：1.價值概念化：將價值概念化，使其成為抽象的、符號的；2.價值體系組織：將複雜的價值組成一個有順序、內部一致的體系。例如：論述自由和責任的平衡需要、建立一套社會生活規範、有效地運用時間符合家庭／工作與社會的需要。一般動詞用語有：建立、安排、組織、歸納、形成、綜合等。

第五層次是內化價值（internalizes values）或品格形成（characterization），是指一個人依據價值體系表現前後一致且趨近長久的行為，包含兩種次要層次：1.一般態度：依據價值體系，表現一致而有效的行為；2.品格形成：是情意領域的最高目標，即具有內在一致的態度、信念。例如：實踐自己的專業責任、顯示學習的責任感、信守教育承諾、具有悲天

憫人的胸懷等。一般動詞用語有：信守、實踐、呈現、影響、型塑、表現、改造等。

　　情意領域目標的撰寫和認知領域教學目標的撰寫格式也一樣，包含（情意層次）表現和（情意）內容。

　　綜合整理上述教學目標的領域、層次、定義、動詞用語和實例，再表列於附錄一。

二、撰寫教學目標與行為目標

　　當閱讀過第二章，瞭解教材內容與核心內容細節，再閱讀本章先前內容，知道教學目標的領域、層次、定義和實例後，實習學生可以開始撰寫或確認教學目標。

㈠進行學習者和環境資源分析

　　即使相同年級、相同版本的教科書，教師所安排的教學目標不一定相同，得要思考學生是否有能力學習。再者，任何教學都是要以學生學習為中心，若教學目標設定太難或太簡單，學生的學習參與會受影響，將影響教學成效。因此，教師需要進行學習者分析，將教材內容轉化為適合自己學生的教學目標。

　　學習者分析是指教師需要瞭解學生的起點能力，亦即學習者在此學科已經具備的學習能力，例如：認知策略的應用，可以透過訪談或先前的資料進行瞭解。若以學科知識的起點行為而言，那即是先備知識，亦即學習新知識的舊知識基礎。教師在設定教學目標時，若起點行為能力較弱或缺乏先備知識，可以先選擇較低層次的教學目標。

　　另外，教學環境脈絡因素也需要考慮。環境脈絡因素是指相關的設備、設施、教具或其他媒體，學生學習可能需要藉由這些設備工具表現出來，例如：顯微鏡是否足夠一組一部，甚至兩人一部。如果相關設備資源充足，可以安排較高層次且涉及程序性知識的教學目標。

　　或許閱讀到此，任何人可能會有疑問，每個同年級的學生不是都應該接受相同的教學嗎？教師應該針對同年級的學生設定相同的教學目標，

這樣才公平，不是嗎？理論上應該如此，但每個學生從小到大的學習過程中，受到個人心理發展、家庭、環境、或是在先前年級的學習等影響，學生幾乎早已沒有相同的學習成果和能力。如果教學目標設定不符合學生起點能力、不符合環境資源，教學效果不佳，反而造成學生的學習成果和能力每況愈下。

　　因此，教師設定教學目標時需要考慮學習的學習能力、先備知識和環境資源。

(二)轉化教學目標為行為目標

　　先前提及，教學目標是教師教學之後（不一定單元結束，可能只是一個概念或技能教學之後）學生已經具備的學習成果，那教師如何確認學生已經具備？例如：一個教學目標是「瞭解颱風的生成原因」，教師利用動畫講述解釋之後，學生也都聆聽和觀看了，教師如何確認學生已經達成教學目標的要求？如何確認學生「瞭解」了呢？

　　教師需要看到學生做什麼、說什麼、寫什麼、畫什麼……，從中判斷學生是否達到教學目標，這種學生「做、說、寫或畫」的動作，是一些具體行為表現；換句話說，我們要藉由學生的具體行為表現來確認學生是否已經達到教學目標。

　　因此，教師必須要把教學目標轉化為行為目標，因為行為目標是一種具體表現於外的行為，教師藉這些行為推論學生表現是否已達教學目標。

　　舉例而言，教學目標是「學會顯微鏡的操作」（這是一個機械化層次的技能目標），教師轉化為兩個行為目標，「說出顯微鏡的各部位名稱」、「熟練地做出顯微鏡一系列動作達標本可視程度」。教師在講解示範和學生練習完畢後，可以將學生兩兩分成一組，相互檢視，詢問學生，當學生正確「說出」顯微鏡各部位名稱，且「做出」過程正確無誤到可視標本程度，教師即可藉由學生的「說出」、「做出」行為，反推學生已經「學會」。

　　因此，教學目標和行為目標有上下屬的關係，亦即一個教學目標可以轉化為兩個以上的行為目標（如果僅轉化一個行為目標，此教學目標可

能過小，需要再與其他教學目標整合），行為目標即為教學目標的下屬關係。再舉一實例如下：

教學目標：1.能根據六大營養素表分辨六大類食物

行為目標：1.1. 說出六大營養素名稱

行為目標：1.2. 從教師給定的食物圖片中說出食物類別

先前提到，教學目標是一種「教學目標＝表現動詞＋學習內容」的形式，有些教學目標加入情境或其他補充說明，這更為具體，無可厚非。教學目標轉化為行為目標有四個重點說明如下：

第一，教學目標的行為表現動詞使用的是「動態」動詞，而行為目標的表現動詞是「動作」動詞。動態動詞是描述某種狀態，是一種表現行為的態勢，不會因為離開學習場域而消失，例如：瞭解、明白、知道、體會……；而動作動詞是一種具體可見之動作或可聽之聲音描述，例如：說出、指出、舉例、認出、繪製……。行為目標的表現動詞是由教學目標的表現動詞細分而來。

第二，教學目標的「學習內容」也可以細分成幾個部分內容，例如：有一教學目標是「瞭解颱風的形成原因」，此教學目標難以從學生一次的行為目標判斷，因此，可以將「形成原因」再轉化為「氣壓、溫度、氣旋……」細節。再配合教學目標的表現動詞「瞭解」轉化為「說出」、「寫出」，相互搭配，即可發展出好多個行為目標，在教學過程中逐一檢驗學生學習的情形。

第三，行為目標的表現動詞不再區分認知、技能和情意領域。行為目標是指具體可見、可聽之動作或聲音描述，是教學過程中，教師藉以判斷學生是否達到教學目標的依據，無論認知、技能和情意領域之教學目標，均是如此。

第四，部分觀點認為行為目標的寫法要嚴謹，亦即要有對象（audience）、行為（behavior）、結果（content）、標準（degree），甚至還包含表現該行為的情境（condition），可稱之「ABCD」或「ABCDC」準則。

例如：在ABCD準則下的一個行為目標實例：「學生能說出三種草本科植物」，「學生」是對象（audience）、「說出」是行為（behavior）、

「草本科植物」是結果（content）、「三種」是標準（degree）。

另一實例是「學生能在全班面前背出〈滿江紅〉課文正確無誤」，「學生」是對象（audience）、「背出」是行為（behavior）、「〈滿江紅〉課文」是結果（content）、「正確無誤」是標準（degree）、「全班面前」是情境（condition）。

有些讀者難以判斷「標準」和「情境」，可以用「標準是結果的標準、情境是行為的情境」去判斷思考。

不過，嚴謹的行為目標寫法逐漸被檢討，提出檢討的人認為行為目標中的「學生」是可以省略的，因為本來就是學生該表現的行為；另有人認為「標準」也可以省略，原因是當學生具有該「行為」和「內容」，即已經具有該行為表現，並可以類化到其他情境。以上述兩個例子而言，當學生能說出「內容」（草本科植物）即可，至於「標準」是三種或五種，或是在什麼情境表現，不是很重要；不過，另一個例子的標準是「正確無誤」，或許教學者認為這很重要。因此，行為目標可以簡化為：行為（behavior）和結果（content），或再加上一個標準（degree），亦即BC準則或BCD準則，但偶而也可以加入情境，使行為目標更清楚，例如：先前提到的例子「從教師給定的食物圖片中說出食物類別」，「從教師給定的食物圖片中」即是情境。

第二節　轉化教學目標為教學活動

當撰寫完教學目標和行為目標之後，開始將教學目標轉化為教學活動。教學活動包含準備活動、發展活動、綜合活動。

準備活動是學生學習的心理準備狀態，不是指教師的備課，也不是教師課前準備教具。通常教師在準備活動時間，會以說簡短故事、提及生活經驗、一小段新聞事件或一段小影片，引起學生的學習動機、好奇心或對事務的矛盾，藉以誘導學生進入教師安排的活動。這是基於「當個體對事務產生好奇，對該事務的學習會比較投入」的理念基礎。因為準備活動不是主要學習時間，沒有對應的教學目標。不過，不可以花太多時間在準備

活動，通常是一節課的五分鐘。

　　發展活動是一系列或一組教師教學行為和學生回應行為的組合。基本上，一個教學目標有一組發展活動，不過，也可以兩三個教學目標共同發展一組發展活動（這發展活動必定很多細節流程）。每組發展活動的流程撰寫以條列式書寫為原則，通常是教師做什麼、學生做什麼、教師再回應什麼等三個要件撰寫。

　　綜合活動可以安排兩種任務，亦即「歸納統整」和「評量」。歸納統整是當教師進行了近一節課的教學，也在過程中確認學生的行為表現，教師需要於下課前幾分鐘，簡要歸納或複習此節課的內容重點，教師直接摘要口述即可。另一個活動是評量，教師若於下課前能夠評量學生在此節課的學習結果，不僅可以讓教師瞭解自己的教學成效和進一步省思教學策略，亦可以讓學生知覺自己的學習結果。教師可以將上課內容發展成一兩題問題，讓學生書寫、共同回答，需要全體學生均能回應，才能確認教學成效，這也是一種形成性評量。若還有一些時間，教師可以提醒回家作業、下次上課的內容或是指出該節課所學知識可在生活中的應用情形。另外，綜合活動是歸納統整，不是一個新教材內容的教學，因此，沒有對應的教學目標。

　　發展活動是主要的內容，本章再特別對發展活動的撰寫提出說明。依照教案撰寫的經驗，可以分為三種方式來寫。

㈠一個教學目標發展一組發展活動

　　一個教學目標可寫出一組發展活動，值得注意的是，在發展活動中，一定要給學生表現行為目標的機會，如此教師才能藉由學生的行為反應確認學生是否具備該行為，而當諸多行為目標均已達成，便可以推知教學目標已達成。例如：表3-3的教案實例中，行為目標1-1.學生能「說出」資源回收的種類、行為目標1-2.學生能「指出」可回收與不可回收的資源，在教學活動中就需要給學生「說」和「指或寫」的機會。

　　有些教案格式不寫行為目標，那就需要給學生表現「教學目標」中之「表現行為」的機會，如表3-4。不過，有些教學目標過於含糊，教案初

表3-3　一組教學目標與行為目標寫成一組教學活動的實例

教學目標	行為目標
1. 能分辨可回收、不可回收的垃圾	1-1.學生能<u>說出</u>資源回收的種類。 1-2.學生能<u>指出</u>可回收與不可回收的資源……

	教學活動
1. 能分辨可回收、不可回收的垃圾	準備活動 …… 發展活動 1. 教師提示上一學期的校外教學……經驗 2. 教師藉由數位照片，一一講述資源回收的種類 …… 6. 教師提出一個問題「……」，<u>請學生回答</u>。 …… 8. 教師要求學生<u>寫習作勾選哪些是可回收或不可回收</u>…… 9. 教師檢討習作上的題目，並讚美學生……

表3-4　一個教學目標寫一組教學活動的實例

教學目標
1. 能分辨可回收、不可回收的垃圾

	教學活動
1. 能分辨可回收、不可回收的垃圾	準備活動 …… 發展活動 1. 教師提示上一學期的校外教學……經驗 2. 教師藉由數位照片，一一講述資源回收的種類 …… 6. 教師在電子白板上呈現幾張回收物，請兩位學生上臺進行可回收與不可回收之分類 …… 8. 教師要求學生寫習作勾選哪些是可回收或不可回收…… 9. 教師檢討習作上的題目，並讚美學生……

學者可能會以局部的學生行為表現認定已達教學目標。因此，本書建議師資生、實習學生或初任教師還是寫行為目標，待教學經驗豐富，即可免寫行為目標。

㈡兩個以上教學目標發展一組發展活動

有些教學目標可以藉由一組教學活動同時達到，即可以共同發展一組教學活動，如表3-5。另外，部分情意領域教學目標，無法單獨寫成一組發展活動，需要在進行認知或技能領域的教學過程中，讓學生體驗並型塑情意表現。不過，如同先前，撰寫教學活動時，也要給予學生表現所有教學目標之行為目標的機會。

表3-5　多個教學目標寫一組教學活動的實例

教學目標	行為目標
【技能】 1. 具備操作顯微鏡的能力 【情意】 2. 遵守科學實驗室的規則	1-1能寫出顯微鏡各部位名稱 1-2能依序做出顯微鏡各部位正確動作 2-1能說出科學研究室的使用規則 2-2能正確做出科學實驗器材的領取與回送動作

	教學活動
1. 具備操作顯微鏡的能力 2. 遵守科學實驗室的規則	準備活動 …… 發展活動 1. 教師說明領取實驗器材的規定 2.…… 3. 教師要求學生複誦實驗室的五項要求 4.…… 5. 教師指導學生拿取顯微鏡的方法 6.…… 7. 教師檢驗學生拿取顯微鏡的…… 8.…… 9.…… 10.…… 11.教師——講解顯微鏡的各個部位名稱與功能 12.…… 13.教師要求學生在學習單上寫出顯微鏡各部位名稱 14.…… 15.…… 16.教師——示範顯微鏡的操作，並要求學生操作，教師逐一檢查操作的正確性 17.教師請同學兩兩一組，相互檢驗顯微鏡的操作順序 18.…… 19.…… 20.教師——檢查學生顯微鏡送回器材室的動作

　　或者把行為目標寫在教學目標的下方，對應發展活動中，教師提供機會給學生表現行為的時間點，例如：表3-6，這種格式會更清楚地知道行為目標中每一個學生所要表現的行為，是否已被全部安排在教學過程中有機會表現。

表3-6　多個教學目標與行為目標寫成一組教學活動的實例

教學目標	行為目標
【技能】 1. 具備操作顯微鏡的能力 【情意】 2. 遵守科學實驗室的規則	1-1能寫出顯微鏡各部位名稱 1-2能依序做出顯微鏡各部位正確動作 2-1能說出科學研究室的使用規則 2-2能正確做出科學實驗器材的領取與回送動作

	教學活動
	準備活動 …… 發展活動
2　遵守科學實驗室的規則	1. 教師說明領取實驗器材的規定 2.
2-1能說出科學研究室的使用規則	3. 教師要求學生複誦實驗室的五項要求 4.
	5. 教師指導學生拿取顯微鏡的方法 6.
2-2能正確做出科學實驗器材的領取動作	7. 教師檢驗學生拿取顯微鏡的…… 8. 9.
1. 具備操作顯微鏡的能力	10. 11. 教師一一講解顯微鏡的各個部位名稱與功能 12.
1-1能寫出顯微鏡各部位名稱	13. 教師要求學生在學習單上寫出顯微鏡各部位名稱 14.
	15. 16. 教師一一示範顯微鏡的操作，並要求學生操作，教師逐一檢查操作的正確性
1-2能依序做出顯微鏡各部位正確動作	17. 教師請同學兩兩一組，相互檢驗顯微鏡的操作順序 18. 19.
2-2能正確做出科學實驗器材的領取動作	20. 21. 教師一一檢查學生顯微鏡送回器材室的動作

㈢多組教學目標融合寫出多組發展活動

如果是一個單元、主題式教學或是大單元教學活動，可以依照上一個教案實例發展更多節課的教學活動，也因此會有許多的教學目標和行為目標。有一種可能性，某一個教學目標發展許多行為目標後，這些行為目標的表現時機可能分屬在不同的節次中，亦即一個教學目標的內含之所有行為目標不一定會出現在同一節課。這樣雖然可行，但要注意每個行為目標都要給學生表現的機會。本書建議師資生、實習學生或初任教師等初學者不要使用這個教案寫法，以免混淆。

第三節 運用合宜的教學策略、資源與評量

先前只是說明教學目標、行為目標和教學活動的關係，是一種寫作格式的提醒而已。然而，教學活動要能促進教學成效和提升學生學習品質，要視教師教學策略的應用，教學者需要知道什麼樣的教材用什麼教法對學生的學習最有效。其次，在教學策略中，部分教學活動需要教具、設施或媒體資源，這也要寫入教案中，寫得愈詳細，在課前準備媒體教具時就比較不會忽略。另外，教學過程中的評量和綜合活動時段的評量，也要在寫教案前思考，部分教學活動可以利用習作、部分需要事先設計學習單，也可能需要安排場地進行實作、遊戲等動態性評量。

以下說明常用的教學策略、應用細節和可能應用的教材內容屬性。教學者寫教案時，也要把這些教學策略更詳細的細節以及自己補充的細節，寫進去教學活動中。

首先，不管用什麼教學策略，均需要以簡短的目標說明作為起始，以及以簡短的複習先備知識為基礎，之後再進行教學策略的活動。

一、講述教學策略

講述教學策略是指教師預先安排師生互動和解釋教學內容的過程，包含：解釋、提問、回答、複習、練習、錯誤校正。這可以讓師生專注在預先設計的教學活動中，教師也比較容易控制教學進度。

而其教學細節大略如下：

1. 將單元內容分成小部分，每教一部分，給予清楚且詳細（善用各種教具）的講述與解釋。

2. 教完一部分後，可以提出問題請學生回答，或給予學生練習、操作、做習題的機會。

3. 教學者立即回饋、確認學生理解程度、增強與矯正。

4. 重複1.2.3.步驟。

5. 教學者指示綜合練習，校正學生的錯誤，直到學生能獨立自主表現。

二、示範教學策略

示範教學策略是指學生經由觀察教師行為，而模仿學得或改變行為的歷程。在此歷程中，教師以標準行為指導學生學習，可邊示範邊講解，若較為複雜的動作技能，也藉由影片、請助教或小老師幫忙做出動作，但務必事先指導演練，避免過多錯誤嘗試。示範教學的重點包含清楚呈現目標、循序漸進呈現內容、提供具體例子、檢視理解程度。示範教學雖多用於動作技能的指導，也可以示範心智技能，例如：寫計畫書。

而其教學細節大略如下：

1. 將單元內容區分為小部分，教師正確示範局部的行為。

2. 要求學生反應該行為。

3. 學生練習與表現正確的行為反應。

4. 教學者或助教對學生行為反應給予訂正性回饋，教師讚美學生。

5. 持續1-4步驟。

6. 教學者將行為連貫示範，再依上述2-4步驟。

三、簡報媒體教學策略

教學者使用簡報媒體的目的，在於吸引學生注意以提升學生學習興趣、重點呈現教材以取代過多的文字、具體呈現抽象化的教材內容或提示教師的教學內容（流程）。另外，教學者可以加入動畫或影片，這可以完

整（並重複、暫停）呈現某一現象、事件或連貫動作。在觀看影片前，可先提醒學生觀看重點。觀看到一個段落宜暫停，教師提示或提問學生，以減少學生認知負荷。若是動畫，可以配合講述或示範教學。

而其教學細節大略如下：

1. 提示簡報媒體重點、內容影片觀看重點。
2. 分段播放和解釋簡報、動畫或影片的內容。
3. 提問學生關於簡報、動畫或影片的內容問題或做出動作行為。
4. 對學生的問題或行為反應給予訂正性回饋，教師讚美學生。
5. 持續2-4步驟。
6. 歸納統整簡報、動畫或影片的重點。

四、討論教學策略

使用討論教學策略的目的，在於鼓勵學生不同的適當答案、提出不同觀點，並進一步引發更新、更豐富及更先進的看法。這是藉語言相互刺激進行心智思考，使學生更瞭解教學內容的豐富性與相關性，更可以幫助學生深刻理解教學內容。

教學者需要於討論前準備好的問題，討論問題要具有事實性（非幻想）、可詮釋性和可評鑑性，透過討論歷程讓學生激盪產生自我觀念，保有和記憶自己的想法。再者，討論時間不宜過長，不超過二十分鐘為宜。許多教學者使用討論教學策略失敗的原因，大致有四點：1.討論題目過於簡單或困難，學生很快講出答案或難以提出答案，因此，教學者的討論問題設計很重要；2.學生欠缺討論題目和內容的理解，不知道要說什麼，教學者需要於討論前確認學生瞭解之討論問題，並提供學生思考時間；3.學生不知道如何對話，教學者起初需要安排對話的程序或規則；4.部分討論過於凌亂或不針對主題對話，教學者需要安排主持人的角色，並且訓練主持討論。

而其教學流程是採知識建構技巧，亦即邏輯組織、輪流表達、相互傾聽、心智內化，細節大略如下：

1. 安排討論的成員、時間、說明發言規則。

2. 提出討論問題，並簡略解釋。

3. 確認學生理解，要求每位學生先自行思考討論問題或將思考的結果書寫於學習單。

4. 要求學生開始輪流對話，每位學生可以將第3步驟所思考的內容發表出來。

5. 每位學生對小組成員的發表內容提出回應。

6. 持續4-5步驟。

7. 教學者要求學生修正調整自己第3步驟原有的想法，可再度書寫於學習單，學習單可發展討論前和討論後共兩個欄位，提供學生自我比較的機會。

8. 教學者可請學生發表，並統整討論結果。

五、學生互學策略

學生互學策略是討論教學策略的另一種發展，比起討論教學策略，這不需要花太長的時間讓學生小組成員互動討論，而是將學生分成兩兩一組，當教學者提出問題，並讓學生思考後，便可請學生兩兩相互交換想法。學生先邏輯思考問題，講給對方聽，也聽對方的想法，之後會將對方的想法和自己的想法相互比較對照，若想法不一樣，除了認同對方並納入自己的觀點外，可以再進一步提出詢問。

而其教學流程是採簡單式的知識建構技巧，亦有邏輯組織、輪流表達、相互傾聽、心智內化的流程，細節大略如下：

1. 安排學生兩兩一組，說明對話規則。

2. 提出討論問題，並簡略解釋。

3. 確認學生理解，要求每位學生先思考討論問題或將思考結果書寫於學習單。

4. 要求學生兩兩輪流對話，每位學生可以將第3步驟所思考的內容發表出來。

5. 學生對不同的觀點，相互提出詢問。

6. 持續4-5步驟。

7. 教學者要求學生修正調整自己第3步驟原有的想法，可再度書寫於學習單。

8. 教學者可請學生發表，並統整討論結果。

六、小組合作學習教學策略

使用合作學習教學策略的目的是除了教材內容的學習外，學生可藉由和他人互動、觀察別人、工作協調和解決衝突之歷程，發展個人在社會中團隊合作的良性特質，並可以培養學生領導、溝通、任務管理、社交技能和問題解決的能力。不過，學生通常沒有合作經驗，教師需要創造積極互賴的情境、指導合作的技能，也需要監控和促進合作的過程。

而其教學細節大略如下：

1. 依學生能力設計小組合作任務。

2. 將學生分組（通常是異質性分組），以4-6人為原則，可進行角色安排。

3. 確認學生已理解合作任務的內容。

4. 依小組合作任務進度，分段指導。

5. 逐段要求學生參與，合作地完成分階段任務。

6. 教學者監控學生合作學習表現，必要時微調。

7. 重複第4-6步驟。

8. 小組繳交任務或發表。

七、探究與問題解決教學策略

使用探究教學策略的目的是期望學生在學習情境中，教學者引導學生發現問題、分析問題，並擬定可行的解決方案，獲得結論並驗證，藉此發展自我導向的學習能力。這是從自我問題為根本出發，教導學生解決問題技巧，解決問題的同時，也進行知識的學習。而問題解決教學策略如同探究教學策略，只是問題任務由教學者提供。教學者可考慮學生能力，提供個人、兩兩、或小組的探究和問題解決的任務。探究與問題解決教學策略，具有「發現」、「歸納」和「評估與省思」的學習歷程。

而其教學細節大略如下：

1. 激起學生好奇心，鼓勵學生參與探究或問題解決活動。

2. 學生擬定探究問題（探究）或教師提出問題任務（問題解決），並解釋說明。

3. 指導解決問題的方法，可能包含資料蒐集、分析、解釋、結論的發展歷程。

4. 鼓勵學生思考及集中注意力，調查其所面對之問題。

5. 要求學生依問題任務分段蒐集資料、發展初步結果、驗證結果、獲得知識。

6. 教學者再指導下一個任務細節。

7. 重複第5-6步驟。

8. 學生發表與教師回應。

八、翻轉教學應用

翻轉教室（flipped classroom），是指將傳統上「課堂講課，回家寫作業」的教學流程倒轉：讓學生課前，利用線上學習聽講或書面閱讀教師先前提供的教材，課堂上由老師引導完成習題、做更深度的討論或完成任務。其主要特徵是讓學生先行「自學」（培養學習責任），課堂內則著重「思考」與「表達」。教師需要評估哪些是可以讓學生自學的教材，嘗試初期可用文字閱讀型的教材。值得一提的是，學生自學不一定在家庭中（因為對部分學生有困難），可在早自修、下課或在學校有空的時間。

其教學細節大略如下：

1. 教學者於學生自學前，先提示閱讀重點與要求課前閱讀。

2. 依學生程度設計思考和討論的題目。

3. 課堂中確認學生是否課前已經閱讀，可於課前詢問或測試。

4. 安排對話成員，可使用先前提及的討論、互學、合作學習策略分組和對話。

5. 提供學生全班發表與對話機會。

6. 教學者統整教材內容重點。

九、行動學習

行動學習（mobile learning，可縮寫為M-Learning），是一種跨越地域限制，充分利用可攜式數位科技設備的學習方式。亦即學生手持行動載具，在教學者的指導下，與數位教材、同儕或社會資源互動學習的歷程。行動學習不僅是強調數位教材學習，也具有社會互動學習的重要意涵。不過，因為學習過程中多了一個變數（手持行動載具），教學者需要充分指導並隨時留意學生的表現。

其教學細節大略如下：

1. 分析教材內容，瞭解學生運用手持載具和網路平臺應用於學習的適合度。

2. 選擇或製作數位教材，並上傳於網路平臺。

3. 確認或指導學生資訊技能及線上互動討論能力。

4. 課堂教學、指導學生認知策略，並給予學習任務（包含瀏覽數位教材）。

5. 學生分組或兩兩應用手持載具上線學習、討論。

6. 教學者線上監督，瞭解學生學習表現，提供協助。

7. 重複第4-7步驟。

8. 學生呈現成果報告和教學評量。

本書建議上述九項教學策略應用於教學活動中時，需要再各自發展細節步驟，切勿直接抄用，特別是涉及到學生互動和應用行動載具的過程。傳統教學方式是學生聆聽教學者的講解，比較容易掌控教學進度；然而，若加入同儕互動、小組合作和應用行動載具，學生的學習方式改變，可能無法第一次便可以實施成功。因此，建議師資生、實習學生或初任教師撰寫教案時，宜充分思考每個步驟細節，以免初步嘗試產生挫折感。

參考文獻

Anderson, W. & Krathwohl, D. R. (Eds.) (2001). *A taxonomy for learning, teaching, and assessing: A revision of Bloom's educational objectives*. NY: Longamn.

Bloom, B. S., Engelahar, M. D., Frust, E. J., Hill, W. H. & Krathwohl, D. R. (1956). *Taxonomy of Educational Objective, Handbook1: Cognitive Domain*. N.Y.: David McKay.

Simpson, E. L. (1972). *The classification of educational objectives: Psychomotor domain*. Urbana-Chicago, IL: University of Illinois Press.

■ 第四章 ■■■

教育實習前的準備

「我們不是在教導師資生教學技巧，我們不是在製作教師，我們是要培養師資生成爲教師」，師資培育不是複製貼上、控制輸入輸出，而是整合一系列人類在社會發展的複雜要件，讓師資生在師資培育過程中得以發展這些複雜要件的知識，以成爲教師時的必要知能。這其中包含了理論性知識和實務性知識等兩種教育領域知識，但兩類知識難以完全分割，有互補、相互檢驗之必要性。有關人類在社會發展的複雜要件，由實務性知識形成理論性知識，在教育學程中修讀；而讓師資生進入學校進行教育實習，得以繼續發展教育領域知識，提供理論性知識與實務性知識相互檢證的時機。理論性知識引導實務性知識的發展，而實務性知識得以修改理論性知識的論述，透過這些歷程，教師專業性知識便有可論證的基礎。以當前的師資培育制度而言，教育實習是師資培育中相當重要的階段。

具體而言，教育實習的目的是提供職前教師驗證與型塑教育專業知識的機會，教育實習機構的校長、行政主管和教師與師資培育之大學成爲伙伴關係，教育實習機構師長分享他們的經驗，實習學生也可以有場域實踐在修讀教育學程期間所建立的教育理念。

不過，當前國內的師資培育制度有些問題，想要參與教育實習的師資生需要充分瞭解，並依據自己的生涯規劃與期許，尋找合適的教育實習機構。若能在教育實習機構獲得充分的學習機會，也需要把握，充實自己的教育專業知能。

第一節 瞭解國內教育實習現況

我國教育實習制度主要依據《師資培育法》（附錄二）辦理，並依據《師資培育法施行細則》（附錄三）規範相關細節，相關條文請讀者自行參閱附錄。本書摘錄相關重點作說明，並且指出當前教育實習相關的現況與問題。

一、師資培育相關法規的內容重點

　　《師資培育法》第七條明訂，師資培育包含師資職前教育及教師資格檢定。師資職前教育課程包括普通課程、專門課程、教育專業課程及教育實習課程，並且於《師資培育法施行細則》第三條提及，教育專業課程與教育實習課程合稱為教育學程，並於第四條明示，師資生必須修畢普通課程、專門課程、教育專業課程，始得參加半年之教育實習課程。值得注意的是，未來會修法，請師資生多留意此一訊息。

　　《師資培育法施行細則》第三條，定義教育實習課程為培育教師之教學實習、導師（級務）實習、行政實習、研習活動之半年全時教育實習課程，第五條提及起迄時間由各師資培育之大學定之。簡單而言，參與教育實習課程的學生，實習項目包含教學實習、導師（級務）實習、行政實習、研習活動，並且實習學生得如同學校教師在校時間一樣。

　　而《師資培育之大學辦理教育實習作業原則》（附錄四）第七點指出實習學生教育實習事項及比率，亦即實習學生參與教育實習課程事項以教學實習與導師（級務）實習為主，行政實習及研習活動為輔。為了更強調教學實習與導師（級務）實習為主，其實習時間比率設定為教學實習占百分之四十五、導師（級務）實習占百分之三十、行政實習占百分之十五、研習活動占百分之十為原則。而該作業原則第三十五點指出，教育實習評量項目也依循上述比例計分。

　　《師資培育法施行細則》第十一條特別指出，師資培育之大學為實施教育實習課程，應訂定實施規定，其規定內容包括下列事項：1.師資培育之大學實習指導教師、教育實習機構及其實習輔導教師之遴選原則。2.實習輔導方式、實習指導教師指導實習學生人數、實習輔導教師輔導實習學生人數、實習計畫內容、教育實習事項、實習評量項目與方式及實習時間。3.學生實習時每週教學時間、權利義務及實習契約。4.教育實習成績評量不及格之處理方式。5.其他實施教育實習課程相關事項。另外，教育實習成績之評量，應包括教學演示成績，由師資培育之大學及教育實習機構共同評定，其比率各占百分之五十。此條文指出師資培育之大學應訂定

實習指導教師（爲讓讀者更明顯區分，以下均稱爲「指導教授」）、教育實習機構、實習輔導教師的遴選、輔導方式、權利義務以及評量內容。

《師資培育之大學辦理教育實習作業原則》第十點指出，師資培育之大學教育實習輔導方式，包含1.到校輔導：由師資培育之大學實習指導教授前往教育實習機構指導；2.研習活動：由師資培育之大學辦理返校座談或研習活動；3.通訊輔導：由師資培育之大學編輯教育實習輔導刊物，寄發實習學生參閱；4.諮詢輔導：由師資培育之大學設置專線電話、網路等，提供教育實習諮詢服務；5.成果分享：由師資培育之大學辦理實習學生教育實習成果發表及心得分享活動。第十二點也指出，指導教授需要指導實習學生擬定教育實習計畫、對每位實習學生進行到校輔導至少一次、評閱實習學生之作業及報告、評定實習學生之教育實習成績……。此點列出師資培育之大學應有的實習輔導作爲。

《師資培育之大學辦理教育實習作業原則》第十八點指出，教育實習機構應成立教育實習輔導小組，擬定教育實習機構教育實習輔導計畫，推動相關教育實習輔導工作；師資培育之大學並應主動提供必要之指導及協助。第十六、十七點指出實習輔導教師由教育實習機構遴選，薦送師資培育之大學，而實習輔導教師應具備能力、意願且具有教學三年以上經驗。第二十一點明確訂出實習輔導教師職責，包含輔導實習學生擬定教育實習計畫、從事教學實習及導師（級務）實習、協調提供實習學生行政實習及研習活動、輔導實習學生心理調適問題、評閱實習學生之作業或報告、評量實習學生之教學演示及綜合表現成績……。此點規範輔導教師的職責，包含實習與心理輔導、行政與研習協助和評定表現。

《師資培育之大學辦理教育實習作業原則》第二十七點提及實習學生之教學實習，應以循序漸進爲原則，並提到開學後第一週至第三週以見習爲主，第四週起，實習學生每週教學實習時間，不得超過編制內合格專任教師基本授課時數之二分之一或不得超過十二節。此點的設計精神在於規範實習學生上臺試教的時數。不過，只做上限之設計，忽略了最少時數，有些實習機構或輔導教師鮮少給實習學生上臺教學的機會。

《師資培育之大學辦理教育實習作業原則》第三十二點，訂定實習學

生之各項教育實習活動應有正式教師在場指導。實習學生不得單獨擔任交通導護、單獨帶學生參加校外活動、單獨照顧身心障礙學生、代理導師職務及行政職務、擔任專職工作或進修學位。此點的設計精神在於實習學生仍是學生身分，不應該被安排專責工作事務，也不應該承擔責任。

國內教育實習相關法規，除了指出教育實習的明確定義和內容外，最重要的是規範了師資培育之大學、指導教授、教育實習機構、輔導教師和實習學生的職責。不過，有許多因素影響，使得教育實習課程仍存在些許問題。

二、師資培育之大學的實習輔導現況與問題

由於少子女化的浪潮，國內學校所需求的師資員額逐漸減少，早期教師甄試通過率七、八成的現象已經不可能出現。這十幾年來，傳統師範或教育大學試圖轉型，部分師資培育系所新招聘的多數教師不再是具有教育實務背景，這些系所僅留存幾位教授繼續在師資培育中努力，更因為系所辦學方向轉變，投入的經驗和資源也逐漸變少，在師資培育能量上顯得非常不足。

師資培育之大學設有師資培育專責單位或人員，處理教育實習的業務。然而，多數單位人力精簡，經費甚少，大都僅作法規規範的內容，鮮少有創新突破性的作為。若真有法規之外的業務內容，也大都是輔導實習學生應付教師資格檢定考試或辦理模擬教師甄試。這樣的作法無可厚非，實習學生沒有取得教師證或教師甄試失利，即使再怎麼樣的培育作為，仍無法於中小學施展。另外，部分師資培育之大學過度在乎教師資格檢定考試通過率，除了藉此表現自己的師資培育能量外，也想藉此吸引學生修讀教育學程，有些大學還收教育學分費，增加大學財源。然而，仔細想想，這似乎以偏蓋全或受人質疑，如同本章第一句話，「我們不是在教導師資生教學技巧，我們不是在製作教師，我們是要培養師資生成為教師」，以考試為先和以收費為目的的想法完全本末倒置。

另外，多數擔任教育實習學生指導教授的大學老師們，也可能因為大學教師評鑑或學術升等要求，不願意投入更多的心血在師資培育過程中或

因不具有中小學教育經驗，導致在指導實習學生上有許多困難，這幾乎也是世界各國在師資培育上所遭遇到的問題。指導教授缺乏觀察實習學生教學的能力，況且教學實務太過於複雜，即使許多師培大學提供指導教授一些實習學生的教學觀察表格，指導教授也難以和實習學生以及教育實習機構的輔導教師做深度的對話。實習學生的實習過程也涉及各種來自學生、學校資源、文化和家長等因素，即使少數指導教授具有豐富的教學經驗，也無法充分掌握實習學生面對的困難，協助提供可行的、解決問題的參考策略。指導教授到學校訪視瞭解實習學生實習狀況，也大都是禮貌性的拜會學校校長、行政主管和輔導教師，若該教育實習機構正好有畢業於相同師資培育大學的校友或指導過的學生，便可展現一種「公共關係」，請求教育實習機構教師們的協助。各種因素的糾結，使得指導教授在實習學生的指導功能沒有充分發揮。

即使師資培育大學在教育實習制度規劃上不夠充分，以及多數指導教授因為各種因素無法投入，仍有少數指導教授戮力經營，這可能是長期的經驗累積以及對師資培育的使命感。亦有一些師資培育之大學體會到教育實習指導的困境，邀請地方教師輔導團或該校在職進修博士班的中小學教師，擔任協同指導教授的角色，這些具有教育學博士學位的中小學教師，理論與實務兼具，倒也可以發揮實習指導的功能。

三、教育實習機構的教育實習輔導現況與問題

若論及師資培育之大學與教育實習機構之關係，有些許矛盾現象。絕大多數的教育實習機構是隸屬於國教署、地方政府或私人經營之學校，與師資培育之大學沒有隸屬關係。即使師資培育之大學可以遴選教育實習機構，亦與教育實習機構簽訂教育實習契約，但對於成為教育實習機構的中小學而言，教育實習的任務非其辦學主要目的。況且，教育實習機構或機構內的輔導教師並沒有較為明顯的利益或資源，因此，與其說這些中小學被師資培育大學遴選，其實是被請託。即使教育實習機構在教育實習業務上略有拖延或偏離，多數師資培育之大學也不會多所要求。

再以輔導教師而言，師資培育大學非常期待教育實習機構能挑選出

具有教育熱忱與專業的教師擔任實習輔導教師，不過，這十年來，愈來愈多具有專業的教師不願意擔任實習輔導教師。一些教師認為平時教學工作忙碌，時間不足，若再花時間輔導實習學生、協助規劃教育實習計畫、與其討論教材和教學實務、觀察班級經營與指導細節，將影響其他時間的安排。況且，若遇到不願意學習的實習學生，或更有主見，甚至抱怨和抗拒的實習學生，輔導教師便有付出卻得到心理挫折的知覺，逐漸地，拒絕師培大學再擔任實習輔導教師的邀約。

另外，有些具有專業和熱忱的教師表達願意輔導實習學生的意願，但是卻不知道如何提供協助，僅將自己所做過的事情，以徒弟模仿師父的方式要求實習學生學習。不管是國內的師資培育制度和各師資培育大學的實習輔導規章，鮮少提及實習輔導教師的訓練、研習或輔導專業培養的功能。多數師資培育大學僅發公文函，附帶教育實習輔導辦法和實習輔導教師手冊光碟，便認為輔導教師即具有實習輔導的知能，更甚的是，這些辦法和手冊光碟送到輔導教師手中，恐怕也沒被仔細閱覽。

我曾經對全國獲得教育部教育實習績優獎的輔導教師進行得獎資料的分析，發現這些得獎教師均不計較自己的時間，對實習學生提供實習規劃、教學安排、心得討論等方面的協助，不過，卻無法針對實習學生的心理歷程進行分階段的輔導，或當實習學生遇到挫折時，輔導教師也只能鼓勵安慰而已。

因為上述原因，教育實習機構和實習輔導教師欠缺實習輔導的專業培訓，導致許多實習輔導措施變成協助校務的性質，例如：實習學生幫忙協助指揮交通、製作海報、校園清潔整理等一些勞務性工作，也有部分實習學生被要求晚間留下來看顧學生晚自習，甚至有少數實習學生被強迫賦予擔任一項行政專責工作。姑且不論這些事務的適法性問題，即使是一種學習，也都是皮毛式的學習、沒有規劃性的學習以及欠缺統整性和深化性的學習。如此現象，更不可能達到教育實習的理想：理論與實務的對話。

當然，除了教育實習機構和實習輔導教師欠缺實習輔導的專業培訓真正是當前教育實習一個重大問題外，還是有積極努力的教育實習機構和輔導教師。有一些學校對於教育實習有完整的規劃，從學校內的教育實習制

度或辦法的設置、輔導團隊和實習學生定期會議或討論的時間、輔導教師的規劃事項、實習學生所需設備資源的提供，以及協助實習學生準備教師檢定與甄試，均有妥善的安排。亦有教育實習機構採用集體輔導的方式，由所有輔導教師與所有實習學生共組教育實習輔導社群，擴大實習學生僅能向一兩位輔導教師學習的機會。更有些許學校為該校的實習學生規劃每月學習重點，除了輔導教師的平時指導外，校務團隊某月安排任務、指導實習學生學習，並檢視成效，學習較差的實習學生還會被校長或主管約談。

四、實習學生參與教育實習課程的現況與問題

各師資培育大學之師資生，在修讀教育學程最後一年，通常被通知可以申請教育實習，而在修畢所有普通課程、專門課程和教育專業課程後，會跟教育實習機構約定報到時間，開始參與半年的教育實習。我研究教育實習議題多年，也擔任過大學師資培育中心的主任，並瀏覽過幾千位教育實習學生的成績和評語，歸納出以下四類實習學生的行為表現，提供給想要申請教育實習的師資生、大學指導教授和教育實習機構的輔導教師參考。

㈠ 對教育實習不投入導致沒有學習

有些實習學生僅把教育實習當作形式，或想要輕輕鬆鬆參與教育實習，並認為只要有去實習，成績一定及格。也有一些實習學生會抗拒教育實習機構安排的實習任務或臨時交辦的事情，姑且不論此任務是否貼近教育實習性質，此類實習學生會消極以對。此類實習學生大都有一個奇怪心態，亦即輕輕鬆鬆實習，把空下來的時間拿來唸書，準備教師資格檢定考試。

然而，他們卻忽略了教育實習是一個獲取教育實務經驗最佳的時機，如果沒有這些經驗，除了教師專業薄弱外，即使通過教師資格檢定考試與取得教師證，由於欠缺充分的教學經驗與校務參與經驗，很難通過教師甄試的試教和口試。即使第二年再報考教師甄試，也無法重新實習獲取教

學經驗與校務參與經驗。教育實習對教師專業型塑非常重要，或更實務地說，對教師甄試也很重要。

㈡對教育實習沒規劃導致表面學習

此類實習學生知道教育實習的重要性，但是過於被動，即使寫出教育實習計畫書，也僅抄襲或修改他人，不知道自己想要在教育實習課程中獲得哪些經驗。沒妥善規劃教育實習計畫的實習學生通常有個心態，亦即教育實習機構教導什麼就學習什麼。不過，這類實習學生忽略了本章先前所提，許多教育實習機構和輔導教師並沒有接受過實習輔導的專業訓練，也有些教育實習機構沒有足夠的教育實習輔導經驗，因此，半年的教育實習生涯可能就會變成協助教育實習機構校務處理，和協助輔導教師教學和班級經營事務。到頭來，做了很多事，卻無法結構性的說出自己已學習到的內容。

然而，這類實習學生經常感到工作職責及角色定位不明確，不被家長認同，也不受校長或行政人員尊重。實習學生經常抱怨到教育實習機構「打雜」，「免費勞工」和「外勞」等不理性用語也不斷出現。這是兩造原因產生的結果，教育實習輔導教師和實習學生均沒有思考和規劃教育實習的內容。

㈢缺乏社交技能導致不知如何學習

此類是自我期許比較高的實習學生，對自己的教育實習生涯已有初步的構想，但是進入了教育實習機構，不瞭解教育實習機構的校園文化，畢竟不是自己的師資培育大學，經常有學習的構想卻無法獲得充分資源，有了疑問不知向誰求助，甚至遭遇了困難也不知如何解決。此可歸因於社交技能不足，簡單而言，即是不知道建立自己的人際關係或社會資本。

社交技能是師資培育之大學最少涉入的內容，對教育實習學生而言，是在教育實習機構獲取學習資源的媒介。缺乏社交技能，即使已規劃實習內容，實習學生有時只能靠運氣才能獲得正面的經驗。

㈣缺乏省思教學實務的能力導致學習未深化

此類學生或許已經克服前面三類問題，但欠缺省思教學實務的能力，實習經驗即使是正面的，獲得資源也是豐富的，但也僅限於技術層面的學習，缺乏對教育實務做深度的分析與批判。這類實習學生進入到教學現場，往往不知道要觀察什麼，即使獲得教育工作的指導，也未省思所獲得的經驗與教育理論之間的關聯以及對未來教師專業的重要性。

教學省思是教師專業成長中非常重要的能力之一，師資培育之大學的教育專業課程以及教育實習課程卻鮮少培養實習學生這種關鍵能力，實習學生也不知道如何將教育理論知識、實習內容規劃、實習實務經驗綜整思考，導致教育實習時雖有參與經驗，但學習未深化，對教師專業成長助益有限，甚為可惜。

第二節 尋找合適的教育實習機構

先前所提，當前教育實習制度與現況略有些許問題，不過，仍有許多優質中小學幼學校以及專業熱忱的中小學幼教師，願意傳承優質經驗。師資生在可以開始申請教育實習之際，先行檢視自己的條件、經濟能力和目標，選擇合適的教育實習機構。另外，部分師資培育之大學會先遴選教育實習機構和輔導教師，該校師資生僅能申請到那些實習機構參與教育實習。即使如此，申請實習的師資生也可以先對已經被遴選的實習機構多加瞭解。師資生可參考以下作法，再評估自己的條件。

一、先瀏覽教育實習機構的網站

當前中小學校園環境愈來愈複雜，認知環境與社會環境交雜產生不一樣的校園文化。有些中小學組織氣氛佳，進行相當多的教育實驗計畫，或是常有些創意的教育活動。這類的學校裡，不只是教師們易協同合作發展學生認知活動的教育方案，也可以發現教師同僚性佳，與學生的互動關係以及和家長的社交關係等社會環境良好，到此類學校參與實習，會有豐富的實習經驗。這些學校通常會將教師們的協同合作、創意性的教育活動和

經常性的教育作為上傳到學校網站，師資生可以到該校的網站瀏覽，透過照片和會議資料等文字內容，理解此學校的教育作為。

然而，亦有些學校傾向傳統教育作為，學校教師固守講述性教學模式與紙筆測驗，學校為學生辦理的動態活動和為學生開展天賦的社團屈指可數，也可能敷衍了事。瀏覽這些學校網站，可能只是出現一些靜態資訊或訊息公告而已，教育活動網頁乏善可陳導致網頁鮮少更換，推論此學校應該鮮少熱忱教師投入教育，亦可能無人願意多付出些許，導致許多工作沒人做，師資生到此學校參與教育實習，可能多為協助行政事務，也缺乏充分的教育實習輔導。

二、求助師資培育之大學的行政業務單位

理論上，師資培育之大學的業務單位會瞭解教育實習機構的些許狀況，有些來自於先前到過該機構實習的學長姐之抱怨或讚美，有些是指導教授的訊息提供，有些是單位主管或行政人員與其接觸的心得，或許也有可能是師資培育之大學相互提供的訊息，更有些行政業務單位會在最後一次實習學生返校座談時發放問卷，瞭解該教育實習機構的實習輔導措施和實習學生的感受。

不過，有些教育實習學生會相互比較自己的實習機構之優劣，這倒也不必。學校本有各自的文化、組織氣氛與教師的教育風格，很難相對比較。有一實例是：有一個實習學生抱怨實習機構不關照實習學生，卻可領取教師節由家長會致贈的敬師禮金。另一實習學生羨慕之餘，卻想起輔導教師曾替自己慶生。簡單來說，求助行政業務單位，多瞭解各教育實習機構的訊息，也是可行之道。

三、探詢曾到該機構實習的學長姐

每一位經歷過教育實習的學生一定有豐富的心得，這些心得不一定會反應到師資培育之大學的行政業務單位，如果師資生有機會獲得相關的訊息，也可以藉此參考並做出決定。不過，師資生在聆聽那些經驗或瀏覽訊息時，要能判斷客觀事實和主觀經驗的不同。主觀經驗如：那個學校輔導

教師很嚴格、那個學校把實習學生當免費勞工……，這些是主觀經驗，聽一聽、看一看參考即可，否則再多方檢證確認；客觀事實如：那個學校成立教師輔導社群、那個學校曾指導實習學生獲得教育實習績優獎，這些即是客觀事實，可以多蒐集。

另外，即使先前的學長姐對該教育實習機構有肯定的知覺，並不一定對下一個前往該教育實習機構實習的師資生產生相同的知覺，原因在於可能該機構的行政人員替換、接受不同的輔導教師指導，以及師資生人格特質不同等問題。

第三節 規劃自己的教育實習生涯

當申請教育實習機構後，可以開始思考規劃自己的教育實習生涯。《師資培育之大學辦理教育實習作業原則》內提及，指導教授和輔導教師要能指導教育實習學生擬定教育實習計畫，但大多數實習學生是先寫出計畫，再請教授和輔導教師討論修改，亦有些許實習學生先提出構想，再與指導教授和輔導教師討論形成和撰寫。不過，部分指導教授不知道如何指導，輔導教師也不知道提供哪種訊息，導致實習學生的實習計畫以抄襲修改他人帶過。

本書建議實習學生在報到之前，先擬定教育實習計畫書初稿，讓自己先行思考自己的未來。另外，校園教育事務相當複雜，要學習、要體驗的經驗很多，師資生需要規劃優先性，因此，在實習前初步擬定教育實習計畫是相當重要的工作。

根據《師資培育法施行細則》第三條定義，教育實習課程培育教師之教學實習、導師（級務）實習、行政實習、研習活動之半年全時教育實習課程，因此，教育實習計畫書至少要包含教學實習、導師（級務）實習、行政實習和研習活動。另外，教育實習計畫書的擬定也要有循序漸進的原則，多數實習計畫書區分為導入階段、見習階段、試教階段和綜合實習等四階段。藉此原則，實習第一個月以瞭解學校事務為主，而開學後前三或四週，以見習教學為主。之後，再與輔導教師討論教學單元，並於最後一

個月，輔導教師可能給予實習學生很大的彈性空間發揮教學理念。

一、擬定分階段教育實習計畫書

　　申請教育實習前，先分析自己的條件，擬定學習目標，再依教育實習的導入階段（第一個月～第二個月）、觀摩見習（第二個月～第三個月）、試教階段（第三個月～第四個月）和綜合實習（第五個月至第六個月）等四階段，擬定各階段的重點實習任務。

㈠ 教育實習目標

　　除了一般教師應有的專業需要透過教育實習獲得經驗外，亦需要考慮自己的條件思考教育實習目標。目標是指一個人在一段學習過程後的結果，目標的動詞用語是結果性動詞（例如：養成、學會），而不是過程性動詞（例如：培養、學習）。也因為目標使用結果性動詞，在實習某個階段結束後，便可以檢核是否達到這些動詞所提及的能力。

　　本書建議先以SWOT方法分析自己的優勢與劣勢，再思考教育實習環境或可能前去的教育實習機構對自己的機會和威脅。例如：自己善於運用科技產品，也對科技應用於教學有興趣，便可考慮到有申請教育部行動學習、磨課師計畫或自行發展相關教學方案的學校實習；自己非常喜歡教師相互討論的情境，亦可搜尋哪些具有教師共同備課社群的學校申請實習。即使申請到該校實習，但輔導教師非社群成員，亦可請求前往參與該社群的活動。

　　教育實習目標包含一般性目標、專業性目標與個別性目標。

　　一般性目標是指一般教師應具有的能力，例如：建立正確適宜之教育理念、與同僑教師維繫良好的人際關係。

　　事業性目標即以教學、導師、行政和專業成長為四個方向，例如：具備良好教學技巧與多元教學方式、提升個人班級經營能力、熟悉學校各處室行政業務、提升教育專業知能。

　　個別性目標則可能發展成：學會網路科技在教育應用的技能、具備與其他教師和實習同僑共同備課的能力。

　　然而，教育環境相當複雜，教學所需要的能力很多，如果每一件事情都要充分去瞭解，到最後只學會皮毛表面功夫，無法瞭解教育作為之目的與內涵，導致可能在未來教學場域中難以充分施展。另外，在教育實習過程中，會有許多事情要參與、要協助、要執行，過多的目標將可能讓自己缺乏時間去整合不同的觀點、去評估成效以及去形成自己的教育觀點。因此，師資生在選定教育實習機構與列出教育實習目標後，需要排定優先順序或關鍵重點。

㈡ 規劃導入階段的計畫內容

　　有些實習輔導教師認為導入階段通常是兩個月，因為第一個月是暑假或寒假，大都參與行政事務，本書提及之階段日期僅是參考，實習學生可自己調整或規劃。

　　在導入階段，通常教育實習機構已經安排實習學生與實習輔導教師的配對，因此，可以開始與輔導教師對話與討論。

　　首先，實習學生應該主動向行政實習或導師實習輔導教師請示會談時間，之後，在會談時，準備簡單自我介紹或個人檔案、對教育實習的想法、疑問和教育實習目標，再請輔導教師提供建議。部分實習輔導教師可能不知道如何提供建議，此時可以請行政輔導教師大略介紹學校行政工作，也可請行政輔導教師帶領拜會各處室、到校園走動瞭解學校環境、設備和特色；亦可以請教導師實習的輔導教師之班級經營理念與實際作法，也可以請輔導教師談論學校學生、家長與社會大略狀況，讓自己對教育實習機構的人文環境有初步的認識。多瞭解教育實習機構的人、事、物，是此階段重要的工作。

㈢ 規劃觀摩見習的計畫內容

　　進入觀摩見習階段即表示在輔導教師的指導下，逐步地參與教育事務。在行政實習部分，除了第一個月寒暑假期間較多的投入外，其餘大都被安排每日某段時間或每週幾小時在行政處室協助。實習學生剛開始，需要瞭解一個行政處室或一個業務組的完整業務。在學習與協助行政事務之前，可先透過觀察和詢問輔導教師的行政理念、流程與重點，有些輔導教

師不會說明，實習學生要主動請教。

在導師實習部分，通常導師實習的輔導教師會向班級學生介紹實習學生，之後實習學生需要閱讀學生資料並熟記班上每個學生姓名。另外，可以跟隨輔導教師巡視打掃工作、午餐和早自習，也可以見習導師與學生的互動和偶發事件的處理。

通常班級學生會比較親近或態度上不尊重實習學生，有時也會故意徵求實習學生同意去做些導師不准的事情，因此，實習學生需要向導師請示可回應學生的事，或是僅需要轉達學生意見給導師即可。

㈣ 規劃試教階段的計畫內容

當進入試教階段，即表示實習學生可以上臺練習教學。先請示輔導教師教學單元，實習學生務必充分備課，上臺試教前也需要再和輔導教師討論教學細節。第一次的上臺教學非常重要，輔導教師和學生對實習學生第一次上臺教學的感受非常深刻，如果實習學生馬馬虎虎，較高年級的學生會不客氣地說出來。另外，若第一次上臺便教得好，輔導教師也不需要重教他的課程，如此實習學生才會獲得更多次上臺教學的機會。

雖然有些輔導教師會不斷提供上臺練習機會，或者是提供一、兩個單元讓實習學生練習，實習學生一定要自我要求，努力備課、充分準備教具和學習單。一些實習學生在試教階段初期會模仿輔導教師的教學技巧，這不一定好，即使初期如此，本書建議實習學生還是得自己發展自己的教學模式。

實習學生試教時，可以請校內其他實習學生觀課並給予意見，試教完畢後務必請教輔導教師的看法。有些輔導教師可能講得不充分，實習學生可以區分教材呈現、教學活動、學生表現和評量等方面請教輔導教師。

㈤ 規劃綜合實習的計畫內容

若進入綜合實習階段，這即是輔導教師放手讓實習學生獨當一面的時機了。實習學生可以自己設計學生學習活動、作業方式、教學資源……。本書建議實習學生可以藉由這時機，針對不同類型（例如：抽象思考、操作練習……）的教材設計不同的教學活動，發展教學模式。再透過之後的

教學與修改調整，讓自己的教學模式再精練一些。

　　導師實習部分，實習學生在徵求輔導教師同意後，也可以試著與學生討論建立班級常規，這是練習擔任導師的時機，不過，在這之前，需要充分瞭解學生才行。

　　而行政實習部分可以在輔導教師的指導下，試著規劃一項簡單的學生教育活動，例如：規劃語文競賽，這包含計畫的撰寫、活動的安排、學生報名、場地布置、評審邀請……，讓自己對教育事務有完整的概念，而非只是「協助」行政事務而已。

　　至於教育實習計畫的格式，實習學生可以參考自己師培大學之業務單位提供的範例，各校大同小異，但內容要求可能不同。實習學生可參考本書建議的重點後，初步擬定計畫書，並在參與教育實習的第一個月提出，與機構的輔導教師討論確定。

二、建立讀書計畫與專業成長計畫

　　師資生或實習學生的長遠目標是成為一位具有專業和熱忱的教師，不過，在那之前，得要通過教師甄試和教師資格檢定考試，亦即先取得教師證，再取得學校聘書，這也是師資生或實習學生短期目標。而這短期目標有一個重要任務，即是通過筆試、口試和試教。

　　筆試是以知識閱讀和吸收理解為主，實務經驗可以用來佐證；而面對口試，則是以實務經驗為主，但知識理論可以用來支持；至於試教，則是將理論知識與實務經驗，轉化為教學理念並實踐之。簡單來說，教育相關知識和教育實務經驗都是師資生或實習學生為了短期目標所需要努力獲得的內容。

　　另外，師資生或實習學生也需要參加校外的教師專業成長研習，瞭解當前新的教育實務議題、觀摩創新典範教師的教學以及參與網路專業成長社群。這些活動都可以提供師資生或實習學生省思自己專業的不足，並瞭解自己需要的專業成長內容。以下則分別以閱讀教育知識、體驗教育實務和參與教育活動，提供給實習學生建立讀書計畫和專業成長計畫之參考。

㈠閱讀教育知識

師資生或實習學生未來要具備的是教育專業知識和教育專門知識，前者是指教育學程開設的課程，例如：教學原理、班級經營；後者則是該學系所提供的專門知識，例如：物理、數學。

首先，針對曾經在師培大學修過的課程（特別是教師資格檢定考試的科目）列出複習清單，未修過的課程規劃章節自學計畫。本書建議師資生在教育實習報到前，上述科目均要閱讀過，實習期間才可能充分體驗教育實務，也才有較多時間蒐集口試資料和練習試教。

針對已經修過的課程，可以在複習時，自己做筆記，寫下該科目的主題，重點內容。之後，再針對考古題的題意分析判斷所屬主題，並試著以實務情境舉例說明此主題可能會在學校事務中發生的現象。這對於當前教師資格檢定考試之情境式題目的準備非常有用。如此規劃主題、安排複習進度、筆記和舉例教育實務內容，便可掌握考試的方向。

至於未曾修讀過的課程，可以與其他師資生組成讀書會。本書建議讀書會的成員應有互補作用，例如：阿華修過A科目，沒修過B科目，但小英修過B科目，沒修過A科目。如此，阿華可以在讀書會時講解A科目的章節內容、重點和實例，並編擬A科目的試題給其他成員評量；反之，小英則針對B科目進行講解和評量。

師資生或實習學生針對上述的建議，規劃整年度的讀書計畫，也需要相互激勵、相互鞭策，大家共同完成所設定的短期目標。

㈡體驗教育實務

師資生開始修習教學實習和教材教法等課程學分時，即開始接觸教育實務，部分師資培育之大學可能更早帶領師資生到中小學參觀見習或規定師資生於寒暑假到中小學見習。或者師資生也可能利用沒有上課的時間，到師資培育之大學附近的中小學，進行實地學習。不管是自主性還是師資培育之大學規定的參觀見習，師資生都要把握，也要規劃每次參觀見習的目的。

以大三的師資生而言，到中小學進行半天的實地學習是開始瞭解教

育實務的時機。不過，多數師資生不知道到中小學要學些什麼，部分師資培育之大學或指導教授也未提供充分的建議。本書建議到中小學實地學習時，有兩個方向可以參考。第一，師資生從「班級經營」、「教學原理」等教育學程中找出與教育實務相關的理論知識，再利用到中小學實習學習時驗證。例如：班級經營提及常規管理，師資生即可到班級內觀察教師常規管理之情形。第二，師資生到中小學觀察到師培大學無法獲得的學習內容，例如：到中小學教室內觀摩教師教學時，坐在教室兩旁觀察學生學習表現。「看學生學習表現」是師資生在大學看不見的教育現象，在大學，師資生看到的都是教師如何教學，也都認定「教師那樣教，學生就會那樣表現」，其實不然，提早讓師資生觀察到中小學學生在教師教學時的表現，有利於自己思考教學策略。

當實際參與教育實習時，實習學生更應該擬定教育實習計畫，逐步體驗教育實務。這些部分請讀者參考先前的文章內容。

(三) **參與教育活動**

當師資生在師資培育之大學修讀過教育基礎課程以及部分教育方法學課程後，本書建議師資生可以逐步參與校外在職教師的專業成長活動。以當前的教育專業成長活動而言，許多師資培育之大學、地方政府、教師團體或學校會利用寒暑假或假日辦理在職教師進修的講座、工作坊或備課會議，師資生可以電話詢問是否開放師資生參加，有些活動限於經費無法提供師資生餐點或資料，這倒沒關係，若能參加，多一點體驗、瞭解當前教育實務議題，亦可型塑自己的教育觀點。

另外，有些組織會辦理教案或教具設計比賽，本書鼓勵師資生或實習學生可以勇於參加或組隊參加，若能再邀請大學教授或中小學教師擔任指導老師，所獲得的經驗將會更豐富。

以實習學生而言，校外的教育活動更需要把握參與機會。參加研習活動是屬於教育實習的內容要項之一，不過，瞭解當前的教育議題和教育實務更為重要。部分在職教師組成跨校共同備課社群，並利用假日聚會討論課程內容與教學活動，這群具有熱忱的專業教師通常會歡迎實習學生的加

入，即使不是自己的教育實習輔導教師，師資生也可以表明身分，請求加入。

　　自己的教育生涯之路自己規劃，自己的教育專業理念自己型塑。師資生進入教育學程，不能被動地接受師資培育之大學所傳授的教育知識和所安排的教育活動，要能思考自己的條件、基礎和不足之處，主動積極地尋求獲得新知識和體驗的機會。當前臺灣的學校教師缺額漸少，要成為教師之競爭很大，擁有豐富的教育知能和經驗，對自己的教師之路亦有相當大的幫助。

　　如果師資生在此方面的想法不夠充分，可以建議自己所屬的師資培育之大學協助安排，師資生也可以兩兩或組成社群，相互協助、相互鼓勵和相互成長。

　　既然走入教師這條路，就可以自己先想想，在教育實習前可以先獲得哪些知能和經驗，或許當別人都在抱怨時，自己卻比別人學得多。很多事情，既然都要做了，那怎麼想、怎麼規劃，就會決定什麼樣的未來。

第五章

參與教育實習的關鍵事

　　根據《師資培育法》及相關辦法，教育實習項目包含教學實習、導師實習、行政實習和研習活動。因此，許多師資培育之大學的指導教授、輔導教師和實習學生均認為上述那四個項目是重點內容。如果實習學生要在教育實習階段獲得充分的教育專業，還得擴大參與經驗和省思內化的過程。

　　教育實習不僅是教育實務經驗的獲得，還需要透過這些經驗，再與專業教師討論，省思其中的內涵，內化到自己的心智，最後轉化為教學專業知能。因此，教育實習之深度學習必須依賴實習學生與輔導教師的互動討論，並釐清特定的脈絡與事件的架構。這種透過經驗、討論與省思特定的情境或現象所產生的專業知能，在未來擔任教師時，遇到類似問題，就能產生合適的解決策略，對教育事件處理得更好。另外，在過程中，因為對教育事件進行評估，也對產生的專業知能進行評價，實習學生的專業認同也會在此階段型塑。

　　教師的工作是教育，並不侷限於教學，因此，教育實習的範圍也不應侷限在教材教法和班級內的教學活動，需擴及國家政策、校園組織文化以及當代教育議題的批判與省思。換句話說，實習學生要先有體認，教育實習是教育全面性、整合性、系統性和批判性的學習活動，在過程中，需要多參與、多聆聽、多蒐集以及多思考每個教育事件背後的意義，也需要以適當的理論知識或概念去詮釋。

　　綜合來說，教育實習的廣度要從教學擴大到教育層面，而教育實習的深度要從獲得經驗轉化到經驗省思後的專業型塑。然而，先前提及教育實習之深度學習必須依賴實習學生與輔導教師的互動討論，輔導教師不僅可以提供觀摩見習、討論教材教法以及協助教育事務的問題處理，也可以協助實習學生省思教育經驗，因此，與輔導教師維持良好關係非常重要。另外，除了輔導教師外，實習學生的社交技能也在教育過程中扮演關鍵性的角色，特別是與學生和家長的互動。

　　在互動中增加參與、在參與中獲得經驗、在經驗中進行省思，此三要項是實習學生在教育實習的關鍵事。

第一節　與輔導教師、同儕實習學生、學生和家長的良性互動

　　人際關係是實習學生經常困擾的議題，人際關係的經營決定了實習學生是否得以充分學習。

　　人際關係是一種個體關係之間的感覺、想法和行為，是人們因互動交往而形成、且相互依存，亦可稱為社交關係。人際關係包含互動對象和關聯，例如：朋友關係、同學關係、師生關係、同事關係等。也因為自己和互動對象均有其獨特之思想、背景、態度、個性、行為模式及價值觀，因此，關聯的緊密程度不同。

　　再者，由於人際關係的複雜性，不可能會有促進人際關係的一套準則方法，甚至每個人面對不同的人，不同時刻對相同的人，均有不同的關係知覺。關係是互動而來的，除了自己的人格特質和態度外，和他人的互動亦受到當時的生理、行為和情感的影響。雖然沒有一套維持人際關係的具體作法，但所形成的人際關係除了影響個體情緒、生活、工作與關係價值外，集體的人際關係對組織氣氛、組織文化、組織運作及效率，亦有極大的影響。

　　以實習學生而言，花時間投入實習對他們的專業是有相當助益的。實習學生需要不斷地與實習機構內的教師、行政人員、學生與家長接觸，除了初步將師資培育階段所學知識與技能試驗於教育場域之外，個人特質將重新被檢驗，自己也可能對一個教師的工作重新瞭解。這種不斷地與機構內相關人物互動，不斷地解決內在衝突，逐漸對教師工作產生新的觀點與產生個人特有的風格。若新的觀點與風格能獲得他人認同，便可能塑造正向的信念。然而，沒有人保證實習後即可具有一般教師的專業水準，也沒有一套完美的作法可以提供給實習學生去獲得完整且高度成效的實習經驗，這一切得靠實習學生在實習機構的參與投入，以及與實習學生的師長、家長與學生間的良性互動，畢竟當前國內的教育規範與各級學校的教育目標中，輔導實習學生並非中小學校的主要教育任務。而實習學生在教

育實習場域的互動交往之對象，包含輔導教師、校內其他師長、同儕實習學生、學生和家長，若能與這些對象良性互動，會擴大自己在教育實習過程的學習資源、獲得工作和情感協助以及提升自己的學習效率，因此，實習學生需要花些時間去發展人際關係，與這些互動對象建立良性互動關係是相當重要的實習任務。以互動的頻率而言，實習學生與輔導教師和校內其他師長之互動頻率最高，其次為學生，部分實習學生可能也會和學生家長有所接觸。

一、與輔導教師的良性互動

實習學生最常發生的人際關係困擾，是對不同輔導教師的指示無所適從。一個實習學生可能會有兩個或三個輔導教師，這其中包含行政實習輔導教師、教學實習輔導教師和導師實習輔導教師（部分教育實習機構則會安排教學實習輔導教師和導師實習輔導教師為同一人），在學習過程中，兩位輔導教師的觀點不同、引領的作為也不同，甚至相互矛盾，導致實習學生不知所措。另外，實習學生在師資培育階段所學教育理論與教育實習機構教育實務的差異，可能也會讓實習學生與輔導教師存在緊張關係，這是因為實習學生或輔導教師過度堅持某個論點，而忽略教育理論知識與教育實務之間的關係。例如：實習學生被輔導老師要求教學時能控制班級秩序，然而，在師資培育之大學學習時則被告知需要進行生動活潑的班級教學。為了解決這些心理衝突，他們需要和實習輔導教師建立良好關係，以便充分討論教育作為的脈絡因素與細節作法。教育理論知識可導引教育實務的發展，但教育實務的省思可回應到教育理論知識的修正，這是實習學生進入教育實習場域前先要有的想法。

先前所提，人際關係的形成來自於互動，因此，實習學生與輔導教師的互動就會影響實習學生的人際關係。然而，輔導教師各有自己的人格特質與做事的風格，實習學生與多位輔導教師互動時要先瞭解，因為是與「人」的互動，非有規章、準則可依循，也因此不同的輔導教師有不一致的意見。

　　再者，實習學生要能瞭解一位輔導教師的教育思維並非一朝一夕產出，而是經過無數個教育日子所形成的理念，這些輔導教師對教育作為有既定的要求，並不一定符合實習學生的個人做事風格，實習學生要能調整自己的做事行為。例如：實習學生可能認為上班交通阻塞而遲到並非己過，但輔導教師會認為上班遲到已經失去教育責任。若實習學生與輔導教師的想法差異太大，實習學生一定要主動向輔導教師請教或與其討論，這也是教育實習的重要事項。一個參考準則是「只要有禮貌和抱持著學習的心，不要怕說錯話」，輔導教師會體諒並且給予指導。

　　再者，輔導教師在學校有諸多責任與事務，不一定完全有時間或主動指導實習學生，實習學生要能主動瞭解輔導教師的教學作息，於適當時機主動前往請教教育想法和討論教育作為。學習機會是自己爭取的，不是人家安排的。

二、與校內其他師長的良性互動

　　教育實習機構內有許多的工作職務，每一個職務都是學校教育的一個環節，實習學生要能主動瞭解。再者，實習學生在各種項目的實習中，可能也需要某些資源，除了輔導教師之外，校內其他師長可以提供諸多協助。第三，在當前的教育實習輔導體制下，實習學生不可能完全接觸學校的所有教育事務，也不可能跟著各有專長的教師學習，實習學生為了有更豐富的學習經驗，若對其他學有專精的教師之專業感到好奇而想要學習，有時得要主動前往請託。但基於其他專業教師並非實習學生的輔導教師，若沒有良好的互動技能，可能也難獲得期待的資訊。

　　尊重倫理是首要的功夫，在前往請託學習時，需要向自己的輔導教師報告，亦可請輔導教師給予建議，畢竟輔導教師與其他專業師長早已是同僚教師關係，瞭解其他專業師長的教育或做事風格。其次，事先聯絡並擬定學習內容或問題。避免多加打擾，實習學生應先準備相關的議題，再事先聯絡時間與先提供議題內容，禮貌地請求專業師長的同意。第三，抱持著積極學習的心，仔細聆聽專業師長的說明或親自進行體驗，再與專業師長討論和省思，如有耽誤其工作時間，除了致歉外，亦可以回報之心，短

暫協助專業師長的其他工作。

另外，教育實習機構內亦有許多主管，曾有些不好的經驗是：任何主管甚至任何其他行政人員有時會請實習學生幫忙做事，舉手之勞無可厚非，若較為長時間的協助，可先婉轉地拒絕，只要具有禮貌，倒無須擔心。若遇不合理的要求，可以請求輔導教師或教育實習業務主管協助處理。不過，這還得要教育實習機構建立一套完整的教育實習輔導制度才行。

基本上，實習學生不要封閉自己而僅跟著自己的輔導教師學習，校園內有許多教育事務可以學習和體驗。倫理、禮貌和積極是必要條件，花點時間回報協助專業師長的工作，除了具有學習的體驗外，下次再請託也容易許多。

三、與同儕實習學生的良性互動

一個教育實習機構可能只有一位實習學生，亦可能有兩位以上的實習學生。若有兩位以上的實習學生，無論分別來自於哪一所師資培育之大學，實習學生之間要保持良好的互動關係。

每一個實習學生有不同的實習輔導教師，如果實習學生能將所學相互分享，邏輯上，實習學生所獲得的教育實務經驗比一個人的經驗還多。再者，實習學生的學習參與可以相互協助，例如：相互幫忙做教具、觀課紀錄、共組讀書會以及行政事務的協助。

然而，實習學生可能有不同的做事風格，對教育實習的態度可能也有很大的差異，異中求同是必要的功夫。首先，以誠信為本，主動邀請或共同成立教育實習學生社群；其次，對別人要有客觀的認識，欣賞別人的優點；遇有困難，主動幫忙協助；遇事若有不同觀點，避免意氣之爭，相互聆聽，不惡言相向，即使當次沒有共識，也期待下次的合作。人際關係的建立並非一朝一夕，何況是兩個不同做事風格的人要產生共識，更是不易。

四、與學生的良性互動

實習學生應主動與教育實習機構之學生互動，並保持一個教師的角色，而非以一個師資培育之大學學生角色。實習學生與受教學生維持良好的人際關係，不僅有助於自己的教學成效、提升學生的學習品質和促進學生的自我認同，亦可以作為學生的典範，也有助於學生建構良好的社會行為。反過來說，如果實習學生與受教學生缺乏正向人際關係，在教學過程中常會有教學阻礙，甚至產生師生衝突。

與受教學生要維持良好的互動得要實習學生先開放自己，主動與學生對話，實習學生可以藉由在教育學程所修讀的心理發展相關理論，去預估不同年齡受教學生的心理發展，而被關懷、被認同和被尊重是任何年齡層的受教學生所需的，並藉此轉化適當的語言，包含教學實踐、行為指導和生活關心。

實習學生需要多觀察受教學生的心理狀態，適度關懷他們學習、情感和行為表現，聆聽他們內心的想法、尊重受教學生的思考與認同他們的正向行為。不過實習學生也要先有體認，有時部分受教學生不知如何適當表達他們的情緒，不要因為他們一次的情緒衝動就對他們失去互動的信心。

五、與學生家長的良性互動

家長對於實習學生大都抱持著觀望的態度，雖非不信任，但是實習學生單獨處理學生事件還是會讓家長質疑。最常見的互動模式是實習學生進行導師實習時，在輔導教師指導下，簽寫聯絡簿以及批改學生作業。大部分的家長都很忙碌，實習學生可以主動練習以簽寫聯絡簿或文件與家長互動，藉以瞭解家長對學生的教育方式與關懷程度，尤其當學生有特殊行為表現、疾病、情緒不穩定、學業低落、學習習慣不佳時，所使用的文字要以關懷學生為立意基礎。若家長回應不同意見時，不要反駁或批評家長過度反應的觀點，可再度婉轉解釋。若有更深入的議題時，可以請輔導教師處理，若輔導教師邀請家長到校面談時，實習學生必須掌握這個機會觀摩學習。

　　若恰有機會與家長面對面（導師實習的輔導教師臨時不在），且家長提出些許要求時，不可以私下承諾任何事，可將其意見轉達給輔導教師或行政單位；若家長提及受教學生的家庭生活，實習學生恰可仔細聆聽並瞭解家庭教育與學校教育的差異。

　　實習學生一定要進班參與觀摩學校辦理的班親會，這是一個讓實習學生體會一位導師如何面對全班家長的好時機，在這其中，輔導教師可能也會介紹實習學生。在班親會進行中，特別是家長與導師有不同意見時，實習學生必須仔細觀察家長提出的建議和導師如何回應。

第二節　教學、級務與校務參與

一、教學

　　教學實習在所有教育實習項目中所占的比例最重，通常教育實習機構和輔導教師會先安排實習學生觀摩見習，再試著分散式的上臺教學一節課或半節課，之後，輔導教師才會給予整個單元的教學練習機會。

㈠觀摩見習

　　教材知識的呈現、教學策略的應用、學生的行為表現，以及前三者和教學輔助技巧（班級經營與行為管理）的關聯，這些項目不容易分割清楚，實習學生觀課見習時需要統整性思考和記錄。

　　幼兒園的教學傾向遊戲化與多感官的活動，主要藉由創意、互動、具有豐富的想像空間，讓孩子沉浸在遊戲情境裡，開展他們腦部發展，孩子需要使用比喻、幻想的方式來體會世界。因此，幼兒園的教材設計是以多種感官的發展為核心，設計成具有情境化的遊戲，過程中需設計孩子跳躍、扮演、塗鴉等生理和知覺動力方面的活動。遊戲雖然是教學活動，但目標在於孩子的社交、情緒、身體和認知方面的發展與成長。

　　愈低年級學生的教室教學，教材知識較為具體，往往一節課，甚至一個單元僅有一個核心知識，但是教師教學時會花很多的時間讓學生操作練習或遊戲，逐步引導低年級的學生透過操作去思考，教師也可能會運用媒

體具體化呈現抽象教材，再補充解釋讓學生瞭解。媒體具體化抽象概念是屬於教材知識的呈現，而操作練習和解釋則屬於教師的教學策略之一。稍高年級之後，教師可能也會設計主題式的探究活動，藉由課堂所學知識去探究外在的世界。實習學生在見習過程中，也要觀察學生表現，以便瞭解媒體使用、教學策略應用和學生學習的關聯性。

　　愈高年級的學生，例如：七年級以上的學生，所學習的知識愈來愈複雜，不僅一個單元有好多要瞭解的概念，也可能會有上位概念、概念與概念關聯的原則、定律、公式或命題的學習。而一般教師的教學設計包含先備知識的喚起，觀課見習要特別留意教師如何連結先備知識和新知識，也要特別注意核心知識內容和其屬性細節的解釋和提問，以及教學策略應用後，觀察學生在核心知識內容的表現情形。國中以上的學生開始有社交、情緒和後設認知的需求，部分教師會常運用小組實驗與討論，讓學生去體驗人際互動關係，另一些教師開始指導學生認知策略與後設認知策略，以應付逐漸複雜的學習訊息。

　　高中職的學生逐漸被要求體會成人世界獨立生活的能力，這其中包含知識與職業能力。知識的學習被視為重點，但實習學生若有機會見習「高中職學生面臨學業成就和技能訓練挫折時，輔導教師如何協助他們成長」，這是絕佳的實習機會，這無法在大學課堂獲得，卻是一個高中職教師必備的能力。

　　另外，不管哪一階段的教育，實習學生可能有機會觀課見習技能內容較多的課程之教學，例如：家政或體育課。一般而言，教師會先逐步講解操作的技能，學生也可能會提問。在講述完畢後，教師通常會將學生分組給予教具（例如：一套實驗工具），甚至是每一個人一份（例如：籃球），再給予學生練習機會。此時，實習學生必須要觀察教師的技巧講述和學生操作練習的關聯。實習學生或初任教師剛開始教學，通常講述不夠清楚，學生的操作也因此常常不夠完整，因此，這樣的觀課見習是一個提升自己教學能力的好機會。部分上課教師會分段教導和練習，亦即講述解釋、操作練習、回饋評量、再講述解釋、操作練習……以此類推，實習學生也要觀察教材技能分段的內容量和適當性。

　　也會有情意內容較多的課程之教學，例如：輔導活動。通常教學者會講述故事或安排情境，再讓學生發表、表演或相互分享，此類的教學主要是透過故事或情境，激發學生內在的情意表現，知識概念的學習是其次。實習學生觀課見習時，要特別留意教師為了情意內容所設計的故事或情境，實習學生若在未來的教學設計中，故事或情境設計不佳，將無法激起學生內心的想法。其次，要再注意教師的提問與問題的階層關聯性，教師提問的問題通常會逐步誘導學生思考與情感產生。

　　不僅知識的學習，先前提及，部分教師會加強學生的認知策略應用和心智能力的培養。認知策略的定義很多，和學生學習最有關的是學習訊息編碼、儲存、提取和運用等方法，亦即教學過程中或學習理解教材後，教師指導學生運用關鍵字、摘要、繪圖等記憶術，將複雜訊息意義化以進入大腦長期記憶，亦可能藉此解決學習任務。而心智能力的培養即是教師教導完重要的核心知識後，設計個人或安排小組討論的學習任務，目的在於培養學生知道如何運用知識於任務的心智技能。當實習學生觀察教師在認知策略與心智活動應用時，可多留意學生的學習表現，這些學習任務是屬於高層次能力的教學設計。

　　簡單而言，觀課見習除了體驗一個教師的教學情境外，實習學生要有一些關注的焦點，包含教材知識的呈現（教材概念、概念間的關聯、媒體應用……）、教學策略的應用（解釋、提問、討論……）、學生的行為表現（參與投入、回應教師、同儕互動、作業表現……）以及前三者的關聯和教學輔助技巧（讚美增強、座位安排、說話技巧……）。不過，本書提醒讀者，各階段的教學需考慮學生的生理與心理發展，教學設計將會有所不同。然而多數實習學生可能一開始無法確認，可以先記錄下來，再於課後向教學者請教。

　　最重要的是，觀察見習和請教討論後，實習學生必須省思自己獲得哪些課程、教學和輔導技巧，也必須要知道不同的課程和學生可能有不同的經驗，再逐漸建構自己的教學觀點。

(二)練習試教

在參與教育實習時，實習學生一定要爭取上臺試教的機會。有些學校擔心實習學生教學不佳導致影響學生學習成效，不願意讓實習學生練習教學，這違背了教育實習的相關法規，除了請師資培育之大學的業務行政單位或指導教授多溝通外，實習學生也要展現教學的積極度。另外，教育實習機構提供實習學生上臺練習教學的機會時，實習學生也要充分準備，展現最佳的教學表現。理論上，上臺練習試教是強化一個職前教師的教學設計與面對教學情境的能力，也是在教育實習過後，報考教師甄試之試教項目的練習機會。簡單而言，如果實習學生參與教育實習，沒有充分的練習教學，如何通過教師甄試的試教？如何強化自己未來的教學能力？

充分備課以及與輔導教師課前討論教學構想，是上臺試教前非常重要的事。實習學生可以先構思教材內容要素和呈現方式（包含教具）、使用的教學方法和學生的學習任務，再與輔導教師討論，通常輔導教師會給予建議，實習學生再綜合這些建議進行教案設計（教案的撰寫請參閱本書第三章）。許多實習學生可能認為設計教案浪費時間，甚至有些輔導教師認為不需要設計教案，不過，本書強烈建議，不管輔導教師是否要求撰寫教案，實習學生還是應設計撰寫。撰寫教案可以讓一個實習學生在教學前有時間完整地思考教學脈絡因素，包含教材細節、解釋過程、時間掌握，甚至可以把想要在課堂上發問的問題先行想出，避免在教學時，因為些許緊張而忘了或提出極為差勁的學習問題。有些中小學生會對於實習學生的教學不佳產生反感，實習學生一次的教學不佳，可能給中小學生、給輔導教師留下一個深刻印象。因此，實習學生要認真準備第一次的上臺練習教學的機會，包含撰寫教案、充分準備教具和要提出的問題。

有些實習學生會模仿輔導教師的教學方法，若實習學生在教學前對該教材沒有自己的教學理念，在上臺試教初期，這倒無可厚非。不過，實習學生可能會開始感覺，即使模仿輔導教師的教學方法，學生的表現卻迥然不同。這是因為教學風格是長久型塑，況且學生也會因不同的教師教學而有不同的知覺。長久之計，實習學生還是得透過不斷地練習教學，型塑自己的教學風格。

　　本書建議實習學生上臺試教時，架設數位攝影機把自己的教學過程錄製下來，但攝影的鏡頭一定要包含學生或部分學生的學習情形，教學流程與成效的檢討要考慮學生的表現。另外，可以邀請教育實習機構內的其他實習學生前來觀課，即使不同學科，也可協助記錄教學流程和學生表現。在教學之後，務必要和輔導教師討論，有些輔導教師會提供具體建議，不過當輔導教師的建議不多時，實習學生也可以將自己的教學省思提出來請教輔導教師。其他實習同儕的觀點也可以參考，甚至，有些中學生會對實習學生說哪裡教得好、哪裡教不好，不過，他們有時會反過來安慰實習學生不要緊張。

　　任何一次教學都需要省思，任何一次省思都是教學成功的一大步。然而，部分實習學生不知道如何改進自己的教學，或僅從輔導教師的建議做些片面的改變，忽略了整體思考，這樣的片面改變，導致下次教學時可能會出現另外一些問題。本書建議實習學生上臺試教以及與輔導教師討論後，再從教材知識的呈現、教學策略的應用、學生的行為表現以及前三者之關聯和教學輔助技巧來整體思考，這些因素並無法分割，統整性思考才不會改變了一個因素，卻忽略另一個因素。

㈢綜合教學

　　通常上臺試教幾次之後，輔導教師可能會提供一兩個完整的教材單元讓實習學生練習教學。有些輔導教師會視先前實習學生上臺試教的表現而定，有些輔導教師若認定實習學生先前幾次教學不佳，可能會減少學生綜合教學的機會，不過，有些輔導教師不管先前的教學情形，仍然會提供幾個單元或幾週的練習機會，上述這些情形會依據教育實習機構的相關辦法、輔導教師的輔導風格、實習學生的人際關係以及先前的上臺試教成效而定。本書建議，實習學生至少要有一個完整單元的練習機會，這對於未來教師生涯的教材單元之教學設計理念有極大的助益，也建議實習學生一定要極力爭取。

　　為了培養自己具有一個完整教材單元的教學設計能力，即使輔導教師不看教案，實習學生也要試著寫出來，只有書寫於文字，教學構想才會趨

向完整；型塑於文字，也易於修改調整。而教材單元的內容分析和教案的撰寫，請參閱本書第二章和第三章。

教案設計務必涉及教材知識的呈現、教學策略的應用、學生的行為表現以及前三者之關聯和教學輔助技巧。簡單來說，什麼樣的教材知識，要用什麼教學策略，學生要做什麼事以及流程先後順序為何，就是教案寫作的核心思想。

課前的教具準備和教學媒體設計是重要之事，沒有教具或媒體的教學會讓人覺得空洞，不要因為輔導教師的教學是傳統講述，就認為自己也是傳統講述即可。教育實習不是要實習學生複製輔導教師的教學方法，而是透過教育實務經驗與省思，發展自己的教學觀點。另外，準備教具或媒體也可以讓學生比較瞭解教材內容，可以補足實習學生在口語解釋教材可能講解不清楚的缺點。

如果教學過程涉及教學實驗、電腦操作或室外場地的活動安排，實習學生務必教學前自己做過一次，有時候充分準備以及構想周延，卻不敵一次的壞運氣。教學實驗涉及實驗用品，短少會影響學生學習，進而影響教學成效；實驗流程的操作練習可以讓自己思考學生可能會疏忽犯錯之處，實習學生事先演練一次，可以讓教學過程順暢。電腦操作涉及電源、軟體和網路，事先檢查或準備備用，才不會在實際教學時驚慌失措。而室外場地的活動安排又需要考慮學生離開教室是活潑好動的心情，因此，沒有周延有序的程序指導，實際教學是會顯示混亂的情境。

另外，口條臺風的訓練也有輔助作用，講話不要太快，有些肢體動作會讓教學者降低說話速度，且易於放鬆不緊張，因此，可在教學時略微走動。其次，不要過度用玩笑的話，否則學生被激起娛樂，雖可降低教學者的緊張，但無助於教學成效，教學品質與成效才是重要的教學結果。

大部分的實習學生上臺教學還是會緊張，特別是指導教授和輔導教師觀看教學以評分實習成績時，有時教育實習機構的校長、主管和其他輔導教師會主動前來觀看教學。降低緊張的不二法門就是練習，除了事先與輔導教師討論教學細節，以不至於與既有的班級教學模式跳脫太大外，練習可以讓教學流程更順暢。練習有兩種方式，第一種只是把要講的話練習講

出來，自己在書房，以站姿把教材的解釋話語逐一說出，多說幾次，教學時就不會脫離太多；第二種是趁著學生放學、教室無人時，藉由在教室走位、書寫黑板和操作教具，試著教過一遍。如果實習同儕有空的話，也可以邀請他們前來觀看並給予建議，也讓自己練習臺下有人時的教學氣氛。

不管如何，充分準備即是，但難免教學不盡完美。教學過後，蒐集觀課者的觀點和建議，逐一省思。即使教學自覺失敗，但只有省思才是下一步成功的開始。找出自己的缺漏與疏忽之處，避免下次教學時再犯同樣的錯誤。教學成效是不斷的經驗累積，懂得自省的人會比只知挫折的人更容易成功。

值得一提的是，我非常強烈建議實習學生在綜合教學實習階段，不斷地嘗試不同的教材內容屬性（例如：抽象類、操作類、討論類……），運用不同的教學策略練習教學，這對於實習學生對該學科的教材教法掌握有相當大的助益，透過練習，發展出自己對特定教材的教學模式，這也對於未來教師甄試的上臺試教時，抽取教材單元之後發展教學想法非常有用。當該學科每種教材屬性都在教育實習時練習過了，教甄的試教不管抽取到什麼樣的教材單元，都會立即產生教學設計理念。

二、導師和級務實習

參與導師實習主要是實習一個班級的經營管理，班級經營至少包含師生互動、親師溝通、常規管理、環境布置與其他班級行政事務等。師生互動是指導師與學生之間的互動關係，輔導學生的身心發展，經常涉及到導師平時與學生的對話、教師對學生的期望以及行為改變技術的運用，而良善的師生關係需要長期經營。親師溝通指的是導師與家長之間的互動關係，包含平時藉由聯絡簿、通訊軟體的溝通、家長參與班親會和協助班級事務。常規管理則指班級幹部之組訓和指導、班級常規的訂定與執行，以及配合教學工作所進行的行為規則設計。環境布置是指教室物理環境，如教室設備、教室布置、清潔衛生、班級圖書，以及教室心理環境管理，如班級氣氛。而其他班級行政事務等，則包含班會和午餐指導、安全和意外事件處理、各項休閒和競賽活動的選拔、各種簿冊表件之處理與建檔等

（關於班級經營的詳細內容，請讀者自行查閱班級經營相關書籍，本書僅提導師實習應該留意的事項）。

良好的班級經營策略，可以提供師生一個安全性和建設性的教室學習環境，減少學生的不良行為，使學生更專心學習，讓教室成為產生最佳學習效果的場所。

對中小學學生而言，班級導師的言行、舉止和價值觀念，影響他們甚鉅。導師有班級學生的個人資料，每天也接觸學生，最能夠瞭解學生的個性、困擾與需要。學生在學校生活中，難免會因為身體、學習、社交等因素感到不適或遭遇挫折，導師需要關懷。另外，教師與學生或學生同儕之間，有時溝通不良造成許多誤會，甚至衝突，導師要能藉由自己的專業素養、經驗和穩定的情緒，在適當的時機去引導學生正向發展，更需要設計各種不同的情境去引領學生身心靈發展。簡單而言，導師是學生心靈的輔導者、衝突的協調者、疑惑的諮詢者和人生的引領者。一個善於教學的教師，不一定具有良好的班級經營能力，許多學校校務團隊安排各班級導師時，即使略有一些輪流、年齡的考量，但大多會考慮教師與學生相處的經驗、教師個人的情緒以及教師與他人溝通的技巧。實習學生見習導師實習時，可細心去觀察、體會身為一個導師的責任和輔導學生策略的意涵，亦可觀察輔導教師的人格特質，深度思考導師對學生的各種教育作為的重要性。。

班級是一個認知與社交共構的教育環境，亦擴及到與家長互動之層面。一個好的班級經營理念需要考慮學生的生理和心理發展及教師的人際關係。人際關係的內容，請讀者參閱本章第一節。

㈠幼兒園的班級：在遊戲空間裡玩著

學齡前幼兒園的班級需要去刺激學童在腦部的發展，如果腦部接收到周遭環境的因子刺激，例如：安全無虞的想像空間和動手操作的互動環境，學童的腦神經將會健全發展。因此，幼兒園教室需要有想像和創造性的空間，並以遊戲滿足其發展需求。幼兒園的教室布置應該充滿驚奇、好奇、想像，有時會像森林、有時像童話故事，也有時會像海裡世界。

在學習時間安排上，宜短暫且多為非正規、非結構的學習。師生互動可以是一種幻想、情境化的對話，例如：城堡主人和白雪公主的對話、大恐龍和小恐龍的會議，並藉以指導一群小恐龍的行為常規。家長被鼓勵參與幼兒園的活動，藉此活動，引導家長進入幼兒園的遊戲教育模式。

實習學生在導師或級務實習階段，除了可以見習幼兒園教師的環境布置和師生對話外，自己也要思考創意和想像空間的營造、師生對話的情節，藉以發展自己的幼兒園班級經營策略。

(二) 國小的班級：認識外在世界

國小學童開始需要跟真實世界接觸，學童開始不再以幻想的觀點認識外在環境，他們逐漸地需要分辨出主觀的自我和客觀的世界。教師除了在學習上提供具體貼近真實的感官資源和安排主題探索學習外，班級經營也要開始涉入成人世界的規則。

在成人世界裡，有些社交行為規矩，班級的常規管理就是在培養國小學童遵守行為規矩，也需要在環境布置中加入成人規範的情境。另外，學童也需要發展伙伴關係，這是成人世界的生活要件，教師通常會藉由活動、比賽、打掃或學習將學生分組，並培養依賴關係。

實習學生在導師或級務的見習與實習，需要關注外在真實世界與班級經營之間的關係，瞭解如何透過環境布置和學生群組設計提供學生體驗成人世界的機會。在師生互動上，國小學童強調社交上的公平，實習學生可以多留意學童的語言、輔導教師和學生的對話，藉以發展自己在國小教室的班級經營理念。

(三) 國中的班級：走過不穩定的青春期

國中階段的學生是社交和情緒發展的重要階段，他們常在學校表現出多變的情緒、爆發力、叛逆性，他們容易被激怒，因為他們的身體的賀爾蒙、腦神經系統和身體正在改變，這是演化的自然現象。他們的身體慢慢有力量，也已經發育到可以進行傳宗接代的任務，但他們的心性還不足以應付不可思議和錯綜複雜的世界，因此，班級內的教育環境與經營策略是協助他們走過這不穩定的階段，而不是讓他們經歷懷孕、侵略行為或悲情

生活。

　　班級經營的策略在於讓這些青少年，將不斷湧現的情緒衝動轉化到具有學習生產力的管道，將找尋異性伴侶的渴望導引至正常的社交關係，他們需要正向楷模，也需要同儕認同與歸屬感，進而去發展正向的自我認同，教育作為可以結合他們大腦對抽象事務思考的發展，協助他們規劃自己的生涯。

　　實習學生要能理解青少年階段是兒童到成人的過關儀式，也要面對他們在青春期各種不成熟行為的表現，並深度觀察學校如何創造各種教育環境，帶領學生脫離毒品、飆車、冒險性行為、喝酒鬧事等危險路徑。實習學生也要學習如何營造讓這群青少年得以具有歸屬感、社群親密關係，進而滿足身分認同的情境。

㈣高中職的班級：探索未來世界

　　跟前期比較起來，青少年後期的高中職學生已經發展出一套比較穩定的社交網絡，對於這世界也具備愈來愈多的認識，可能也會展現愈來愈多的才華和能力，部分學生也逐步發展群體領導的角色。這時期需要為未來獨立生活做準備，包含學術能力的精進、工作能力的養成，也因此需要更多解決問題的練習。

　　班級經營的策略在於讓這些青少年後期的學生練習自我負責，教師的責任在於協助青少年學生自我評估追求各種刺激經驗的後果、協助他們反省在群體生活中所需要的自我調整，以及培養他們面對問題與解決各種問題的能力。

　　實習學生在高中職班級的見習與導師實習，可以多關注學生團體的自我管理、人際互動與省思、學術或工作的選擇與思考，也需要提供各種外界資訊讓他們得以選擇未來職涯，部分學校還需要瞭解他們逐步進入工作場域後的挫折與激勵他們挑戰困境。

三、校務參與

　　實習學生對於行政實習的認知，大多是協助行政主管或行政人員執行

業務，不過，這是一種表面的知覺，行政實習應該是一種校務活動的規範與辦理，對於全校學生所設計具有教育意義的儀式、典章、規矩和活動。學校行政工作是一種非正式課程的活動設計或配套支援，在辦理時需要以各種教育觀點為理念基礎。如果實習學生只是勞力上的行政業務協助，那難免會有免費勞工的抱怨和質疑；如果實習學生能將行政業務協助賦予學生教育的內涵，重新思考對學生教育的目的，甚至更進一步瞭解規劃、執行與考核的歷程，對學校教育的認識將會擴大，而不會因僅關注教學實習，而認定教師的工作僅為教學。因此，校務的參與是擴大實習學生的教育思維，要以學生多元化的教育活動、顧及到全面性學生，以及滿足學生各種生理與心理發展需求的教育觀點視之。

此部分的內容將以專章來論述，請參閱第六章的內容。

第三節 省思所有經驗過的教育事務

即使實習學生有自己的學習需求和對教育實習在教師專業成長上自我期待的觀點，但教育實習機構有既定的教育任務，輔導教師亦有既定的教育工作，這三者之間的契合本是不容易。實習學生均強烈渴望自己表現很好，做事成功有效率，也擔心教學不佳影響自己在他人的印象和影響學生的學習品質。這是自然現象，但也必須要經歷過各個教育階段的緊張和疲累、影響自己的生理和情緒以及透過各種教育實務經驗，才能設法在輔導教師的期望、學生的學習品質和自己的專業發展取得一個最佳的平衡點，並進一步發展自己的教育觀點與教育信念。

實習學生的自我省思對其教師生涯的專業發展與專業認同非常重要。如果實習學生能針對特定的情境或現象深度地省思，將在未來擔任教師時展現好的教育作為。然而，自我省思不僅是對於教育作為謹慎思考，還可以成為一種典範、信念與價值型塑的方法。自我省思是透過外在客觀環境的訊息接收，而對自己的想法、行為和態度進行評估判斷，藉由自我省思，個體可以修正、調整或修改，建構更好的行動意義，以及型塑自己的教育信念。因此，實習學生在參與各種教育實務後，藉由觀察到的現象和

蒐集到的訊息，透過自我省思，可以正向地調整自己的行為模式與教育理念，有助於教師專業的成長。簡言之，自我省思是對自己進行再思考與修正的歷程。

　　實習學生的自我省思是相當複雜的，即使可以粗略就教學實習、導師實習、行政實習和參與研習活動分項目進行省思，但涉及的因素亦有一些關聯。例如：練習試教時，學生可能不願意分組或分組成效不佳，原因可能來自於部分同學遭受其他同學排擠，這與班級導師實習有關；實習學生參與學校辦理學生語文競賽工作，並負責講解比賽規則，參與比賽的學生違反規則而產生糾紛，這可能也涉及一些實習學生在比賽規則的教學講述技巧。因此，實習學生的自我省思是一種結構性的省思，涉及到許多因素的思考。如果實習學生在思考所參與過的事務時，能思考多元面向，將會深化省思的程度。

　　另外，自我省思前，與專業人士對談有助於省思的程度。實習學生的教育知識與經驗畢竟有限，所能推論原因可能受到有限知識和經驗影響，產生不夠充分的結果。再者，與專業人士對談，不僅可以藉由描述，在心智上邏輯整理和釐清自己的問題，也可以聆聽到不同的建議，增加自我省思的深度和廣度。

　　先前提及，實習學生在參與各種教育實務後，藉由觀察到的現象和蒐集到的訊息進行自我省思，亦即實習學生宜在參與過程中多蒐集資料，參與過後和輔導教師討論，尋求輔導教師的建議，再思考原本的作法、想法或態度。不過，要有充分的自我省思能力，需要先建立下列三種態度。

一、願意開放和調整自己

　　願意開放自己接受他人的意見和願意彈性調整自己的想法與作法，是自我省思的第一大要件，具有這種特質的人會很容易學習新知。隨著社會對師資培育的高度期待，教育實習領域已經逐漸具有因勢變動、角色模糊與多元複雜之特性，實習學生需要隨時調整自己先前對教師工作的觀點、因應不同的場域調整自己的角色，以及建立在不同的情境有不同的作為和態度。實習學生若能開放自己和彈性調整自己，並熱忱回應教育實習場域

對教師專業的要求，可逐漸型塑一個教師應有的專業責任。

二、藉由教育知識理論的驅使

教育實務需要與教育知識理論相互對照，沒有教育知識理論爲基礎的教育實務是空洞的作爲。在參與教育實習初期，可能認爲教育知識理論與教育實務沒有關聯，因此，在參與教育實務經驗後，即使蒐集資料和輔導教師的建議，自我省思的內容欠缺教育知識理論的驅使，導致省思不夠深入，可能也產生不當的教育作爲。教育知識理論具有解釋教育實務的作用，亦可用來評估和預測教育實務的發展，當實習學生遭遇問題，可以試著以教育知識理論解釋問題的現象，例如：當國中學生情緒不穩對教師不敬時，可以從人格發展階段論解釋國中學生正處於青少年的狂飆期，脾氣容易暴躁發怒，因此，就不會對國中學生的行爲知覺太過訝異。

三、坐而言不如起而行

省思後產生想法很簡單，不過省思後的結果眞的適合自己未來的教育生涯嗎？只有去嘗試、去練習，再去省思，才能定義出自己的教育觀點。教育實務太過複雜，充滿了不確定性和模糊的空間，實習學生需要將自我省思的結果再度實踐，可以協助實習學生將內隱知識更具體化，也可檢驗與補充教育理念的缺漏之處，亦可以價值化自己的教育觀點。如果實習學生在參與教育實務過後，只是對於自己的表現不佳，隨意找出一個理由，便認定該理由是不會讓類似事件發生的原因，這種僅描述經驗與草率推論的省思，對自己的專業型塑沒有幫助。

半年時間的教育實習無法獲得一個教師可以獨力面對教育情境的能力，實習學生不能過於被動，需要積極尋求各種學習的機會。良善的人際關係可以開啟學習之門，在教學、級務和校務參與中，深入瞭解脈絡與焦點，最後以教育理論省思經驗，以建立自己的教育理念。另外，要獲得較多學校實務經驗以面對未來的教師甄試，在教育實習期間的投入學習是一個重要關鍵，實習學生要充分把握。

第六章

學校行政事務參與

　　學校教育的目的是根據國家教育規範和受教者身心發展規律，有目的
和有組織地對受教育者開展智能、發展體能與建立品性。學校的運作除了
多數教育任務以課程規劃與教學實踐方式進行，也需要一些非正式課程的
設計、引導、輔助和支援措施，這也是學校行政事務的功能。

　　實習學生到實習機構報到，第一份接觸的工作是協助行政工作。說是
行政實習，其實是幫忙出點人力協助行政工作。學校行政事務太多，或許
這也是部分學校希望成為教育實習機構，渴望實習學生來校實習的原因。
不過，如果實習學生進入實習機構沒有任何學習計畫，特別是在行政實習
部分，只是抱持著一個「聽命行事」或「免費勞工之怨」的心態，不僅自
己在行政實習毫無所獲，可能也會造成人際關係緊張和自己身心受創。

　　教育實習機構是一個社會化的環境，除了既定教育事務需要推動外，
亦有不同的文化、社交和情感氛圍，這非教育理論觀點所能描述，實習學
生倒也不需要在不同教育實習機構間相互比較，而是充分瞭解自己實習機
構的環境和文化，試著從中獲得一般學校教育的運作模式，也學習人際溝
通、協調和規劃教育事務的行政能力。

第一節　瞭解學校行政與運作方式

　　實習學生到學校報到之後，藉由行政參與，積極地瞭解各行政處室的
業務和校務推動運作模式，熟知一個學校組織的分工與責任。

一、學校行政單位與事務

　　為了順利推動學校行政事務，學校行政必須組織化。以人員而言，包
含校長、處室主管、組長、職員和工友，以職務分工而言，則為教務、學
生事務、總務、輔導、會計、人事和其他單位（例如：公關或家長會）。
各部門的教育事務略述如下（詳細行政事務請讀者自行查閱相關書籍），
本章僅簡述實習學生參與和應該學習的學校行政實務。

㈠ 教務行政

教務處主要處理教師的課程與教學以及學生的學籍與學習，課程教學包含學校本位課程發展、教科書選用、總體課程計畫、課程編排、教學圖書和設備管理、資訊網路管理、學籍管理、學生成績評量與管理；另外，為了激勵學生學習發展，教務處也需要辦理各項學習競賽，例如：國語文競賽、數學競試、資訊比賽……。由於學校教育多數與課程及教學有關，學生學習也屬教務處業務，因此，教務處的業務通常被視為學校教育工作的主軸。

實習學生通常會被安排到教務處進行行政實習，有些教育實習機構採實習學生輪流到各行政處室，但有些機構是固定處室。不管如何，即使該學期僅有一位實習學生，也會參與教務處的業務。

多數實習學生在教務處實習時會被要求協助辦理既定業務，可能協助登記某些資料簿冊、協助管理教學資源；最經常參與的教務行政實習是協助辦理學藝活動，可能製作海報、布置場地、錄影和後製影片。

然而，教務處的行政實習輔導教師可能不知道如何指導實習學生參與，或甚至認為實習學生參與之後自然就會學到相關的教育實務，他們可能不知道如果實習學生不瞭解教育實務的目的和本質，所獲得的經驗都是表面，不夠深化的學習結果，造成實習學生僅模仿而不思考。

本書建議實習學生參與教務行政實習時，先行瞭解教務處的相關業務之目的、模式和作法，在參與之前或之後，請輔導教師講解說明教務活動的流程、細節、可能的問題與解決策略。

㈡ 學生事務行政

學生事務行政主要是處理學生的行為常規、生活規範、公民教育、體育保健、生活管理、學生社團活動以及辦理生活教育相關競賽。再簡單區分為兩類：生活教育和社團活動，而學生事務的處理需要與導師協同合作完成，有時得要與家長溝通。

生活教育經常是各校教師在學生事務上最為煩惱之事，幼小孩童、國中和高中職學生所常逾矩的事不盡相同。在幼稚園或國小階段，大都是口

語上的衝突，例如：為所做的事說謊、未盡責任時的推卸；而國中階段則因青春期的身心發展與認同的需求，常有情緒、離家、霸凌、性騷擾和幫派之事發生；高中職階段學生雖略微懂事，但也開始有自己的主張，若有錯誤的意識發展，即有毒品、暴力和性侵的錯誤行為。學生事務工作不是以處罰為先，而需要以教育為先、輔導為輔，以學生正向發展為目標。學校要瞭解學生是受教的個體，學生是需要教導，學生也需要尊重，因此，局部賦權學生自主、促進學生身心正向發展、培養學生自身責任，是學務工作的目的。

另外，十二年國民基本教育的願景是成就每一個孩子，簡單來說，即是發現孩子的天賦，提供適性發展的機會。孩子的天賦多可歸類為學術和非學術性質，學術性質如數學競試、科學展覽或小論文，這些歸屬教務行政業務，但多數孩子的天賦是屬非學術性質，例如：體育球類、音樂、美術、棋藝，甚至口才表現，這些得要由社團來發現與推動，當發現孩子有某種天賦和能力時，學生事務行政儘量規劃表現和比賽機會。因此，社團業務對學生的天賦發覺有重要的意義。

實習學生被安排到學生事務處進行行政實習時，通常不會被要求直接管理和輔導學生生活常規，大都是被要求協助紀錄學生表現事宜或協助辦理各項生活教育活動，有時候依據實習學生的專長和畢業學系協助組訓學生。

比較重要的是，實習學生不要忽略學生行為問題的處理，當學務處教師處理學生問題時，實習學生最好在旁邊觀察，注意學生的表情、動作和語言，再觀察學務處教師與其互動的行為語言，以瞭解學生的內在想法。若有機會練習處理學生的行為問題，要把握尊重孩子、關心孩子、保護孩子三大原則，先取得孩子的信任，再瞭解問題的根本原因，再以正向語言和訊息，培養其建立正向行為的責任。

(三) 總務行政

總務行政處理的事務通常不會直接與人相關，而是管理物品、設備、金錢和環境維護，因此，總務行政工作包含財產管理、器械設備維護、

物品採購與出納、工程營繕維護、工友管理、文書印信和檔案管理。總務工作是輔助角色，但也被認定爲「只要不是其他部門的事務都是總務工作」。總務行政之正面意義是有效率地支援學校各教育事務的進行，但消極意義則爲不斷地處理人之外的各種事務。

因爲學校人力有限，實習學生到教育實習機構實習，總務處一定會邀請實習學生幫忙許多事。不過，由於部分總務行政涉及到專業的內容，例如：採購和出納，實習學生能夠參與的總務行政事務通常是勞力性質，例如：協助校園環境整理、維護設備清潔或是公文繕打與傳送。或許讀者或實習學生懷疑，這些工作都是勞務性質，難道學校平時沒人處理？其實原因是學校人力和經費有限，平常也比較沒有時間處理，教育實習機構認爲實習學生是一個人力支援，恰可協助此事。

實習學生也不需要排斥，畢竟未來成爲教師時可能也需要處理總務相關業務，因此，仍然抱持著學習的心態面對。不過，如同先前所述，教育實習機構總務處之實習輔導教師不知道如何指導實習學生參與，或甚至根本不熟悉教育實習相關業務的性質，如果實習學生也不知如何回應，那就會有些抱怨產生。本書建議實習學生要勇於詢問總務行政工作的目的、性質與在學生學習上的意義，並且瞭解整個工作的規劃、流程和細節注意事項，在以勞力協助總務行政工作之後，也能獲得教育知識的成長。

㈣**輔導行政**

早期學校行政工作中有此一說，學務行政是在處理學生外在行爲的規範和問題，輔導行政工作則是關注在學生內在心理層面的問題；又有部分想法認爲，學務行政是在處理學生當下行爲的緊急狀況，而輔導行政工作則是事前預防與事後諮商輔導。這樣區分雖不精準，但也可提供實習學生一個大概參考，輔導工作著重在心理的診斷與協助。輔導行政工作包含學生資料蒐集與分析、智力性向和人格等測驗、興趣生涯的調查與諮商輔導，以及特殊教育和親職教育等工作。當面對一個徬徨的孩子時，導師和學校若能主動發現孩子的心理情緒困擾，藉由學校輔導或轉介再輔導的過程，讓孩子重新認識自己，也預防心理疾病的發生。輔導工作對學生的心

理健康相當重要。

實習學生到輔導室參與行政實習，除了專業的諮商較少參與外，其餘關於學生資料的蒐集分析和個案輔導會有接觸，而團體輔導、學習輔導和生涯輔導，也可能跟著見習觀摩或有上臺練習的機會。

通常輔導室會對學生進行預防性輔導工作，導師擔任第一線預防工作，再加上平時測驗問卷資料的蒐集，找出可能的輔導與諮商需求，這是實習學生可以深入瞭解之處。實習學生若有機會協助參與個案輔導，宜把握機會觀察輔導教師與學生的互動，輔導之目的不在於探詢隱私，而是給予學生協助。

實習學生未來成為正式教師，很有可能擔任導師或輔導行政工作，瞭解輔導工作的目的、預防和諮商方法。只是有些教育實習機構認為輔導諮商相當專業，只提供實習學生課後補救教學的學習參與，實習學生可以勇於請教輔導室教師關於前述的工作性質。

(五)主計與人事行政

主計行政工作主要是處理與學校經費有關的事務，包含歲計、會計、統計、預算、決算和公款支付。人事行政工作主要處理學校內有關教職員（不包含學生）的人事工作，包含教師遴選、敘薪待遇、服務操守、考核獎懲、差假勤惰、退休撫卹資遣和生活福利相關事宜。與先前總務出納工作相較，主計行政管理「錢的帳目」、出納管理「錢的支出」，而與人事行政相比，主計行政管理「錢」、人事行政管理「教師在教育工作以外的事」。

由於國內學校的主計和人事行政工作幾乎都由公務人員擔任，一般教師鮮少負責此業務，也因此，實習學生較少參與這些工作，有時只是協助資料整理，有機會亦可以請教主計和人事人員。一件與實習學生相關的事情是協助人事室辦理教師甄選，除了瞭解流程外，實習學生要藉機觀察考生的臨場表現，作為未來自己上臺考試的參考和省思。

(六)公共關係行政

較少中小學設有公關室，學校的公關業務通常委由某一處室主管兼任

負責，若實習學生的行政輔導教師即是負責此一業務的人，便有機會接觸和協助參與學校公共關係的處理。

　　學校公共關係是學校透過各種媒介和活動，對外部公眾間進行有計畫、有組織的持續溝通歷程，以促進學校與公眾間的相互瞭解與建立和諧關係，最終目的在於學校教育能獲得公眾的支持與協助。特別是在當代社會，人民權利意識高漲，人民學識提升之後，對學校教育多有要求。但畢竟公眾不一定瞭解學校教育作爲的目的與過程，學校有必要主動提供訊息，例如：校刊通訊、網站訊息或主動參與社區的會議活動。實習學生可能會參與校刊的編輯，此時就需要將學校近期的活動和榮譽編輯於內。

　　一般而言，學校比較固定的公共關係對象是家長會和校友會，學校若獲得家長會和校友會的支持，亦可能請其成爲學校與社會公眾溝通的橋梁。值得一提的是，學校難免會有危機事件發生，在多數民眾不瞭解學校發生的事情之情況下，會以訛傳訛，誤解學校，進一步讓學校的聲譽受損。公共關係行政平時也需要建立校園危機處理的組織和流程，也需要透過演練讓所有成員瞭解。實習學生若能參與到這些業務，也可以充實自己對校園危機的認識與處理原則。

二、學校行政事務的運作

　　學校行政事務的運作大都在寒暑假規劃整學期的活動，除了邀集所有教師共同備課發展學校總體課程計畫外，各處室大都依據行事曆安排典禮儀式、考試活動、學藝比賽、體育競賽、災難演習、教師研習……。如果沒有特殊事例，均以行事曆的安排推動行政事務。

　　處室主管或業務負責的組長會在既定活動一週前至一個月前或更早，開始著手安排活動所需要的資源和設備，也會預留採購該活動所需物品的時間。若遇到全校性的學生大活動，也可能會事先與各年級教師代表和其他處室共商研議具體可行的方式。而全校性的教育活動幾乎需要全校教職員共同合作和投入參與，也因此會將所有教職員工安排各種角色，以順利推動進行；亦即主辦處室負責業務推動，其他處室協助參與，全校教師共同投入。

另外，各處室都會有臨時事務要處理，有時候是來自校外的上級交辦或委託事項，有時來自教師、家長或學生的期許，亦有時是處理緊急事件或危機衝突，不管正向、中性或負向的事務出現，大部分都是緊急之事或繁重之事，造成行政人員除了一般的教學工作和既定行政業務外，有時得忙碌到下班之後。

上述行政事務的推動模式，實習學生必須要瞭解行政事務並非完全可以像事先預期般逐一辦理即可，需要隨機應變、隨時調整以及能夠因應各種變化，不能夾雜情緒，也不可放棄不執行。若對校內師長的抱怨也要穩定神情，將行政工作處理好。

不過，畢竟教育實習機構仍然是一個組織，許多的教育事務需要大家共同商議和解決，因此，各種會議的建置和召開，也是學校行政事務相當重要的一環。

(一)校務會議

校務會議是在教育鬆綁以後，為符合教育事務由教職員工共同參與之原則，由學校成員以民主程序參與組成，校務會議是各級學校最高的決策機制。校務會議最重要的工作即在於議決校內重大事項，包含校務發展計畫、各種學則、依法令規定需要經校務會議議決之事項。當前部分中小學經由校務會議議決的事項，包含導師職務輪替辦法、教師專業評鑑和教師權利義務內容的改變。

一個大型學校，校務會議成員可能採代表制，不過也可能全校教職員工均參與。如果學校領導層級或行政單位執行校務工作故意拖延、堅持自我意識和效率不彰，在校務會議討論時，實習學生便可觀察到組織成員之互動針鋒相對，言語衝突不斷；若校長、行政單位和教職員之間平時溝通順暢，遇到問題相互尊重共同處理，則校務會議的議案討論就僅針對文字內容提出意見，或未達共識時則均同意議案撤銷再議，會議氣氛較為和諧。

(二)主管會報

主管會報指的是校長和各處室主任，有些學校還包含各年級導師代

表，在每週或兩週定期召開會議。通常是各處室針對近期活動辦理規劃提出討論以及過去辦理行政事務情形的檢討提出報告，校長就校務發展與領導理念，協調裁示行政活動的合宜度，而參與的導師代表也可以適度提供意見。如此，讓下情能夠上達，也可以讓行政措施公開透明。

部分實習學生會被要求在會議中擔任記錄，若有機會參與，則可觀察學校行政事務的規劃和決策過程。

(三)行政會議

部分較大型的學校或教育實習機構會設置行政會議，參與成員除了校長之外，包括所有處室主管和各行政業務負責人。另外導師代表也獲邀參加，有些學校稱之為擴大行政會報。

理想上，各行政處室業務若有些許衝突、需要合作，通常私下兩三位教師相互聯絡協調即可，但是這個會議的目的不僅是讓所有行政業務負責教師有機會在會議上直接溝通，特別是業務相關的聯繫、協同和統整，也希望每位業務負責教師都可以聆聽其他業務內容與執行情形，也瞭解全校的行政運作情形。不過，因為參與人數較多，而且每位行政業務負責教師都需要報告、溝通和協調，因此花費時間較多，通常一學期僅召開一次或兩次會議。

若實習學生被要求在會議中擔任記錄，則可觀察學校各行政事務的報告、協調、調整、共識和決策過程，這是一個難得可以獲得全校所有行政業務資訊的機會。

(四)導師會議

導師會議設置的目的是針對學生學習概況與學生事務工作實施狀況進行交流，並提供導師與學校行政處室相互溝通的機會。一般而言，學校行政單位，特別是學生事務處，對學生的行為規範會有既定的想法，但可能與導師的經驗存有落差，這種落差無可避免，導師會議可以結合各人不同想法，集思廣益，尋求解決落差之道。另外，導師會議中也可以邀請有經驗導師分享班級經營理念，傳承良好的教育作為。

若實習學生被邀請參與導師會議或被要求在會議中擔任記錄，則可觀

察學校各行政事務與導師之間的對話、溝通和達成共識的過程。如果說行政會議是全校行政業務水平式的溝通會議，導師會議則是一種垂直式的溝通會議了。

㈤ 課程發展委員會

學校設置課程發展委員會之目的，在於期許學校人士充分考量學校條件、社區特性、家長期望、學生需要等相關因素後，結合所有內外資源，發展學校本位課程。這是一種改變學校長久以來的威權或行政主導課程的生態，打破教師單打獨鬥的習慣，試圖營造一個開放、合作的學校文化，教師勤於討論、樂於分享，協同合作發展與設計學校的總體課程。學校課程發展委員會的成員，通常包括校長、處室主任、學年代表、領域小組代表、職員代表、家長代表以及專家學者等，部分學校也邀請社會人士參與。課程發展委員會討論與議決的事項包含議決學校重要課程行事曆、部訂和校訂課程的上課節數、教科書評選、審查自編課程內容。

從課程發展委員會會議可以瞭解學校課程發展狀況，教師如何彰顯課程的權力進而投入課程發展與討論，實習學生若能列席課程發展委員會會議，務必瞭解課程的發展過程與討論的結果，並思考教師對課程發展的意識型態與討論課程時所隱含的課程權力問題。

㈥ 年級會議

年級會議是中小學某個年級所有導師和其他科任教師擇某一年級選擇參與的會議，會議的目的在於討論該年級的重要活動之時間與方式、學生行為規範和與該年級學生相關的議題，讓該年級所有教師共同思考合適該年級學生的教育作為。有時教務處也會提供教育相關的討論議題，例如：上學時間是否需要修改？畢業典禮是否有創新點子？讓教師們集思廣益，共同提出合宜的解決之道或創新的教育作為。

這是屬於教師們的會議，實習學生多會被邀請參加，也許幫忙記錄會議內容，或至少跟隨自己的導師實習輔導教師參加。若有機會參與，可多瞭解教師對議題或問題的思維，教師之間亦可能有不同的觀點，又如何獲取共識。

(七) **領域或學科會議**

領域或學科會議是中小學內，任教某個教學領域或學科所有教師參與的會議。會議的目的著重於討論該年級的課程與教學，包含教科書選擇、課程內容與教學進度、評量方式，以及討論學生在該學習領域的學習表現情形。這也是讓所有相同領域或學科的教師，共同思考合適該領域學科的教育作為。

值得一提的是，新興教學理念不斷出現，同一領域或學科的教師經常利用領域或學科會議時間相互分享教學心得、共同備課和議課，也會針對比較難以教導的課程內容知識進行討論。由於此會議愈趨重要，各校愈來愈重視，因此會安排「領域教師共同不排課時間」，提供教師們得以有充分的時間投入課程與教學議題的討論。

如同年級會議，這是屬於教師們的會議，實習學生也多會被邀請參加，也許幫忙記錄會議內容，或至少跟隨自己的教學實習輔導教師參加。若有機會參與，可多瞭解教師對課程或教學問題的思維與共識。另外，部分教師教學經驗非常豐富，所分享的教學策略是經驗累積的結果，值得特別注意。

(八) **功能性會議**

學校內會有專業判斷功能的組織與會議，這些組織和會議具有法律位階及約束力，具有強制性，包含參與人數、產生及其單一性別人員限制，例如：學生申訴評議委員會、教師評審委員會、教師申訴評議委員會、性別平等教育委員會。這些委員會具有議決權，不受行政領導之約束。不過，會議決議結果仍待校長付諸執行，若校長有正當理由拒絕履行該決議，會議決議仍未具法律效果，校長可要求再議、覆議、撤銷或變更。

這些功能性會議有其專業性，通常實習學生不會被邀請參加，有些會議過程也具有隱密性，實習學生也可能無法獲得資訊，但實習學生瞭解會議召開的原因和會議功能性即可。

(九) **任務性會議**

教育實習機構為了順利推動重要的行事活動，主辦業務的行政處室通

常會邀集其他處室業務人員、導師代表、家長代表，甚至學生代表，組成會議與共同商議某項任務的內容、進度與工作安排。這些會議是屬於任務性、臨時編組的會議，例如：運動會籌備會、校外教學會議、社區服務活動會議、教育實習輔導小組會議……。

　　實習學生通常會被要求參與此會議，並且需要分擔任務相關的工作。本書建議實習學生不要只是完成個人被分派的工作，而需要多瞭解整個活動的脈絡，統整性地思考一個活動的理念目標、過程安排、協調、重點要項以及後續檢討，這對實習學生的學習非常重要。如果沒有機會接觸所有內容，所有參與的實習學生也可以自己聚集，相互分享工作內容與心得，重組活動的概況。

第二節　瞭解學校組織文化

　　文化是指一群人的生活習性，不僅是外在行為的共通性和群聚性，也包含內在的意識、想法和信仰，亦即文化會受到人們內在信念的影響。而學校文化指的是學校內的人士在學校發展過程中，逐漸形成的組織成員共享之信念、生活規範、處世態度等有形或無形的學校特質，可由表現於生活之價值及行為內容判斷之。學校文化涉及到人以及人與他人和環境的互動，因此，學校文化通常可再分為：教師文化、學生文化、學校行政文化、社區文化、學校物質文化及學校制度文化等六項。無論哪些文化，教師的思維將影響一切，這也是本書提及學校組織文化的原因，實習學生在教育實習機構參與實習需要瞭解學校組織文化的型塑和對教育作為的影響。

　　學校的組成人物包含校長、行政處室主管與業務人員、教師、學生和家長，前兩者亦被稱為領導階層。由於學校教育有既定的目標，表面上學校組織成員應該齊心協力，促使目標達成。不過，推動學校目標的是被賦予責任和專業的人，既是人，必有個人思想和習慣性作法，如果眾人的思想和作法趨於一致，或透過討論協調可獲得共識，學校事務得以順利推動；若思想和作法不一致，也難以討論溝通，則學校組織運作常會產生阻

礙。上述情況,將會顯示出多種不同的學校組織文化特質。

　　一個教育實習機構的人員,大致被分類為領導者(校長)、行政、教師和學生。除了學生之外,行政與教師經常被視為兩個不同的次級團體,經常有不同的觀點,有時也會有一些意見上的衝突。不過,當一個教師變成一位行政者時,思考的方式也就會從教師的思考模式轉變為行政人員的思考模式。這是自然現象,每個職務所處理的工作不同,也有既定的運作和對話模式,況且,行政部門所面對的事情是以全校的廣度思考,而不再以一個班級範圍設想,因此,常會有一些對立現象。不過,部分行政人員瞭解這種現象,也為了讓工作能夠順利進行,會不斷地運用溝通、協助和微調,讓教育事務得以獲得教師認同。如果順利的話,教育事務工作就會在校園組織和諧氣氛下逐漸推動;反過來說,如果行政人員和教師的相異觀點沒有被協調和取得平衡,教師互動可能潛藏猜忌、不信任的氣氛。

　　一般而言,學校組織文化可分為四類:

一、抗拒型的組織文化

　　當學校領導階層想要推動某一種教育作為而受到阻礙,特別是在教師的教育作為習慣改變上,實習學生可能會認為:此教育作為具有價值性,為何學校教師不願意做?在學校內,領導階層可能有創新理念,例如:教師專業發展評鑑。從行政單位釋放的訊息多為理想性觀點,但教師認為傳統作法已經很適合,無須改變,也會提出一些論證支持自己的觀點。因此,在會議時,可能會有激烈或衝突性的發言。這樣的學校所顯露的是行政處室推動教育改革,教師抗拒不願意支持。通常原因發生在創新理念未盡周延,也可能出現在教師不願意多花心力改變已經固著的教育習慣。

　　面對這樣的教育實習機構,實習學生可自己思考,長久以來所型塑的教師文化之因子與教師面對挑戰時的抗拒作為之關聯。

二、冷漠型的組織文化

　　部分教育實習機構的學校組織文化是屬於冷漠型,亦即教師間、或者領導階層與教師間表面問候,實際談論教育作為時,冷漠以對。這種組

織文化所呈現的現象包含：會議時僅呈現工作報告，會議成員不會積極聆聽，也鮮少提出問題或建言。而實施執行教育作爲時，姑且表現爲之，或是隨便做做交差了事，不會積極深入地思考教育作爲之目的、本質和價值，導致時間過了，幾份書面作業呈現成果。冷漠型的組織文化不會有積極的教育作爲，也因爲冷漠時間維持夠久，即使有些創意理念被提出，仍會被冷漠澆熄。

如果實習學生接觸這種學校組織文化的教育實習機構，可以發現各處室和教師之間，大都各自做自己的事，教育作爲僅維持基礎教育品質。

三、熱情型的組織文化

會有這種熱情型的組織文化之教育實習機構，教師必定有教育熱忱，且有充分的學校行政支援；亦有可能是領導階層具有創新教學理念，也透過適性的領導，引領教師們積極發展新理念。在這種學校參與教育實習，實習學生會發現教師間，或教師與行政處室之間相處融洽，遇問題可能隨即溝通與相互配合；另也會發現教師間的同僚性佳，不僅教育工作同心協力，私人情感也相當好，平日下班或假日時也會有教師的共同活動。

在此學校參與教育實習的實習學生會發現教師們經常有些非正式會議，可能桌上有些咖啡和餅乾，聽起來隨意但卻具有深度內容地談論課程、教學和學生表現，也無私地分享自己的經驗。教師共同備課、觀課和議課是常見的教師專業成長活動。實習學生要把握這難得的機會參與這種教師社群，去體驗這種熱情型的組織文化帶給教師和學生正向成長的教育氣氛。

四、混合型的組織文化

這幾年來，隨著網路科技的便利性，教師獲得資訊管道漸多，藉由觀摩具有正向能力的他校教師之教育作爲，部分教師也開始找些平時理念相近的教師，共同組成校內社群，共同發展自己的教學模式與展現自己的教學魅力。這種校內教師社群並不普遍，但多數學校會有一兩個教師社群，他們的組成非行政命令，因此沒有既定的教育行政事務要執行。由於是

出於個人意願與共通的理念，他們會自行規劃、實踐和檢討自己的教育作
為。這些學校內仍有些教師存有抗拒或冷漠的文化思維，由於教師的自主
性愈來愈高，愈難有校內教師一致性作為，因此，學校內會有多樣化混合
型的組織文化。

　　實習學生在此參與教育實習，可於徵求實習輔導教師的同意，加入校
內熱情教師的社群，也可以相互比較不同次級文化間之差異，體會一個教
師在教育作為上的做與不做之得與失。

　　當實習學生見識熱情教師展現令人讚賞的教育作為，心中要有所嚮
往，然而，即使實習學生瞭解教育實習機構較為負面的組織文化，也無需
要質疑或擔心害怕，這是自然的現象。先前組織文化的型塑，是校長、主
管、教師、學生和家長長時間互動的結果。本書提供三個面向的觀點，給
實習學生思考。

一、改變沒有線性階段也無法預測，但可以觀察與激勵

　　臺灣的教育體制對校長的校務領導要求愈來愈高，許多校長很想要改
變停滯不前的組織文化，校長或主管若不改變，很容易被替換。不過，眾
多教師要改變不容易。

　　改變不是一個步驟接著一個步驟，因為改變的影響因素多元複雜且快
速轉變到無法預測，但小小的改變可以發展成大未來，蝴蝶效應的論點可
以反映在學校的正向改變中。

　　學校裡會有一些小改變，可能發生在一個教師的創意思維，讓他像
是蝴蝶，學校所要提供的是讓他有空間擺動翅膀，逐漸地影響旁邊的人。
再者，另外一隻蝴蝶可能也在不遠處，相同的道理，讓他飛、讓他擺動。
慢慢地，可能會有好幾群蝴蝶分開飛。學校教師各有專長和觀點，不一定
要全部教師發展一致性的理念，如同幾群蝴蝶飛舞，只要翅膀擺動方向一
致，改變的力量就會變大。

二、改變需要時間

改變並非一朝一夕，需要長久的時間。學校組織成員觀點不一，要有趨向一致的目標和觀點，且要認同策略，需要時間、需要磨合、需要妥協，也需要逐步成就的喜悅。要相信人都有能力帶來一些正向改變，每個組織成員在學校中都有既有的權利和義務，也都會評估自己的想法是否獲得他人認同。無論校長、處室主管和教師，均需要時間去學習如何認同他人，嘗試找出共同價值，以及思考共同前進的策略和尋找一個轉型的契機，也就是說，每個人的思維和信念的革新需要些許時間，逐步去修正和調解。

三、改變的核心價值是信任

當前的學校組織已非傳統的威權領導之教育機構，而是一個協同合作的社會型組織，雖各司其職，但卻分享價值、共享榮耀或惡名。正向共享價值與榮耀之關鍵在於「信任」，信任並非基於理性的計算，而是一種心理的自然知覺。組織內的人們要相互信任，校長信任教師、教師信任校長，和教師之間相互信任。

信任包含過程和結果。在過程中，每一個人的工作平臺上都有一個信譽的模板，或許價值性不高、專業性不強以及表現也非頂尖，不過，當他人注入肯定於自己的信譽模板上，亦即獲得他人信任後，會有一些改變力量。

除了內在的信任感外，在信任的結果上，多數人們難以持續分享信任，原因在於以自己的觀點衡量他人，當差異變大時，信任就會瓦解。此時，宜增加協助資源，而不是放棄信任。

實習學生在教育實習機構可多方觀察，如果一個學校教師相互信任、相互扶持，學校的改變傾向正向；反之，則學校難以改變。

第三節 觀摩辦理大型校務活動

　　實習學生在教育實習機構的行政參與經驗所呈現的是：做很多，但大多是片段的經驗，有時缺乏瞭解教育作為的目標與價值，有時對教育作為的脈絡也不清楚，更有些只是體驗到做工，而無學習之知覺。

　　再者，實習學生也需要參與教學實習、導師實習和行政實習，時間和經驗分散，教育實習機構也不知道如何指導實習學生統整經驗，型塑實習學生的教育觀點。特別是行政實習，多數實習學生參與或協助各處室業務，執行好多表面的工作（例如：擔任評審或裁判、做海報、布置場地、協助簽到，甚至倒茶水和指揮交通……）。從實習學生的實習心得發現，所體驗到的只是該細部工作的知覺，當被詢問該業務的目的或流程時，多數難以完整說出，這樣的行政實習無法達到瞭解學校校務運作的目的。

　　當前教育實習制度中，教育實習機構或實習輔導教師較少接受實習輔導的訓練，缺乏教育實習引導學習的知能。本書藉此建議教育實習機構和實習學生，可以利用辦理一個大型教育活動的機會，指導或參與學習整個教育活動的脈絡，包含目標與理念、流程設計、分布細節與關聯、執行過程與蒐集資料、歸納統整與省思，亦即指導一群實習學生共同完整地觀察與蒐集所有資料，再激勵其省思，讓整個教育活動的理念、過程和經驗，結合實習學生的自我省思，發展實習學生在校務運作的觀點。

　　以下則以實習學生的立場，提出實習學生可以進行的學習活動。

一、請求參與規劃的觀察權

　　教育實習機構會請實習學生協助大型活動的人力支援，但不會想到讓實習學生參與大型教育活動的規劃，這是因為教育實習機構沒有類似經驗。因此，實習學生宜主動跟行政輔導教師請求，在大型教育活動規劃、執行和檢討時間，都可全程參與。實習學生可以表達願意蒐集完整資料的意願，相信教育實習機構的師長會樂觀其成。

二、見習教育活動計畫的設計

大型教育活動的規劃和設計，不是一個行政處室主管或業務人員一夕之間完成，那需要與其他處室溝通，也需要瞭解第一線教師的想法，若有些許理念衝突，可能需要請校長核示或需要召開會議討論。參與的實習學生要知道的是，教育活動規劃的歷史背景和脈絡、設計活動的影響因素、流程設計的適當性、安全或配套措施的可行性……。實習學生可以自己想想，如果要設計「運動會」、「校外教學」、「畢業典禮」，需要考慮哪些因素？有何重點內容和注意事項？以類似這樣的思維去見習教育活動的規劃。

三、參與教育活動計畫的會議

先前提及，大型教育活動可能需要召開籌備會，而會議前需要準備的資料、會議中的報告、參與者在會議中的提問和回應，以及進一步可能的決策，都需要預先構想。每位會議參與者都很忙碌，也都希望在一次的會議中能夠解決所有問題。實習學生參與會議前可多留意會議資料的準備、會議中的討論與決策的形成過程。例如：校外教學，日期、課務、通知家長、租車、餐點、活動講解和安排、保健……，每個細節都要思考和事先規劃。

四、蒐集教育活動計畫的執行過程

教育活動執行過程需要大量人力，實習學生可能需要幫忙，因此，無法像觀察者那樣廣泛蒐集資料。不過，實習學生可以略微分工，藉由自己負責的工作蒐集相關的資料，再相互分享。若實習學生人數不足以蒐集完整的資料，除了可以機動性觀察之外，也可以向行政輔導教師請求或跟輔導教師討論，由行政輔導教師或請他人蒐集。過程性的資料可以顯示教育活動的優缺點，事先規劃蒐集哪些資料，事先安排哪些人蒐集，之後的資料就會趨向完整。例如：校外教學，需要蒐集當天的行程時間、車子內裝、學生活動和飲食、參觀地點……。

五、提出觀察與分析的結果

　　不管是參與行政處理召集的教育活動檢討會，或是實習學生觀察結果的相互分享，統整所有資料的呈現很重要。每個工作細節和每個資料都有其背後的意義，觀察者或資料蒐集者先提出想法，大家共同討論，分析類似事件的意義，再連貫所有事件的關聯性。

六、省思與統整教育活動的脈絡

　　做過的事必須省思，實習學生參與過的事必須要自己形成教育觀點，藉由資料統整與分析進行省思，以特定的教育標準判斷教育活動的合宜性，並發展自己對此教育活動的觀點，也需要自己產出一套大型教育活動的規劃書。如此，才不枉費參與大型教育活動。

　　行政實習是多數實習學生最常抱怨的事，當前行政實習有些問題，我們得要找出問題的原因。多數原因來自於教育實習機構不知道如何引導實習學生在學校行政事務上進行學習，實習學生也不知道如何請求或詢問行政實習的相關細節。這兩種情況交互作用下，便形成教育實習機構請實習學生協助幫忙，而實習學生自己僅認為人力付出。即使有些學習，也大概只是如何操作某個細節，而欠缺完整教育事務經驗的統整，更無法體會到教育事務的目的與價值。本書此章的內容建議實習學生許多可以思考的內容，實習學生在教育實習期間可以多加參考。

第七章

持續充實自己的專業能力

先前提及，半年教育實習期間難以讓實習學生獲得一個教師獨力面對教育情境的知能，即使輔導教師詳細規劃學習任務和進度，實習學生也花許多的心力投入學習，所得經驗仍侷限於一個輔導教師的教導，也難以對一所教育實習機構的所有事務充分瞭解。因此，實習學生要主動尋找其他學習的機會。

實習學生們進行協同學習是必要之事。每一位實習學生的輔導教師不同，參與的教育事務也可能不同，實習學生如果能相互分享經驗和相互學習，不僅可以擴充教育實務的學習資訊，亦可透過討論獲得一些新的教育觀點。再者，十二年國民基本教育政策已經實施，實習學生也需要瞭解相關政策與實踐策略，充實自己在此方面的專業，以面對未來的教育實務之需要。另外，一個在課堂上學不到的課程——校園危機處理，如果實習學生有機會參與，即使不是第一線處理危機的人員，也可以思考解決危機的策略，藉此培養自己未來成為教師時處理校園危機的專業能力。

第一節 與校內外實習同儕協同學習

傳統上，教育實習學生在實習過程中必須接受至少一位實習輔導老師的帶領，不過，當前的教育實習方案經常被批評為不適當的決策。在國內，多數在職教師在擔任實習輔導老師之前，並沒有接受過來自教育部和師資培育之大學之教育實習輔導的訓練，他們往往以自己擔任教師的角色和工作來認定實習學生該做的事，忽略了實習學生的個人特質，也不知道應該怎麼安排進階式的教育實習計畫或活動。然而，實習學生的學習在不同的階段有不同的需求，實習輔導老師經常未能察覺，導致部分實習學生適應不良卻無處可說的情形。如果一個學校的實習學生能夠組成實習學生社群，經常經驗分享和相互協助，從傾聽、對話到提供策略，許多適應不良或遭遇的問題將有可能解決，亦可以相互提供情感支持和相互勉勵。

另外，還有一個契機浮現，在行動科技普遍的當前，大學生花很多時間在網路上，他們使用即時通、部落格、臉書工具與他人互動、交換訊息，他們也經常下載影音檔案和數位遊戲。換句話說，這些行動科技已經

成為這些大學生的日常活動。一個屬於科技世代的教育實習新理念是：如果透過行動科技的輔助，教育實習學生可以透過非同步機制相互分享經驗，擴展他們的學習機會。也藉由行動溝通工具的儲存空間保留多元的觀點，讓一群實習學生的想法和故事不斷地提供刺激思考的機會，進一步讓他們共同建構教育實習的意義。而先前所述，教育情境愈來愈複雜，也導致實習學生在一個學校所獲得的經驗是不足以滿足教育專業需求，僅有一位或幾位教育實習輔導教師也無法滿足實習學生的學習需要，以及解答實習學生的學習問題。來自不同實習學校的實習學生，如果能透過行動科技載具交換經驗，並透過討論進而獲得更多的教育實習替代經驗，對實習學生的教師專業型塑也有相當大的助益。

　　這是一種協同學習，實習學生藉由社群發展協同學習的經驗。協同學習不同於合作學習。合作學習有小組任務，有領導者，成員共同完成，任何一個人的工作效能都可能影響小組任務的達成；但協同學習是成員彼此提供自己的觀點、相互協助解決問題、分享價值信念，不一定需要領導者，所需要完成的是自己的任務，即使他人不完成，也不影響自己的任務達成。或許可以這樣說：在小組中合作，在群體中協同。

　　由於一個教育實習機構的多位實習學生可能來自不同師資培育之大學，有自己的學習任務和責任，因此，協同學習比合作學習更適合實習學生。所有實習學生能夠相互分享自己的經驗、相互協助解決所遭遇的困難和問題，最後再省思自己的觀點，內化到自己的實習經驗，這比一個實習學生獨力進行與思考來得有用。甚至，實習學生還可以藉由行動網路科技與其他實習學生互動交流，可以將實習學生的協同學習擴大到校外，若能經常互動討論與省思，所獲得的實習經驗將會擴大許多。

　　實習學生的協同學習有許多的利益和作法，說明如下。

一、實習學生協同學習的利益

　　實習學生具有相同角色，也有類似經驗，如果能相互分享學習心得，學習機會將會擴大。實習學生也可在遭遇問題時，相互求助以及相互提供情感支持。

(一)相互支援教學技巧的發展

實習學生在教學上的協同學習，包含了教材分享、學生表現的討論、教案的設計與回饋、教學問題的討論和省思。這種集體智慧有利於實習學生協同解決教學實習的問題，而且這種實習學生間的相互協助不同於輔導教師與實習學生的上下關係，也非師培大學和實習學生的縱向關聯，那是一種相互幫忙的水平關係，實習學生向同儕求助的心理壓力也比向輔導教師求助時減少許多。再者，實習學生相互備課、觀課和討論，相互提供教學建議、共同研討，亦可以發展教學詮釋與教學批判省思能力。

(二)相互提供經驗獲得實習學習機會

大多數教育實習機構與實習輔導教師沒有接受過教育實習輔導訓練，對教育實習欠缺清晰概念及完善規劃，往往以自己擔任教師該做的事認定實習學生也該做，這無形中可能限縮了實習學生對於一個學校教育事務發展充分學習的機會。另外，許多教育活動或事件，可以讓實習學生思考、操作練習，藉以培養教師培育所需要的知能，但這些活動或事件可能不會發生在某一教育實習機構，如果可以透過實習學生的跨校經驗分享，實習學生的學習機會無形中便增加許多。

(三)相互求助解決教育實習問題

實習學生在教育實習機構會有許多的疑難問題，有時因自己個性害羞，可能也不知如何發問；有時也因實習輔導教師過於忙碌而放棄詢問，如果能求助校內或校外實習同儕，藉由經驗的提供，可以獲得解決問題的想法。另外，當前智慧型手機功能便利，具有隨時開機、立即使用的功能，當教育實習學生在實習過程中遇到任何突發問題，甚至連生活問題都可以立即對外求助，在短時間內獲得答案。這樣的機制，非常適合在臺灣各地學校實習的教育實習學生。

(四)相互提供情感上的安慰

在教育實習過程中，實習學生常因為與輔導教師互動關係不佳、兩位輔導教師的看法不同，或指導教授與輔導教師的意見相左，感到不知所

措；有時也因做事方法不對，質疑自己的能力。但實習學生遭遇到這些情感上的問題，通常不會求助於實習輔導教師，又不知向誰求助。我的研究經驗也顯示，多數輔導教師比較欠缺給予實習學生情感支持的輔導能力。每位實習學生幾乎都曾有類似經驗，如果實習學生能相互分享、相互安慰、相互激勵，增加挫折容忍力，則可以突破實習瓶頸與相互學習成長。

二、實習學生協同學習的作法

實習學生的協同學習可分為正式和非正式協同學習。正式協同學習是指固定時間、安排分享與討論議題，讀書會便是一種正式協同學習；非正式協同學習是指在任何時間、任何地點，以親自或網路科技結合通訊軟體或社交媒體（例如：臉書）進行意見交換或是問題求助。

㈠正式協同學習

實習學生可與校內其他實習同儕或結合其他實習機構的實習學生共組實習學生社群，可以是實體社群，亦可以是網路社群。實體社群通常會每週安排一次會面機會，可能是下班後或週末時間。網路社群則約定某一固定時間，在通訊軟體上互動分享，也可以用非同步方式進行線上討論。

在議題安排上，本書建議，若是安排讀書會，則依照先前安排的進度，由分派的成員報告某特定學科主題的內容以及提供評量試題外，亦可以依據實習歷程發展不同的討論議題。

以剛報到的第一個月而言，實習學生心理是既期待興奮卻又焦慮緊張，此時實習學生開始要完成實習計畫書，試著思考在教育場域中如何將在大學所學的知識付諸實踐、驗證或補足，做好教育實習的暖身及準備。不過，正值實習學校暑假或剛開學階段，實習學生所接觸的多為行政事務，對所進行的事務尚未感到困難。此階段的討論主題是瞭解教育實習機構的教育脈絡，以及分享各自的實習規劃書內容。

第二個月是開學初期，開始與學生見面，教育事務愈來愈多，也可能開始見習教師的教學。不過，不同實習輔導教師可能有不同的意見，例如：行政實習輔導教師和導師實習輔導教師還沒確定實習學生在行政處室

或班級教室的時間，也可能需要開始規劃每日的工作作息，多數實習學生開始感到有點不安。此時，除了分享個人的經驗外，對大家所面臨的問題相互鼓勵，並彼此激勵面對問題與提升教育問題處理的自信心。

第三個月開始接觸班級經營與部分教學事務，多數學生開始在班級經營感到挫折，也開始發現教學是複雜的工作，開始有表現不適當，能力不夠的經驗，也因此開始找尋適當的教學方法，尋求管理班級維護教室秩序的方針。此階段的討論議題在於班級經營策略的經驗分享，也可以加入觀摩輔導教師教學後的心得。

第四個月已經有許多實習學生上臺教學，會有許多失敗的經驗，開始理解班級經營與課程教學的複雜性。社群討論除了發現其他實習學生遭受相同問題而不至於自己太過挫折外，實習學生還可以相互分享上臺教學後與輔導教師討論的心得，包含課程、教學、學生表現和班級經營策略。

第五個月開始，實習學生逐漸體驗到成功的經驗，也開始關心所教導學生的需求，對於上臺教學雖然仍會些許緊張，但已經不再擔心，也較能管理班級。此時的議題是實習學生綜合自己對教材、班級、教學的成功經驗，相互分享，每個人都可以藉由他人的建議重組自己的教育觀點。

第六個月可以統整每個人的各項學習成果以及藉由省思整個教育實習的歷程，瞭解學校事務、課程、教學、班級經營以及對教育的夢想，也可以談論半年的實習歷程點滴。

㈡非正式協同學習

實習學生在實習期間一定會遇到許多問題，有些適合請教輔導教師或指導教授，有些問題就可能希望先與實習同儕互動。多數實習學生喜歡跟先前大學同學但已在其他學校實習的實習學生聯絡，不過，所談論的內容大概是相互抱怨、吐苦水和安慰，鮮少談論教育實習的策略。

不管與同校實習同儕或其他學校的同學，本書建議，實習學生可以相互交換實習心得。不過，更重要的是，相互求助。至於求助的內容，先前提過的內容都可以成為求助的議題，特別是透過智慧型手機和網路科技的便利性，寫一段問題請教的語句，若幾十個人之中有一個發言正向回應，

便可能獲得問題答案，只要大家同心一致，非正式協同學習會變得非常有意義。

第二節 瞭解十二年國民基本教育政策

臺灣103學年度開始實施的十二年國民基本教育政策以及將會實施的十二年國教課綱，這些是臺灣當前教育重大的改革。實習學生在師資培育之大學修讀教育學程時，不一定能有機會深入瞭解教育政策在實際教育場域落實的概況，實習學生可藉由參與教育實習的機會，瞭解這些政策和理念在教育實務現場的應用發展情形。

十二年國民基本教育的政策制定與實施有許多背景因素，包含人口結構、網路科技、民主參與、社會正義、生態環境以及全球化與國際化所帶來的轉變，使得學校教育面臨諸多挑戰，學校教育必須因應社會需求與時代潮流與時俱進。

而一個教育政策要能落實，課程是要件，藉由課程實踐達到教育之目的。十二年國民基本教育之課程發展本於全人教育的精神，以「自發」、「互動」及「共好」為理念，而其課程綱要以「成就每一個孩子——適性揚才、終身學習」為願景。成就每一個孩子，亦即兼顧個別特殊需求、尊重多元文化與族群差異和關懷弱勢群體，讓每一個孩子都可以依照自己的天賦和條件學習、成長和貢獻社會。

十二年國民基本教育政策有許多內涵，本章僅選擇與實習學生最先需要知道的學校課程與教學理念進行說明。十二年國民基本教育的課綱焦點在於核心素養，而教學策略則關注不同孩子的學習需求，藉由差異化教學，提供每一個孩子適性學習的機會。

一、十二年國教課綱的核心素養

為了落實十二年國民基本教育課程的理念與目標，以「核心素養」作為課程發展之主軸，以裨益各教育階段間的連貫以及各領域／科目間的統

整；亦即各核心素養可以依照各教育階段，發展適合的課程內容與教學活動，以做順序性的連貫，亦可以藉由各學習領域和科目之間的統整，提供學生完整性的學習經驗。

根據十二年國民基本教育課程綱要之總綱的內涵（教育部，2014），核心素養是指一個人為適應現在生活及面對未來挑戰，所應具備的知識、能力與態度。核心素養強調學習不宜僅以學科知識及技能為限，而應關注學習與生活的結合，透過實踐力行而彰顯學習者的全人發展。換句話說，核心素養兼顧了能力導向學習與知識導向學習，強調的是一個人運用知識與合宜態度處理事務的能力。而在教育應用上，教師教導學生核心知識與技能後，提出學習任務與應用情境，鼓勵學生以積極的態度在任務情境中將所學知識施展出來，以培養適應現在生活及勇於面對未來挑戰的態度與能力。

實習學生在師資培育之大學已經接受到課程內容與教學活動設計的訓練，但過多傳統的教學方法或者是制式教學模式，鮮少設計任務導向型的教學活動，而任務導向型的教學活動卻是培養學生能力的教育作為。因此，本書提出核心素養的教學設計原則，提供實習學生參考，若有機會亦可以在教學場域中設計與實驗。

(一)各階段的核心素養

國小低年級是學習能力的奠基期，可著重在生活習慣與品德的培養，並協助學生在生活與實作中主動學習，奠定語言與符號運用的基礎，而此語言與符號運用是知識學習的起端，也是為未來能力實現預作準備。

國小中年級則持續充實學生學習能力，發展基本生活知能與在社會運用的能力，並且藉由多元智能開發，培養學生多方興趣，再協助學生透過體驗與實踐，學習適切處理生活問題。

國小高年級應開始深化學習，亦即知識學習需要配合實際運用與省思，再鼓勵學生自我探索與判斷是非的能力，亦需要在實踐中培養社區／部落與國家意識，具備民主與法治觀念和互助與合作精神。

國中階段是學生身心發展的快速期，也是自我探索與人際發展的關鍵

期，國中教師應持續提升所有核心素養，擴大實踐範圍至國家、國際與全球議題。特別需要在實踐中，協助學生建立合宜的自我觀念、進行性向試探與精進社會生活所需知能，也需要培養自主學習、同儕互學與團隊合作的能力。

高中階段是以一般科目為主的課程，協助學生試探不同學科性向，著重培養通識能力、人文關懷及社會參與，奠定學術預備基礎。

高職階段則是以一般科目、專業科目及實習科目課程為主，協助學生培養專業實務技能、陶冶職業道德、增進人文與科技素養、創造思考及適應社會變遷能力，奠定生涯發展基礎，提升務實致用之就業力。

綜合型高中則兼顧一般科目及專精科目的課程，協助學生發展學術預備或職業準備的興趣與知能，使學生瞭解自我、生涯試探，以期適性發展。

而單科型高中則以提供該特定學科領域為主的課程，協助學習性向明顯之學生持續開發潛能，奠定特定學科知能拓展與深化之基礎。

從上述的核心素養之敘述可以發現國小中年級以上，教師開始需要設計情境式任務，提供學生思考與應用的機會；而國小高年級以上，逐漸加入與他人合作的能力；國中階段擴大為自主學習、同儕互學與團隊合作的能力；高中職除了顧及學科基礎，職業學校則需有學以致用的就業能力。

㈡核心素養之教育活動時間

以單一學科或領域課程而言，知識是學力的基礎，知識內容的設計與在實作中學習是能力培養的要件。當學生具備核心知識之後，教師可以在教學活動設計中設計跨科統整型、探究型或實作型之學習任務，讓學生整合所學知識運用於真實情境，這即是核心素養的型塑方法。不過，以課程統整的方式可以讓學生獲得更完整的經驗，學校或教師盡可能安排或設計各領域知識統整學習的機會（第三點再說明）。

學校的彈性課程和校訂課程時間可以做完整的規劃設計。國中小課程架構內包含彈性學習課程時間，這時間可由教師社群共同設計或行政處室邀集教師規劃跨領域／科目或結合各項議題之「統整性主題／專題／議

題探究課程」，強化知能整合與生活運用能力。例如：辦理校園大露營活動，提供學生將所學知能應用於生活的能力。再者，「社團活動」對國中小學生特別重要，依照學生興趣及能力開設社團和分組選修，強化個人興趣與實作能力。

高中的課程內安排校訂必修及校訂選修之課程，這些課程幾乎占了三分之一的總學分，除了滿足不同程度、不同興趣學生，加深、加廣、補強選修與多元學習外，學校亦可以設計實作及探索體驗的相關課程，鼓勵學生積極挑戰。另外，學校也可以藉由「技藝課程」，設計促進學生手眼身心等感官統合，習得生活所需實用技能，例如：可開設作物栽種，運用機具、材料和資料，進行創意設計與製作課程。

以培養學生核心素養的時機而言，每一個學科或領域、彈性課程時間、社團活動、特色課程、校訂課程和技藝課程時間等均可以運用。只要能夠讓學生將所學應用於任務中，即有培養核心素養的功能。

㈢核心素養之課程組織與教學活動設計

十二年國民基本教育的核心素養之課程組織主軸，是以統整課程設計為原則。不同的教育階段可以採用不同的課程統整模式，一般而言，統整的模式有：1.跨領域或跨科的課程統整模式：視學習內容性質或學生興趣進行跨不同領域或科目的協同教學設計；2.議題融入模式：配合教材或教學單元，設計某一議題融入之單元或發展為學校活動，將重大議題或新興議題於課程實施中加以落實；3.主題式課程統整模式：以某個概念、事件或問題為焦點，發展以某個主題為核心的課程統整模式；4.專題設計或專題製作模式：跨越不同領域／群科／科目課程的知識統整，可以藉由「專題」來進行，學生們可從不同科目的觀點來探討相同的現象。

而核心素養的教學設計有別以往以教科書內容教學為主的模式，基於素養是發生在有意義的情境脈絡中，素養又內含知識、能力與態度，而且素養是一種整合與實踐的學習活動，因此，核心素養的教學活動設計有三個重要元素：知能、任務、情境，亦即教師選擇教材內容之知識與技能、發展學習任務，並指導學生運用教材知識於情境任務實踐中。簡單來說即

是：學生在什麼「情境」下，主動積極地用所學的什麼「知能」，去完成什麼「任務」。

首先，教學者須先思考該學科、領域單元或跨領域內容已經指導過哪些知識、技能和態度，並且在教學中確認學生已經具備完成任務之知能；其次，以學科或領域的課綱內所講述的表現行為，作為學生學習的任務和結果；第三，教師編擬一個任務情境，提供學生呈現課綱核心素養的內容。

舉例而言，核心素養之一是「能分析比較、製作圖表、運用簡單數學等方法，整理已有的資訊或數據」，學生應該先學過和具備「圖表的知能」，而「分析」是學生的表現行為，也是要表現的「任務」和結果。教學者以學生的生活經驗為基礎，設計「進德國小各年級分別是六年級25人、五年級22人、四年級24人、三年級18人、二年級23人、一年級21人；中華國小各年級分別是六年級23人、五年級23人、四年級22人、三年級20人、二年級21人、一年級21人，兩個學校要進行大隊接力比賽，分六個年級進行，因為每一個人只能跑一次，如何進行？要用數學圖表解釋」。另外一個例子，「透過科學探索與科學思考對生活周遭的事物產生新的體驗及興趣」也是課綱的核心素養之一，可運用於國小、國中、高中職。在教學上，教師指導過學生科學相關知識和思考學生生活周遭的現象後，設計一個任務，鼓勵學生個人或小組自主地探究，發現自己好奇的事物。

就核心素養的評量而言，可以透過課程綱要實施要點中有關學習評量方式的訂定，彈性運用測驗、觀察、問答及面談、檔案等多元評量，重視學生領域／科目的知識、能力與態度在實際生活或情境運用之檢核。核心素養之培養，有賴課程、教學與評量的有效連結。

二、差異化教學

隨著臺灣社會對人權的要求，每個學生的受教權逐漸受到重視。受教權不是簡單地定義學生坐在教室即享有，而是學生在學習過程中可接受到符合自己學習程度的學習內容。當教師的教學內容艱難之程度高過於學

生可以理解程度甚多，該學生並沒有真正享有受教權，而只是在教室坐著和陪著其他學生學習，特別是十二年國民基本教育政策實施後，分流式的高中教育不再，學生程度差異更大，教師需要發展適合學生學習的策略。不過，許多教師經常誤解認為差異化教學，即是為每一個孩子進行個別教學，其實並非如此。因此，一般教師和實習學生需要瞭解差異化教學策略的理念與應用。

差異化教學是以學習者為中心的理念基礎，認為學習任務若貼近學生已經學會的知識與技能、令學生產生好奇、或是比較符合其學習風格，學生將會學習得更好。但因為不同學習者有不同的知能、好奇和學習風格，亦有不同的學習需求，教師可以針對不同需求的學生提供適當的任務。

在教學過程中或過程後，教師需要從和學生對話、班級討論、觀察學生和正式評量中，去發現學生的不同學習需求，設計不同的學習挑戰任務。差異化教學的教學過程是大班教學、小組教學和個別教學的融合，亦即一節課裡，學生的學習方式是彈性的，不需從頭到尾都一樣。教師不僅在課前可以設計差異化教學中使用的任務，亦可在教學過程中隨時留意學生的表現情形，若發現學生進行討論可能比聆聽教師教學要好，亦可立即進行。

有些教師認為差異化教學不是一種教學策略，而是一種學生的學習生活，教師不必要尋求教學步驟的確定性，可藉由自己教學專業與對學生學習的敏感度，發展對學生適合的學習任務，而不是遵循某一種特定的教學方法。

教師在差異化學習任務的教學設計，包含學習內容、學習過程和學習結果三個方面，以下提供七種參考作法。

㈠學習內容：提供先備或進階知識的教材資訊

部分學生對教師所要教導的教材可能容易理解，但對另一些學生而言可能過於困難，這現象在國高中階段特別明顯，原因在於學生是否具備該教材的先備知識。教師可以在教學前提供先備知識相關的教材，必要時，特別利用課前之課餘時間略微講解。相反地，若教師知覺有些學生學習可

能進度超前，教師可以事先預備更深度的教材知識給學習進度快的學生。

㈡ 學習內容：提供簡單應用至複雜思考性的學習任務

學生理解教材後，經常需要對關鍵資訊或教材更爲深化，若能提供學生應用所學知識的機會，學生學習將更爲扎實。不過，部分學生可能一次只能處理一個教材知識細節，但另一部分學生可以掌握較爲複雜且抽象的教材資訊。例如：教師教導完核心知識後，可以提出三個簡單應用到複雜思考的問題，讓學生先選擇一個問題完成，教師亦可能讓部分學生完成一個問題後，再鼓勵學生挑戰較爲複雜思考的問題。

㈢ 學習內容：提供結構性至開放性的學習任務

在教學過程中，學生需要回饋教師教學，例如：寫學習單或練習題目，但並非所有學生的思考都可以完成複雜的任務。教師可以試著安排兩種傾向的學習任務，第一種傾向是屬於結構性、提示性或是選擇題式的學習任務，第二種傾向是開放性或申論性的學習任務，例如：國文的課文大意可設計成填充關鍵字或開放式兩種格式。教師可以設計從結構性至開放性的多種學習任務。

㈣ 學習過程：融入同質性的分組活動

在教學過程中，教師可以視學生對教師問題的回應類似程度或答案取向，將學生做個臨時同質性的分組。同質性分組不一定是指智力，而是對教師問題有相同或類似想法的人可以聚集在一起，更精緻化地、更邏輯性地發展更完整的想法。分組交換意見後，可以再回到原來的組別或座位，繼續進行下一個教學活動。

㈤ 學習過程：讓學生依自己的需求尋求協助

在教學過程中，學生可能需要進一步的學習輔助資源，部分學生需要查閱書籍、部分學生可能使用科技網路，部分學生也可能需要求助他人。因此，當教師解釋教材後，可以提供學生一段空白時間，給學生自由選擇找尋資源或求助的機會。不過，這個空白時間得要事先跟學生講解使用方法，也需要教師事先指導學生練習，學生熟練之後，教師便可以在教學過

程中視時機運用。

㈥學習結果：讓學生自己選擇獨力或小組表現學習結果

雖然每位學生在學習過後應該達到教師設定的學習目標，但有些學習表現涉及到多種能力的結合，例如：在藝術與人文領域上，教師可以讓學生選擇獨自表演，也可以組成音樂、表演、道具製作的小組聯合表演。

㈦學習結果：提供學生各種不同的學習作業表現方式

這種理念主要是考慮學生的表現風格，有些是口語型、圖像型，亦有些是文字型。在學習結果的表現上，教師可以思考幾種讓學生表現學習作業的方式，例如：口頭報告說明、書面報告，亦可以文字報告和圖示報告。我曾讓學生選擇用圖示方式或文字記錄方式寫下科學實驗的過程、結果和解釋，幾乎各有一半選擇圖示和文字記錄。

多數人可能會質疑，差異化教學後的學生學習評分可能會不公平，教師可以用兩種分數表示學生的學習結果：學習表現分數和學習成就評分。學習表現分數是激勵學生在教師的差異化教學中努力投入學習，而學習成就評分是個人在全班統一格式測驗（例如：月考）中的表現，這兩種分數可以幫助學生和家長，瞭解自己的努力程度和在班級的整體表現情形。

第三節 學習處理校園危機

臺灣這十幾年來，校園裡總是有些衝突事件發生，親師之間溝通不順，師生之間互動不良，學生們打架，以及教師之間或教師與行政人員之間的觀點爭執，經常讓校園有些不平靜；其次，學生心理挫折過大，感情受創，也可能有社交關係問題，自殘、跳樓和突然離校等事件不斷發生；另外，學生參與許多教育活動，即使教師們仔細思考安全事項，也可能會有意想不到的事件發生。這些事件無法避免，發生時往往讓教師處理措手不及，也影響了全體師生的情緒和心靈。實習學生參與教育實習，對教育實習機構發生的事情得要瞭解，即使不是第一線處理危機的人員，也可以

思考解決危機的策略，藉此培養自己未來成爲教師時處理校園危機的能力。

校園危機大致可以分爲三類：

一、人與人之間的衝突

人與人的衝突來自於不同的人，在目標、思想、情感、利益需求和期望具有明顯分歧的觀點，而接續可能會有心理敵對、情緒行爲、語言爭執、肢體碰撞或以物攻擊的現象。包含師師間、親師間、師生間和學生間的衝突，過度激烈則可能會有暴力事件，導致受傷或生命危險。

師與師之間的衝突發生在校園裡擁有權力的人與另一個可能擁有不同權力的人，或是權力者和被權力者之間，對某件事情有明顯分歧的觀點，而產生情緒行爲上的表現，輕者文字散播攻訐，嚴重者暴力相向。

親師間的衝突則是家長與教師在教育孩子的觀點有所差異，進而表現於文字、情緒、動作行爲，或危害到學校與教師聲響、身體安全等現象。

師生衝突則因當前教育管教權模糊，教師在處理學生問題時，未顧及學生心理狀態，進而過度嚴苛或不合理的要求，學生的情感反應無法控制，若進一步惡化，導致師生之間言語辱罵或暴力相向。

上述這些衝突均是人對某事轉變爲對某人的心理情緒反應，原因來自於：

1. 個人因素，包含年齡、教育背景、價值取向、處事理念、政治取向、宗教信仰、能力、相處方式等。

2. 人際因素：個人或校園內非正式組織對特定人物（例如：校長）存有潛在意識，惡意認定該人物的種種行爲，卻不願意暸解與溝通，顯示了人際溝通的障礙。

3. 組織因素：包含學校組織法令和程序的僵化、目標的見解差異過大、資源不公、責任不明確、酬賞不公平、權力不平衡和組織氣氛的影響等。

實習學生在教育實習機構實習經常會感受到這些衝突，但多數衝突只是言語或文字上的對立。不過，學生之間的衝突就很可能會有肢體衝突或

持物攻擊的現象。實習學生除了見習學校師長處理危機外，也可以想想自己處理危機的方法。

二、個人的自我傷害或自殺

個人自我傷害通常發生在學生身上，教職員工偶有類似事件。自我傷害是指個人故意和直接傷害自己的身體，有些只是想要使自己有強烈的觸覺及視覺刺激反應，以阻擋或減輕心理困擾，例如：使用利器割傷自己、用菸頭或炙熱物體燙傷身體、敲打頭部及肢體，此行為的目的不是想要造成自己死亡的結果。然而，偶有學生因諸多情緒交雜，進而跳樓、服安眠藥自殺。

有許多因素讓學生有上述的行為，包含心情不好、與同學關係不佳並受同學排擠、失戀、與家人不和、功課壓力太重、想藉此瞭解別人對自己的關心程度、生活沒有意義和覺得痛苦想獲得解脫，後兩者經常是學生結束生命的念頭。

學生在自我傷害或自殺前會有一些徵兆：

1. 言語：從週記、與同學交談或自言自語中，提及自己受到的委屈並提及死的念頭。

2. 行為：行為落差太大，成績大幅下降、經常突然發脾氣而引起人際衝突，也可能放棄心愛的東西，突然服莫名藥物或大量飲酒。

3. 環境：環境變動太大難以應付，例如：男女朋友分手、雙親離婚或死亡⋯⋯；也可能出自於家庭經濟危機而毫無解決問題的方法，例如：被討債，連帶著出現的是缺乏信心或失去信心的狀態。

實習學生可以在教育實習機構裡多觀察學生的表現，或在導師實習時檢視學生的文字文件。若學生有些異樣，可以試著用關心的語言和學生互動對話，如果學生出現可能傷害自己的徵兆，除了跟輔導教師報告外，也跟著實習輔導教師學習處理。

三、校園意外事件

校園意外事件是指一切未在學校預期或計畫內發生的事故，可能對教職員工、學生及校區周圍環境，造成生命、財產、環境損害衝擊者均屬之。教育部「校園安全及災害事件即時通報網」，將校園意外事件歸納為下列九種：1.學生在校外教學活動發生車禍事件；2.學生校內食物中毒事件；3.學生實驗傷害；4.學生自殺事件；5.學生運動、遊戲傷害；6.學生溺水事件；7.校園建築物坍塌及設施傷害；8.工地整建傷人事件；9.墜樓事件（非自殺）。

任何校園意外事件危機的發生都有其徵兆可循，不過危機的爆發卻是瞬間、緊急與無預警的，這些徵兆來自於三個問題：

1. 學生問題：學生自身自主管理能力不足，愛玩好動，生活常規欠佳，遊戲競爭好勝超乎能力範圍，且未能瞭解身處環境，致使情況陷入危急，甚至造成生命危險。

2. 學校問題：行政怠惰，門禁管理鬆散，校園內潛藏太多人、事、物的危險，校園設備未修繕或維護不當容易造成校園學生意外事件發生，也未充分宣導和落實校園安全教育。

3. 教師問題：上課教師未能時時關心學生身體健康情形，也缺乏危機意識，未能於劇烈活動之前，事先口頭詢問學生當時身體狀況，且於活動過程中未能及時察覺學生動作異常。

實習學生可以在教育實習機構裡多觀察，敏銳地發現校園可能存在的危機。若有發現可能的危機現象，除了跟輔導教師報告外，也可以試著思考發生意外事件的處置措施。

通常教育實習機構會有一套校園危機處理的機制，包含成立校園危機處理小組、建立危機管理預警系統，也會對各種危機實際進行模擬演練。當真正危機事件發生，校長會啟動危機處理小組的運作與功能和執行危機應變計畫，並且於危機處理之後，加速復原、持續追蹤與監控危機，並從教訓中學習危機管理的再推動，避免危機再發生。本書建議實習學生先行瞭解校園危機的事件、因素和徵兆，若真有危機出現，需要在學校處理危

機的過程中仔細觀察，培養自己在校園危機處理的能力。

參考文獻

教育部（2014）。十二年國民基本教育課程綱要—總綱。取自http://www.
naer.edu.tw/ezfiles/0/1000/attach/87/pta_5320_2729842_56626.pdf

第八章

讓教育實習更成功

少數實習學生到教育實習機構後，發現對教育實習的期待與現況落差太大，產生不適應，進而中止實習，甚至放棄教師生涯。實習學生在教育實習機構大都會有不適應之感受，畢竟個人風格不一定完全貼近組織文化。除了極少數個人表現不具有教師應有的特質可建議離開外，大多數都是心理無法調適，部分自我安慰、部分尋求外界支持，當然也有人選擇逃避。協助實習學生面對挫折與釋放壓力是師資培育過程中相當重要的內容，而實習學生也要自我瞭解，進而調適自己。再者，只是被動參與教育實習各種事務無法讓實習學生獲得高度學習成效，實習學生應主動地和更積極地建立人際網絡，請求他人協助或相互協助，在調整自己和獲得他人協助後，學習更多、更有效、更成功。

第一節 面對挫折與釋放壓力

實習學生在教育實習機構見習觀摩輔導教師上臺教學、帶領學生或安排活動，總是認為輔導教師教學很輕鬆，學生很聽話，即使教師沒什麼多講話，學生也學習許多，活動也井然有序。然而，當自己面對學生、開始指導學生之後，學生表現總是不如自己原本的期待，教學成效也很差。除了好奇、矛盾或些許怪罪學生外，自己對參與教育實習開始產生壓力、挫折。這些壓力若長期不被釋放，挫折不被抒解，就可能產生身心耗竭現象，逐漸開始對教育實習環境不滿意，討厭去學校、以形式化方式處理教育事務，甚至把學生當作壞分子，教育實習逐漸成為一件痛苦的事。

這種結果當然不可以發生，若有挫折，一定要找出原因，不可以忽視，在實習過程中遭遇問題進而產生壓力時，一定要想辦法紓壓釋放。實習學生不如輔導教師有經驗，實習學生也有自己的心理需求，本書於此章提及挫折與壓力，即希望實習學生對教育實習的挫折與壓力儘早認識，預作準備，並試著脫離挫折與壓力的深坑。

一、實習學生的壓力來源

　　任何壓力不是來自於事件，而是來自個人對事件的詮釋。亦即實習學生在教育實習機構所遇到事務引起自己情緒而產生的心理狀態，基本上，壓力產生會經過：事件、解釋和情緒等三個階段。

　　若以半年時間而言，實習學生所經歷過的教育事務包含行政、班級和教學等正式實習內容的參與，也包含非正式學習內容的人際互動，而最讓實習學生產生緊張信念的教育事務，可能有以下四種類型：

　　1. 行政事務責任過大：部分教育實習機構逾越教育實習規範，直接指派行政事務並要求實習學生負責，實習學生認為責任重大又不知道如何回絕。有時想求助於師資培育之大學的師長，請其代為與教育實習機構行政處室主管溝通，但又擔心此舉讓實習機構行政主管不高興，進而影響自己的生涯，遂成為另一種壓力源。

　　2. 班級常規失序：實習學生在班級指導學生的過程中，擔心部分學生不服規範，或被部分學生口語辱罵，內心產生挫折。亦有實習學生想運用創新的教育方法，卻害怕經驗不足，造成班級常規失控，自己也被輔導教師指責，內心自我懷疑。

　　3. 教學演示與評分：實習學生需要進行教學，但擔心上臺試教時，學生反應冷淡。另外，指導教授、輔導教師和校內其他師長前來觀看教學時，實習學生可能認為不僅是教學技巧問題，也是教學能力與展現印象的問題，憂慮自己教不好。

　　4. 擔心人際技巧不佳：擔心說話技巧還不夠社會化，純真的語言（例如：學校內的「老」教師）或忽略的動作（例如：見了主管未打招呼）讓人反感。在聆聽指導時，不會解讀校長、主管或輔導教師的語句意義，有時也不知如何開口發問。

　　上述四種狀況都可能使實習學生個人心智、情緒和生理三方面產生不平衡，亦即對他人加注於自己或自己所為的事件之選擇認知過程與內在的想法不協調，導致負向情感反應，最後可能表現在行為上。

二、實習學生釋放壓力的策略

壓力既是心智上的認知過程所影響，那在釋放壓力上就必須思考事件的詮釋過程，不過這不表示重新詮釋事件即可以獲得解決問題的方法，僅為壓力釋放，但壓力釋放過程也會產生新的因應機制，對解決問題亦有助益。

1. 重新詮釋事件：在行為事件的解讀上多蒐集資訊，單一資訊產生的認知觀點，一定比多元資訊更為偏激。

2. 思考因應機制：實習學生遭遇問題先靜下心來，思考有何策略可以應用，什麼策略會有何成效或問題。新的因應機制會比原有的處理，更為理性。

3. 求助外在資源：包含上述第1點和第2點都可以求助外在資源，求助另類觀點和求助新的因應策略。

4. 多加練習調整：當求助他人獲得因應策略與他人鼓勵之後，因應機制將會較為周延，實習學生要多加練習，並在練習中調整。練習使人不緊張，當情緒與生理反應不再那麼激烈，相對的，壓力便減少許多。

實習學生遇到問題產生壓力，並藉由上述四個程序逐漸釋放後，還要進一步學會控制，亦即遇到問題後不要立即判斷，應用重新詮釋、思考策略、對外求助以及練習調整等方法，讓自己控制壓力的能力愈來愈強。

三、預知可能面臨的挫折

實習學生一開始到教育實習機構報到前，總是充滿期待，然而，實習開始後的前兩個月，抱怨、憤怒、沮喪、生氣、不滿⋯⋯情緒會不斷出現。不過，卻在實習最後一個月，會產生滿意、感謝和重新燃起希望之情感表現。會有這種類似雲霄飛車的心理感受，除了先前期待過高之外，對教育實習環境過於理想化也可能是產生挫折的因素之一。

本書整理相關經驗，提出實習學生參與教育實習可能會面臨的挫折，這些挫折並非來自實習學生處理事務不佳所導致，而是教育環境自然現象，只是實習學生瞭解之後，除了視為理所當然，也要去積極面對。

㈠**多數教育實習機構並不會重視實習學生，實習學生得要主動想辦法**

即使教育實習機構與師資培育之大學簽訂教育實習合作契約，但其辦學任務是以中小學學生爲主，其學校教育之目的並沒有與教育實習相關的內容。多數教育實習機構雖然歡迎實習學生前往實習，但那也是優先考慮一種人力協助的立場。多數教育實習機構不會接受實習學生的建議去採購、布置和設計多餘的教育環境，若實習學生有需要，得要自己主動想辦法。

㈡**學生不是那麼好控制，實習學生需要轉化互動關係爲適當的教育作爲**

不管是幼兒園、小學或中學生，都不一定會完全接受實習學生的指導，在他們心中，實習學生是大哥、大姊。學生樂於和實習學生互動接觸，也樂於分享自己的想法，但不一定願意接受管教。實習學生得要思考如何藉由良好的互動關係，轉化爲適當的教育作爲。

㈢**輔導教師不一定會指導實習學生，實習學生得要預設問題**

多數師資培育之大學並沒有辦理教育實習輔導教師的專業訓練，多數輔導教師是以長年的教育經驗輔導實習學生。有時實習學生希望輔導教師多提供一些資訊、多提供一些教材資源、多講解一些教學建議，但輔導教師總是三言兩語即結束談話。實習學生得要預先做好問題，讓輔導教師能藉由問題多回答一些。

㈣**多數教育實習機構希望你做就好，實習學生得要主動詢問**

有些教育實習機構會誤解實習學生多做一些事就表示盡了輔導的責任，有些實習機構認爲教育實習的學習就是要做才能學習，後者的想法沒有錯，但還是不完整。教育實習是對教育事務進行瞭解、參與和省思的過程，參與是必要的，不過瞭解與省思卻是學習成效的關鍵。實習學生得要主動請教、多詢問才是。

上述現象是當前的教育實習制度使然，並非實習學生的問題。不過，

實習學生不要因為這些挫折而失去學習的信心。當前臺灣的教育實習機構遴選大都採消極表列，亦即各師資培育之大學可能有「不要去那所教育實習機構實習」的名單，少數師資培育之大學會先選擇大學附近的中小學和幼兒園成為實習機構。但整體而言，教育實習機構的輔導措施仍然依賴學校相關業務部門主管和輔導教師對教育實習的觀點。若幸運遇到具有多年輔導實習學生經驗的教師，則可能會有一套系統化的輔導過程；若遇到第一年擔任實習輔導教師或第一次接受實習申請的中小學，實習學生也不要氣餒，主動積極詢問和請求，一樣可以獲得許多學習資訊。

第二節 建立社會資本

　　社會資本是指人際關係網絡，建立社會資本可以作為個人或團體資本財的社會結構資源。換句話說，社會資本是指個人或團體所擁有的社交關係之總和。本書安排此章內容之目的，是鼓勵師資生、實習學生或初任教師對自己的社會關係進行投資，建立良好的人際網絡。投資會有回報，投資和回報多了，人際關係就好了。

　　與社會資本類似的名詞有經濟資本、文化資本和象徵資本，一般人通常較為知道的是經濟資本，經濟資本是由許多不同的生產要素，例如：土地、工廠、設備，以及經濟財貨總體，如收入、遺產、物資等所構成的資本。投資經濟資本亦即以金錢或其他替代物購入生產要素和預期增值的財貨，待一定時機出脫以獲取金錢利益。文化資本是以知識能力為總體，是由學校教育系統產生或由家族部落傳承下來。文化資本包含具體化形式（如：風俗習性）、客觀化形式（如：文化物品）和制度化形式（如：成年禮）。象徵資本牽涉到聲望及認可的一套規矩（如：女王），具有信用與權威，也擁有實際社會優勢。

　　社會資本是由社交網絡所型塑的，社交網絡是社會中的個人與他人透過互動而型塑某種程度的關係，是一群社會行為者之間所存在的關係模組所組成。網絡的組成可以是數人的小群集，也可以是一個龐大的團體。就社會互動的層面而言，網絡的成員中彼此之間有相當程度的關聯性與內

聚力。當個人透過與自己關聯的社交網絡，相互提供互惠資源，便形成個人的社會資本。此資本是一種維持和累積個人或團體的人際關係，也可以成為個人投資社交關係的回饋。相較於其他資本，社會資本對實習學生而言，不僅不需要金錢和物品之成本，只要熟知技巧、投入時間與改變自己，便很容易建立，當資本擴充，亦即社交關係佳，對自己的教育實習和教師生涯路有極大的幫助。

基於個人或團體之間網絡強弱以及不同層級間的互動關係，社會資本可分成結合型社會資本（bonding social capital）和橋接型社會資本（bridging social capital）（Putnam, 2000）。結合型社會資本是指網絡關係較為緊密者之連結，其具有較強烈的情感，例如：家庭成員、好朋友與鄰居等，它能夠促進成員間的承諾與互惠，並強化團體內部的連結。此資本基於情感要素，社交網絡維持時間較長，又可稱為情感連結型的社會資本。而橋接型社會資本主要指網絡關係較為疏遠，但彼此擁有共同利益者所形成的連結，例如：同事或社群團體等，是一種水平的連結機制，有助於外部資源的連結與資訊的暢通，能夠促進團體間的聯繫與互動。此資本聚焦於資訊的互動，社交網絡維持時間較短，為了某種共同的利益或目標相互提供資訊，又可稱為任務導向型的社會資本。

簡單而言，實習學生的社會資本影響實習學生的情感、專業和能力的發展。

一、建立社會資本對教育實習的支援

實習學生剛到教育實習機構，不如在職教師在學校待得久，在陌生環境理所當然會面臨許多的問題，從實習工作內容、課程與教學設計、學生問題處理、自己內在矛盾和個人生涯發展，都需要協助。如果實習學生具有緊密的社會資本，愈能與他人合作、愈能發展創新課程、愈多的友誼、獲得愈多的協助、愈能成功地展現教育理念，以及將會有更高的自我認同和自我效能。

在情感連結型社會網絡中的實習學生，會對學校教育事務比較感興趣，原因是學校師長、實習同儕，甚至家長都會提供情感性的支持，實習

學生不會感受到孤獨，也願意自我挑戰。另外，情感連結型的社會資本可以在心理挫折時相互提供情感支持與相互激勵。在現況可以發現的一個實例是，某一教育實習機構的師長幫實習學生慶生，從蛋糕和笑容的照片裡，可以感受到實習學生的喜悅。

而在任務導向型的社會網絡中的實習學生，會經常在教育問題上建構許多解決策略，特別是教育實習機構安排輔導教師和提供學習的機會，又無法因應突發狀況時。任務導向型的社會資本可以相互或立即提供實習學生解決問題所需要的重要資訊，也會有後續的討論和省思。另外，部分實習學生加入某個共同備課社團，從中獲得課程與教學設計的想法，也是一種任務導向型的社會網絡型態。

㈠與學校師長建立社交網絡

實習學生剛到教育實習機構，與校內師長並無任何社交網路關係，這得要依賴師資培育之大學或指導教授協助；再者，各教育實習機構的輔導教師要協助實習學生與其他師長建立人際關係；當然最重要的，是實習學生本身要學習瞭解教育實習機構的社會化關係。實習學生要瞭解一個教育實習機構組織文化存在已久，不可能因實習學生而改變，實習學生要從教育實習中學習更多，必須要調整自己，融入學校組織文化。例如：某一個學校教師經常利用下班或假日在操場跑步，實習學生亦可加入，逐步與學校師長建立社交關係。另一個例子，有一所中學，所有自然領域教師們習慣在週三中午時間聚集在自然領域研究室共進午餐，雖然不一定談論課程與教學相關事宜，但實習學生加入後，也可以與這些教師建立社交關係。不過，值得注意的是，如果教育實習機構或教師部分教育作為違背教育本質，實習學生也要先行判斷是否值得加入參與學習。

從理論上推估，與學校師長建立的網絡大多數是任務導向型的社會資本，較少是情感連結型的社會資本。不過，這仍依賴教育實習機構的組織文化和實習學生對社會資本的投資情形而論。

㈡與實習同儕建立工作伙伴關係

許多實習學生可能發現，在教育實習機構遭遇問題不一定可以從輔

導教師或行政處室獲得正式的支援，甚至有些問題是來自輔導教師或行政處室的不協調，這往往讓實習學生不知所措或情緒反應。另外，也有些實習學生對教育實習機構的輔導作爲產生些許誤解，而不知道是否該繼續執行。

實習同儕的關係建立可以提供實習學生討論上述問題的機會，不管是多元觀點，還是價值澄清，實習同儕的分享、聯絡與討論，都可以讓實習學生再度思考教育作爲的適切性，也可能免除了原有的擔心。

另外，實習學生亦可藉由社交網絡，共組讀書會，相互學習；在教育知能上，也可相互協助專業成長。實習學生們可以共同備課、觀課和議課，也可以共同準備或相互幫忙製作教具，甚至協助完成有時間壓力的教育事務。

要建立實習學生的社交網絡，可以先由行政實習輔導教師或教育實習相關業務處室主管協助召集，再由實習學生們共同選出召集人和幹部。不過，這僅是形式，若要充分發揮社會資本效果，得要每個實習學生開放心胸，相互關懷和相互協助才行。

從研究上來看，實習同儕之間的社交網絡兼具情感連結型和任務導向型社會資本，但這仍依賴實習學生如何看待社交網絡與投入多少情感表現而論。

(三)與校外教育人士建立社交網絡

一個教育實習機構有其歷史、文化、心理和組織上的情境現象，不一定提供實習學生充分的學習資源，這個情形使得實習學生不得不向外尋求更充分的學習機會。

多數教育實習機構的家長們認爲，實習學生還沒有具備足夠的班級經營、教學和帶領學生的能力，也因此他們經常跟學校反應不要常讓實習學生上臺教學，導致許多實習學生在教育實習機構總是協助行政工作，成爲行政助理。即使進入教室，也大概是教師指示批改作業的教學助理而已。

面對這些問題，許多實習學生會加入在職教師開設的臉書社團，並經常瀏覽該社團臉書上的文字內容，偶而也會提問。由於臉書社團有教師經

營，亦有許多熱心的教師共同回應，因此，實習學生可以獲得許多在原有教育實習機構無法獲知的答案。

其次，如先前所述，實習學生可能在教育實習機構不適應而產生心理挫折，或想要瞭解其他教育實習機構的實習學生狀況時，亦可與校外機構的實習學生建立社交網絡關係。這通常是由大學同學作為網絡基礎點，再加入同學的實習同儕，藉由網路科技和通訊軟體，逐漸擴大社交網絡的範圍。

上述的社交網絡可以明顯區分為任務導向型的社會資本和情感連結型的社會資本。若是已經相處多年的大學同學，情感支持成分較多；若是甫認識或校外臉書社團，則以提供專業任務居多。

二、運用社會資本強化教育實習的學習

實習學生所建立的社會資本若僅用於求助，那過於消極，實習學生應該需要思考如何藉由社會資本強化自己在教育實務上的學習。本書提供四點關於實習學生最需要知道，但教育實習機構沒有提供的學習內容，實習學生可以藉由社交網絡，相互討論，並自己建構教育信念與教育觀點。

㈠新興教學策略

新興教學策略是指藉由當前教育理念、網路科技以及社會環境改變三者交織而成，進而改變傳統教學模式的新作法。以當前的教育環境而言，即有翻轉教室、行動學習。這些新興教學策略或實習學生想要知道的教學策略（例如：差異化教學），師培課程無法提供實務性的經驗，教學實習輔導教師不一定可以提供見習、觀摩或指導的機會。若實習機構其他教師經常實施，實習學生先前與校內師長建立的社交網絡關係便可以使用，前進請求跟隨學習的機會。

實習學生在觀摩新興教學策略之前，一定要先查詢資料和初步瞭解其理念，如此才能把握僅有的機會，觀摩新理念實踐的成果。

另外，實習學生也可以與實習同儕相互討論，或者藉由校外臉書社團

參與機會，特別關注自己想要學習的教學策略，必要時提出問題請教他人。

(二)親師溝通技巧

實習學生在教育實習機構實習，即使進班進行導師實習，也鮮少有和家長互動的機會，但親師溝通卻是未來成為教師時第一個面臨的難題。許多家長認定剛考上教職的教師年輕缺乏經驗，部分家長也經常提出自己的教育觀點，讓剛考上教甄的年輕教師不知如何應對。

親師溝通技巧是無法在師資培育之大學習得，若在教育實習期間失去學習的機會，那以後可能就得自己從錯誤中學教訓，讓家長認定缺乏經驗了。

實習學生可以先行擬定與家長溝通互動的訊息，再與輔導教師討論，並徵求同意後，嘗試在輔導教師指導下與家長對話。然而，那也僅有幾次機會。本書建議實習學生可以藉由實習同儕相互分享交流，或參與校外在職教師班級經營臉書社群的機會，提出自己的策略作法或遭遇問題後的預答理念，請其他在職教師觀看，並提供建議。若有機會，在自己的教育實習機構嘗試練習與家長互動。

(三)教師甄試準備

通過教師甄試獲得學校發出的正式教師聘書是所有想要擔任教職的實習學生之夢想，但由於臺灣少子女化關係，學生數少，教師缺額較少，造成教師甄試競爭愈來愈大。要通過教師甄試絕對不是教育實習機構提供的經驗便可，許多的教育實務得要透過社交網絡，與其他學校的實習學生相互分享，也可能需要學校其他師長協助指導。

教師甄試除了筆試外，另有口試，口試的內容大都是教育實務或教育時事的觀點。以教育實務而言，實習學生在一個教育實習機構能夠接觸和體驗的機會不多，有時候受限於學校的校務活動或偶發事件。若實習學生透過社交網絡相互提供發生在自己學校的一個事件和解決方法，實習學生便可獲得許多替代性經驗。

另外，當前也有一些以教師甄試為主題的臉書社團，實習學生也可以相互發問和相互回答，激勵大家的思考，將可能面臨的教育問題預想回答內容。

㈣ 教師專業圖像

即使實習學生修畢教育學程，對教育理論或概念有初步的理解，雖然參與教育實習，也投入學習，但所獲得的內容都是片面的、特定情境、組織和文化的經驗。這些屬於特定情境的經驗，無法型塑一個教師的專業圖像。例如：學校教育目標、社會對學校教育的期待或是學校教育可以改變社會的願景，當這些理念與自己的熱忱融合一體時，自己便可以建立教師專業圖像。

獲得來自於社交網絡其他成員的教育理念、感受他人的熱忱，以及省思自己與規劃未來，便可以激勵自己往教師之路邁進。正向能量是需要來自正向的他人與觀察他人的正向作為，社會資本可以提供這些資源促成自己前進。

第三節 運用時間管理把事情做好

時間管理的定義是有效運用時間，降低變動性，是透過事先的工作規劃，決定什麼要做，什麼不要做，花多少時間做以及對所做的事情追蹤管理的一種工作能力。時間管理特別適用於難以面對外在要求、干擾因素太多的人，而參與教育實習的實習學生便是這種特質的人。

實習學生要學習的教育實務內容很多，但在教育實習機構要做的事情也很多，多數實習學生在參與教育實習後的心得是「很忙」，卻難以說出幾個完整的學習內容。與其抱怨教育實習機構給了太多事，或者已體驗到一個教師在學校本是非常忙碌，更應好好思考如何做好時間安排與管理。因此，時間管理對實習學生非常重要。

一、善用科技協助做行事記錄

有些學校教育實務發生過了不可能重來，例如：運動會籌備會議，如果沒去參與，教師們不可能為實習學生重新召開一次；另外，有些與輔導教師、實習同儕或校內其他師長約定時間一起討論教育事務，也不可以忘記；這是教育實習學習的一部分，也是展現實習學生自己做事風格、讓人

肯定欣賞的時機。使用智慧型手機，幫助你記錄重要的時間安排。

　　另外，使用網路雲端硬碟記錄你的資訊蒐集與學習結果，在雲端硬碟上，做好資料夾管理，任何心得、任何照片記錄和任何文件記錄，都可以分類上傳，隨時檢閱、隨時補充。

　　有時候一個創意想法，稍縱即逝，實習學生可拿起手機，開啟錄音程式、拍照或記事本，記錄下來。輔導教師對實習事務的建議相當重要，特別是關於行政事務的理念、教學前的課程討論，教學後的教學建議，在徵求輔導教師同意後，錄音下來，檔名設計說明文字，除了省思之外，未來也可以再檢閱。

二、管理每一天要做的事

　　在教育實習機構內，會議、個別會談、教室觀察、校園走動、批改作業、準備教具……，這些事務充斥著每日的實習生活，另有些教育事務得持續好幾天和陸續追蹤。實習學生至少得於上班日前一天思考明日的實習活動，除了教育實習既定的任務外，包含自己想要學習的內容。如先前所述，如果你自己不規劃學習內容，輔導教師也不知道你想學些什麼。

　　安排優先順序是很重要的工作，實習學生有太多的教育事務要參與，沒人可以保證所有想學習的內容都可以如願獲得，有時也有些突發狀況影響了自己預先要做的事。在每日的工作上做個不同的記號，至少分類出「必須、可做、可緩」三種不同的重要性。「必須」是一定要做的事，可能有時間或成績壓力，設定行事鬧鐘、貼上便利貼，想盡辦法提醒自己必須去做。「可做」仍表示需要執行，那只是排在「必須」的事情後面，如果當日沒做到，第二日得要繼續執行。「可緩」即表示未來的事情可以先做一些，許多事若能提早做，便有更多時間思考、設計和完成，若當天太忙，倒也不必擔心沒完成。

　　但也別忘了，安排下班後的事，或許下班前故意繞到校園操場走個幾圈，到游泳池游個兩百公尺，實習學生也要照顧自己的健康，做些運動可以讓自己放鬆。開始到教育實習機構參與教育實習的初期，每天下班都很疲憊，但還是得到戶外找個公園散個步。

三、有時候得說「不」

多數教育實習機構樂見實習學生前來，但少數機構的師長並不瞭解教育實習的本質和意義，而認定是一種人力協助。除了實習學生要勇於發問外，部分時候也得說「不」。

輔導教師會安排教育實習活動，這都是得要執行的事；行政事務的參與，即使忙碌，也是學習的一部分。只是有些機構內的師長並非自己的輔導教師，甚至是職員或工友，偶而也會交代實習學生或要求實習學生幫忙，這時候得想想，自己是否可以協助幫忙？如果可以學習某些事務的作法，機構師長也願意傳承此事務的教育目標和理念，就看實習學生自己的態度。如果並非如此，只是人力協助，那可以好好考慮。但要學會說「不」的技巧並不容易，有些實習學生怕得罪人，還是心裡嘀咕地幫忙做了事，到最後累了自己卻又抱怨連連。

實習學生要學會說「不」。首先，瞭解自己的能力後，自己先畫紅、黃、綠三條線，沒有底線就無法說不。綠線區域部分是一定要做、一定要幫，可以從教育實務中獲得經驗；黃線區域也可以幫，在不影響既有的學習時間下協助他人，還可以建立人際網絡；跨越紅線時就得拒絕了，因為可能影響自己既有的事務和時間，最重要的是，如果是他人的責任而交代實習學生做事，自己卻拋開責任空閒著，這種幫忙反而造就他人偷懶的心。

其次，若跨越了紅線，那可運用「緩兵之計」。如果不善於說不，你可以告訴對方「等我做完這件事再幫你」，或者是「我得先完成輔導教師交代的事」，讓自己有點時間思考當時的處境，想出一套可以「說不」的緩兵之計，給自己一點緩衝時間來抉擇。

第三，若跨越了紅線，又不得不做，就加入「條件」，也就是說可以用「這件事我不知道要怎麼做，你可以先花點時間示範一下嗎？」、「我的能力不太夠，你可以再找兩個人一起來嗎？」這樣下來，真的想推卸工作的人可能就會嫌煩，乾脆自己做了。

實習學生只要先跟輔導教師討論這種事，輔導教師大都會支持。在拒

絶他人時，可委婉說明、略帶微笑、鞠躬作揖樣。若對方堅持，則請對方
先和輔導老師聯絡說明，由輔導教師代為判斷。多數師長通常在此就會打
退堂鼓，不再要求協助。以此方法，即使到最後還是得協助，也可讓輔導
教師知道實習學生做了什麼；若是沒有協助，輔導教師代為拒絕，這也無
傷自己的人際關係。

四、每日都要寫日誌

或許實習學生認為每日工作忙碌，又有許多書要讀，哪有時間寫實
習日誌？這裡所提的實習日誌是一種自我設定格式，沒有固定內容，僅是
「事件—省思」的連結。

自己在臉書上開一個個人帳號，每日訊息閱讀權限僅限本人。每日下
班後睡覺前，坐在電腦前面，回想今天參與的重要事件，簡單描述後，寫
寫自己的心得，若有照片，也貼上幾張。這不僅是實習點滴，在思考和撰
寫過程中，自己便在心智內邏輯整理，將可以釐清事件的面向、觀點和自
己的心得收穫。

長久之後，實習學生會發現每日參與教育實習的收穫滿滿，也產生了
具有邏輯性的觀點。會運用時間管理，做事有效率，而懂得思考的人，一
定會有所成就。

本章提及實習學生可能有的壓力、挫折與因應策略，以及建議實習學
生建立社會資本，除了求助獲得資源外，亦可以運用社會資本強化自己的
學習。實習學生要有所體認，學習是依靠自己的規劃、自己的主動積極、
自己面對困難時的因應智慧以及運用時間管理把事情做好。瞭解本章內容
之後，重新思考實習策略，將會有更成功的實習經驗。

參考文獻

Putnam, R. D. (2000). *Bowling alone: The collapse and revival of American com-
munity*. New York: Simon & Schuster.

第九章

準備教師檢定考試與教師甄試筆試

　　教師資格檢定考試是一張教師之路的門票。近十年來，臺灣每一年大多有六、七千完成教育實習的人報考教師資格檢定考試，不過，每一年也大約有30%以上的考生未能通過，無法取得教師證。通過教師資格檢定考試取得教師證書是修讀教育學程的人應該設定的基本門檻。若有教師證，機會一來，就可爭取；若沒有教師證，即使政策轉變，教師需求增多，那還是只能望門興嘆。

　　教師資格檢定考試不難，只要認真修讀教育課程、摘要考試科目重點，再結合教育實習實務轉化，六十分門檻可輕易跨過。不過，教師甄試的初試採取招考缺額的倍數篩選，若缺額少，倍數篩選的人數就少，這得要跟其他考生比較，除了靠一點政策運氣是否增聘教師外，積極努力找到讀書方法仍是必要之功夫。

第一節 設定讀書計畫

　　除了「國語文能力測驗」是各階段均有的科目外，教師資格檢定考試之各教育階段（幼教、小教、中教、特教）的考試科目大同小異，相同處是教育原理與制度、評量或發展與輔導、課程與教學，差別則在於以教育實務擬定情境題時，題目所稱的對象不同，而小教階段再加考「國民小學數學能力測驗」。

　　考試科目之細節內容，均是師資培育之大學的教育學程開課科目的內容。

　　教育原理與制度即包含教育哲學、教育心理學、教育社會學、教育法規、教育或學校行政等，有些考試試題也包含各國教育制度。

　　特教的評量與輔導包含評量策略、評量工具、結果解釋與應用、特教學生鑑定與安置、各類特教學生身心特質、輔導、相關專業服務及家庭支援等。

　　發展與輔導即包含生理、認知、語言、社會、道德、人格及情緒等方面的發展與各種輔導，以及問題診斷與個案研究及心理與教育測驗。

　　課程與教學則包含課程發展與設計、教學原理與設計、教育環境規劃

與班級經營，以及學習評量與測驗等。

　　也因為上述細節內容均可以在大學課堂獲得基礎知識，師資生設定讀書計畫便要從進入教育學程修課開始規劃。不過，基礎知識仍需要有實務的搭配，得以理解也得以驗證。因此，讀書計畫不僅內含選課與教育知識的研讀，也包含在修讀教育學程期間接觸實務的機會，以及參與教育實習時將理論知識與實務相互檢證，才能對教師資格檢定考試的情境題有所正確的判斷。

　　以上述的理念而言，讀書計畫包含三面向。

一、修讀教育課程

　　師資培育之大學每年都會開設教育學程課程，依自己的時間儘量選修。不過，課程不是選了就可以學會，更不能選了課不投入學習，而是選課之後，藉由教授的引導、學生們的討論和作業的實作，對該課程有深入瞭解。師資生要有「為自己的教師生涯」修課的心態，而非獲得學分的想法而已，如此稍可激勵投入學習。

㈠教育學程課程選修

　　由基礎課程開始選修，基礎課程即是教育概論，其次是教育三大原理：教育哲學、教育心理學、教育社會學。

　　有了這些教育理論基礎，便可以開始選讀教學原理、班級經營、教學媒體、測驗與評量……。這些中階課程需要以教育三大原理作為先備知識，若能連貫，學習效果會更好。

　　到教育學程最後一年，便可以選修高階的課程，例如：課程發展與設計、各科教材教法、教學實習……。

　　不過，師資生可能會有三個問題。第一，學校並沒有開設這門課、沒有選上課或上課時間衝堂；第二，師資生可能不會也無法修讀完畢所有的課程，而僅達到學分要求即可；第三，開課師資不會或者很少以通過教師檢定考試為其中一個課程目標，上課方式可能是閱讀外國相關教育文章。

　　針對上述問題，本書有兩個建議，第一個建議，師資生可以相互組成

學伴，找尋兩人各修一門不同課程的同學，在閱讀相關書籍或自學後相互指導。第二個建議，師資生自學後，若發現某些章節內容不甚瞭解，可以到選課系統瀏覽開課教授的課程大綱，並詢問正修讀此課的同學關於上課的進度，當教授於某週次正講述該章節內容時，去請求旁聽。某些課程內容若經他人引導過，自學也可以有成效。

㈡課程閱讀時間和「主題」技巧

每日或至少上課前閱讀和複習教育學程的課程是必要的，讀書的訣竅：閱讀理解與複習。閱讀和複習技巧是以「主題」爲主，教師資格檢定考試的題目，不外乎爲某個特定的教育主題概念在教育實務上的應用；或反過來藉由某個教育實務，回應某個特定的教育主題概念；也有時候，會分析某個教育事務或綜合幾個教育主題概念發展比較型的題目。

因此，對於自學、學伴引導或上課教授的內容，師資生要有「教育主題」的概念，並且用自己的語句去解釋。例如：「探究教學」、「合作學習」即是一個主題，題目可能就會描述一個教師教學的過程，讓考生選擇是哪一種教學法。再舉另一例，104年的題目：「黃老師認爲課程宜開放給教師進行教學探究，可透過教育行動研究改進課程。請問，黃老師的課程觀點較接近下列何者？ (A)課程即目標 (B)課程即經驗 (C)課程即科目 (D)課程即假設」，這種題目就是以教育實務回應某個教育觀點。

因此，師資生要準備筆記本，把自學、學伴引導或上課教授的內容轉化爲「主題」式的筆記型式。特別注意的是，主題數量將會擴大，這是自然現象，而若主題不明確或重複也無妨，多整理、多效用。

㈢找到相對應的考古題

當瞭解教育相關課程的主題內容後，可以從網路或書店找到歷年的考古題，挑選已經讀過的主題之題目，試著回答，瞭解自己的學習結果。否則，可以請學伴相互出題。

即使運用了上述方法，有些教育主題概念可能不夠瞭解，且過度抽象到即使背起來也容易遺忘，這得要進行實地實習，藉由教育實務的觀察，驗證所學教育主題的知識。

二、參與實地學習

目前國內的教育實習制度，規範每位師資生至少要進行五十四小時的實地學習，不瞭解的師資生抱怨連連，認為大學課程繁重，在找麻煩。本書倒認為這是一個讓師資生藉以瞭解所學內容，或儘早體驗教育實務的好時機。

多數教育學程的課程可以應用於教育實務中，例如：班級經營技巧、教學策略與方法、課程實施、教育心理學，甚至教育制度和兒童發展，都可以在實地實習中觀察教師和學生表現，也可以藉由到實地學習學校的機會跟學校師長請教。

因此，師資生申請實地學習後，記得事先閱讀課程筆記內的主題內容，實地學習時多觀察，回校後再將該主題內容所發生的教育實務，撰寫在主題筆記本內。

三、參與教育實習

師資生參與教育實習後，除了蒐集學校事務資訊和獲得教育實務經驗外，讀書計畫也不可以放棄。此時機比先前實地學習的機會更好，更有足夠的資源可以反思教育主題概念。

不過，由於每一個實習學生在先前修課、閱讀和整理的教育主題概念與內容不一，本書建議實習學生可以共組讀書社群，相互交換所整理的筆記內容，而此讀書社群可以延伸到教師資格檢定考試後、教師甄試前，此部分將在本章第三節詳細說明。

第三節　各考科主題重點整理

先前提及，準備教師資格檢定考試以教育主題概念為主。本書整理歷年題目，分析主題，以下簡略列出命題超過五次的主題概念、細項與其考題。

一、教育原理與制度

教育原理與制度即包含教育三大理論：教育心理學、教育哲學、教育社會學，而教育制度則包含教育行政、學校行政、教育政策、教育法規。師資生或實習學生在準備這些科目時，要以這些理論思考可能發展出來的教育實務，並且掌握住近幾年的教育政策和法規，以及教育領域所發生的事件和教育原理的關聯。

㈠教育心理學：認知發展

包含：認知發展、物體恆存、皮亞傑、基模

例題（104年）：小安在玩躲迷藏的遊戲時，跑到每個人都可以看得到他的角落蹲下，並用手遮住自己的眼睛。小安的行為表現比較符合皮亞傑（J. Piaget）哪一個階段的描述？　(A)前運思期　(B)形式運思期　(C)感覺動作期　(D)具體運思期

㈡教育心理學：心理社會發展

包含：心理社會、發展任務

例題（102年）：根據艾瑞克森（E. Erikson）的觀點，下列哪一種情況最有可能在個體社會發展歷程中造成「不信任」的發展危機？　(A) 3歲的幼兒常因尿褲子而遭受母親的責罵　(B) 9歲的小學生常因成績不佳而遭受父親的責罰　(C)父親強迫5歲的兒子去補習，希望日後兒子能進資優班　(D) 6個月大的嬰兒吸吮安撫奶嘴時，常被姊姊抽出而大哭

㈢教育心理學：行為改變技術

包含：二層制約、增強

例題（105年）：數學老師發現，當他要求學生做練習時，同學們都提不起勁來寫，於是他告訴全班同學說：「如果你們能在下課前10分鐘寫完練習題，我就讓你們提早下課，無論是去打球或是看小說都可以。」下列哪一個概念較能說明老師使用的策略？　(A)延宕滿足（delay of gratification）　(B)替代增強（vicarious reinforcement）　(C)內在增強物（intrinsic reinforcer）　(D)普墨克原則（Premack principle）

(四)**教育心理學：社會認知學習**

包含：班度拉、社會學習論

例題（104年）：「學生之所以會不斷出現校園霸凌的行為，最主要是因為媒體不斷的報導，讓學生有樣學樣的結果。」這樣的說法較偏向於下列哪一學派的觀點？　(A)行為主義論　(B)社會文化論　(C)社會學習論 (D)認知發展論

(五)**教育心理學：行為主義**

包含：古典制約、操作制約、嘗試錯誤

例題（104年）：下列何者屬於操作制約學習？　(A)小華害怕蟑螂，因為每次蟑螂出現他的媽媽就會大聲尖叫　(B)阿宏知道走哪一條路可以最快到達學校，因為他熟悉附近環境　(C)莉莉不在課堂上講話，因為她看到班上同學講話會被老師責罵　(D)小銘會以哭來引起父母的注意，因為他一哭就會得到父母的關注

(六)**教育心理學：動機理論**

包含：動機、歸因、自我效能

例題（105年）：下列哪個選項屬於外在動機，且使用時對內在動機的負面影響可能會最小？　(A)學生對工作很有興趣　(B)使用學生非常喜愛的增強物　(C)一開始就告知學生會得到什麼增強物　(D)給予學生非物質性的獎賞，例如：口頭讚賞

(七)**教育心理學：訊息處理**

包含：長期記憶、處理策略、認知負荷

例題（105年）：在遇到數學圓柱體體積計算時，松平忘記了當年熟悉使用的公式，因為他已經多年沒有使用這個公式。松平忘記此數學公式最可能是由下列何種原因所造成的？　(A)訊息壓抑　(B)訊息未曾儲存 (C)訊息記憶痕跡消退　(D)訊息未曾登錄到長期記憶

㈧ **教育心理學：智力**

包含：多元智慧、各種智力理論

例題（104年）：小琪擅於在腦中想像及操弄物體的視覺影像。依據迦納（H. Gardner）的多元智能觀，她在哪一項智慧上可能有較獨特的能力？　(A)空間智能（spatial intelligence）　(B)自然智能（naturalist intelligence）　(C)內省智能（intrapersonal intelligence）　(D)邏輯數學智能（logical-mathematical intelligence）

㈨ **教育哲學：提出教育觀點的學者**

包含：杜威、盧梭、斯普朗格、皮德斯、笛卡兒、斯賓賽……

例題（105年）：關於杜威（J. Dewey）教育理論的敘述，何者錯誤？　(A)認為教育是經驗的重組與改造　(B)主張教育是為未來生活作預備　(C)提倡「從做中學」的教育方法　(D)影響進步主義教育運動的發展

㈩ **教育哲學：教育思潮**

包含：後現代、各種教育思潮，例如：存在主義、理性主義、經驗主義……

例題（105年）：各類思潮對教育活動有不同的論述或啓發，下列敘述何者正確？　(A)經驗主義主張知識來自感官經驗，不需教導學生理性思維　(B)精粹主義認為教育應傳授學生學科知識的基礎內容與核心價值　(C)後現代主義重視知識的客觀標準，而教師的功能即在傳遞客觀知識　(D)現象學主張「存在先於本質」，教育是讓學生在實作中發展理性思維

㈩一 **教育哲學：教育隱喻**

包含：教育隱喻、教學隱喻、教育即生活、教育生活準備、教師如園丁

例題（105年）：李校長極重視學生自主學習習慣的養成，於是想援用教育隱喻中的生動意象來激勵全校師生，以形成「學生主動學習」為基礎的教學型態。下列哪一種教育隱喻，最能貼切傳達李校長理想的教學意境？　(A)教育即撞鐘　(B)教育即塑造　(C)教育即雕刻　(D)教育即鑄劍

(十二) **教育哲學：倫理學**

包含：美學、道德學、美感教育、人性論

例題（104年）：教育部積極推動美感教育，以開啓美感經驗的各種教學活動，落實學生對美的體驗與實踐。下列哪一項不是馬勒席爾（M. Mothersill）所歸納大多數哲學家對美的界定？　(A)美可以引發人追求的動機　(B)美是一種好的事物，具有正向價值　(C)美的鑑賞有賴各種直接的感知歷程　(D)人們覺得愉快的事物，即是美的事物

(十三) **教育社會學：三大社會學理論**

包含：衝突論、結構功能論、符號互動論

例題（104年）：張老師主張學校應該將當前社會中具共識性的價值體系教給學生，以維持社會運作的穩定發展。張老師所持的理論取向較偏何種學派之觀點？　(A)衝突論　(B)解釋論　(C)結構功能論　(D)社會建構論

(十四) **教育社會學：資本論**

包含：文化資本、霸權、變遷

例題（104年）：由於資源分配上的差異，教育機會可能產生水平不均等和垂直不均等的問題。下列何者可能造成垂直不均等？　(A)公立學校學雜費較私立學校低　(B)在教育預算中調高高等教育經費　(C)地方政府關閉或合併偏遠地區學校　(D)較富裕地區的班級教師編制數量較多

(十五) **教育社會學：階級流動**

包含：階級再製、階級流動

例題（105年）：以下是李老師跟阿貴媽媽的對話。李老師：教育是脫貧致富的最佳捷徑，阿貴能讀書，只要努力，一定有前途。阿貴媽：但報紙寫「好學校都被有錢人的小孩占滿了」，我們沒有能力支持他，他是不是只能跟著我們做工？李老師：不會的，我家種田，也窮啊！但我靠著讀書才當上老師的。李老師本身的例子可以說明下述何種現象？　(A)代內水平流動　(B)代內向上流動　(C)代間水平流動　(D)代間向上流動

(十六) **教育行政：領導與權威**

包含：領導理論、組織類型、權力、課程領導、教師權威

例題（104年）：黃校長認為課程領導能帶動學校教師和協助學生學習。他以學生與家長為中心，兼顧學校運作過程並評估成果。課程與教學活動需全校積極參與，同時建立學校相關資料庫，並持續改進與檢討學校經營績效，朝向有效能學校邁進。黃校長的辦學理念較符合下列何種理論？　(A)科層體制理論　(B)不證自明理論　(C)霍桑效應理論　(D)全面品質管理理論

(十七) **教育行政：教育政策**

包含：教師專業發展評鑑、十二年國教、入學制度

例題（105年）：依據「教育部補助辦理教師專業發展評鑑實施要點」之規定，下列敘述何者正確？　(A)強制各校辦理　(B)重視教師之參與　(C)採取總結性評鑑　(D)評鑑結果作為教師績效考核的參考

(十八) **教育行政：各國教育制度**

包含：制度、法規、教育方案

例題（105年）：以美國的特許學校（charter school）為例，下列敘述何者錯誤？　(A)提供家長教育選擇權的機會　(B)不以高風險或少數族群學生為教育對象　(C)有些是新創設的，有些是自既有公立學校轉型而成　(D)有些是公立學校系統的一部分，有些是營利性的機構

(十九) **教育法規：臺灣教育法規**

包含：《教師法》、《性別平等教育法》、《師資培育法》、《高級中等教育法》、《原住民族教育法》、《國民教育法》

例題（105年）：依據《性別平等教育法》規定，有關國民中學實施性別平等教育課程、教材與教學，下列敘述何者錯誤？　(A)教材內容應呈現多元之性別觀點　(B)應利用空白課程進行性別平等教育相關課程或活動　(C)學校之課程設置及活動設計不得因性別而有差別待遇　(D)每學期至少實施四小時性別平等教育相關課程或活動

(二十) **其他：各種教育專有名詞**

包含：比馬龍效應、漣漪效應、月暈效應、團體後效……

例題（103年）：小平上課時對老師講話不禮貌，老師很生氣地斥責他，並批評他沒有家教。班上其他同學聽了以後，對老師心生反感，很同情小平的境遇。下列何者最能描述此一現象？ (A)漣漪效應（ripple effect） (B)團體後效（group contingency） (C)比馬龍效應（Pygmalion effect） (D)普墨克原則（Premack principle）

二、發展與輔導

發展與輔導即包含輔導原理、心理與生理發展。輔導原理需要注意諮商相關的知識和應用；心理發展又包含認知、道德、人格、情緒等方面的發展。另外，行為問題的處理與管教也是具有實務性，經常被關注。近年來的性別議題、霸凌議題等教育新聞事件也可能會被設計成題目。

(一) **諮商理論**

包含：完形治療、敘事治療……

例題（104年）：下列哪一種治療取向認為，個體的情感如果沒有充分表達或體驗，將會影響現實生活，進而妨礙與他人的接觸？ (A)完形治療 (B)敘事治療 (C)存在主義治療 (D)女性主義治療

(二) **諮商學派**

包含：認知行為學派、個人中心學派、現實治療學派、精神分析學派、代表人物與其重點內涵

例題（103年）：下列哪一種諮商療法，強調每個人為自己做了選擇，就應該為自己的行為、想法及感受負責？ (A)貝克（A. Beck）認知治療（cognitive therapy） (B)葛拉瑟（W. Glasser）現實治療（reality therapy） (C)史金納（B. Skinner）行為治療（behavioral therapy） (D)佛洛依德（S. Freud）精神分析治療（psychoanalysis therapy）

(三)諮商技巧

包含：傾聽、引導、澄清、具體化、面質……

例題（102年）：小翔告訴輔導老師：「我覺得沮喪且沒有目標！」幾次晤談之後，老師對小翔說：「你現在的困擾，是不是因為你還停留在失去親人的悲傷裡？」這是使用下列何種諮商技術？ (A)重述 (B)解釋 (C)面質 (D)贊同和再保證

(四)輔導專業倫理

包含：保密、謹慎、責任……

例題（102年）：邱老師是小琪的伯父。有一天小琪到輔導室找邱老師晤談，但邱老師認為找其他老師晤談較為合適。邱老師是為了避免違反下列哪一項專業倫理？ (A)預警責任（duty to warn） (B)雙重關係（dual relationship） (C)價值影響（value influence） (D)謹言慎行（be aware one's conduct）

(五)智能

包含：各家智力論、多元智力

例題（98年）：高一的小英對自己的優勢和弱點很清楚，有自知之明。這是何種智能的展現？ (A)情境智能（context intelligence） (B)內省智能（intrapersonal intelligence） (C)經驗智能（experiential intelligence） (D)人際智能（interpersonal intelligence）

(六)社會認知

包含：觀察學習、班度拉、自我效能、社會建構

例題（103年）：某國中生很容易將別人的無心之過歸因為「對方有意冒犯他」。請問他是下列哪一方面的能力較為不足？ (A)社會認知 (B)道德推理 (C)情緒控制 (D)情緒表達

(七)生理發展

包含：性成熟、身體、大腦、賀爾蒙、骨骼等及其效應

例題 （105年）：下列關於青少年在生理方面之早熟與晚熟的敘述，何者較不正確？　(A)早熟的女生比早熟的男生遭遇較多的困擾　(B)晚熟的男生比晚熟的女生較會受到同儕的排斥　(C)早熟的女生比早熟的男生較會贏得成人的信賴　(D)早熟的男生比早熟的女生較會被選為同儕團體的領導者

(八) 認知發展

包含：認知發展階段、基模、同化……

例題 （105年）：若學生的思維已可進行抽象命題性思考，並可做假設與邏輯推論。根據皮亞傑（J. Piaget）認知發展理論，這較屬於下列哪一階段的特徵？　(A)前運思期　(B)形式運思期　(C)具體運思期　(D)感覺動作期

(九) 道德發展

包含：發展階段、柯柏格（L. Kohlberg）、道德推理

例題 （105年）：根據柯柏格（L. Kohlberg）道德推理之實徵研究結果，針對十三歲的學生而言，在下列哪一個道德推理發展階段所占的人數百分比最高？　(A)社群合約取向　(B)尋求認可取向　(C)順從法規與秩序取向　(D)普同原則推理取向

(十) 人格發展

包含：發展階段、自我概念、發展特徵

例題 （105年）：根據艾瑞克森（E. Erikson）心理社會發展論，下列何者較可能是八年級的小傑所面臨的發展任務？　(A)「精力充沛」對「頹廢遲滯」　(B)「自主自發」對「退縮愧疚」　(C)「勤奮進取」對「自貶自卑」　(D)「自我統合」對「認同混淆」

(十一) 情緒發展

包含：情緒特徵、效能、表達、輔導

例題 （103年）：小明升上高中後，不像國中時那麼衝動。下列有關

小明情緒的發展，何者較不適當？ (A)情緒效能與判斷從兩極化轉向趨中 (B)情緒運用由外在要求轉向自我主張 (C)情緒表達由直接外顯轉向間接內隱 (D)情緒覺察從混合情緒轉向單一情緒

(十二) 性別角色

包含：特徵、刻板印象、角色發展

例題（105年）：九年級的宗華個性獨立堅強，並且能對人關懷又有同理心。根據班姆（S. Bem）對性別角色的分類，宗華屬於下列哪一種類型？ (A)女性化（feminine） (B)男性化（masculine） (C)雙性化（androgynous） (D)未分化（undifferentiated）

(十三) 人格特質

包含：神經、友善、恐懼、憂慮、性格……

例題（102年）：國二的杰明在校學習認真，成績優異。根據五大人格特質理論，杰明的人格特質比較屬於下列何者？ (A)神經質（neuroticism） (B)友善性（agreeableness） (C)嚴謹性（conscientiousness） (D)開放性（openness to experience）

(十四) 同儕文化

包含：認同、友誼、次文化

例題（100年）：青少年會不斷減低對父母的認同，而轉向尋求同儕支持。下列關於同儕對青少年道德發展的敘述，何者不正確？ (A)同儕中偏差的價值觀會成為就學或就業的阻抗力 (B)青少年同儕之間不會鼓勵從事正向而利社會的行動 (C)若沒有同儕的蠱惑，偏差的價值觀就會鬆動而轉成常規的價值觀 (D)長期且密切地與犯罪同儕相處的青少年，較一般青少年更容易出現犯罪行為

(十五) 父母管教

包含：各類型的定義、衝突

例題（104年）：以政的父母對他的管教是以溫暖的態度和堅定的

要求教導他遵從規範。根據包姆林（D. Baumrind）的觀點，這比較屬於下列哪一種方式？　(A)溫暖型（warmth style）　(B)威信型（authoritative style）　(C)獨裁型（authoritarian style）　(D)不一致型（inconsistent style）

(十六) 學習輔導

包含：歸因論、動機論

例題（103年）：李老師發現自我決定論（self-determination theory）對學生的學習態度很有幫助，下列哪一項屬於該理論的觀點？　(A)給予學習上的自由抉擇與個人責任　(B)避免給予青少年高出太多能力的挑戰　(C)將學業表現好的原因歸因於自己的能力好　(D)給予適當的外在誘因有助於引起內在動機

(十七) 團體輔導

包含：類型、技巧、階段、任務

例題（105年）：下列哪一項敘述顯示團體領導者使用「連結」（linking）的技巧？　(A)「希望大家可以針對今天討論的主題發言。」(B)「還沒有發言的人也可以說說自己的看法。」　(C)「有人建議要用小組的方式進行討論，其他人的意見呢？」　(D)「小美剛才分享的，聽起來和小陳的感受類似，大家覺得呢？」

(十八) 心理測驗

包含：人格測驗、智力測驗等與其解釋

例題（96年）：人格測驗的效度通常較認知測驗為低，下列何者非屬其原因？　(A)人格特質難以做明確的界定　(B)作答反應易受社會讚許影響　(C)效標行為或效標樣本不易建立　(D)實施和計分程序都不夠客觀

(十九) 相關法規

包含：《性別平等教育法》、《少年事件處理法》、《兒童及少年福利法》

例題（104年）：根據我國現行的《性別平等教育法》，教師知悉服

務學校發生疑似校園性侵害、性騷擾或性霸凌事件者，應向學校及當地直轄市、縣（市）主管機關通報，至遲不得超過多久？　(A)24小時內　(B)48小時內　(C)72小時內　(D)96小時

㈡⼗ 行為問題與管理

包含：病態、攻擊、衝動、威脅、常見特徵

例題（102年）：教師應用「明顯之規範要求或限制學生行為」的方式，適合處理下列哪一類學生的行為？　(A)恐懼、焦慮反應　(B)分裂及病態反應　(C)內向性的退縮反應　(D)外向性的攻擊、衝動反應

三、課程與教學

　　課程與教學包含課程發展與設計、教學原理、班級經營、與教學相關測驗與評量，以及學生學習行為問題。課程發展與設計著重在課程的結構和意識型態、課程組織、課程評鑑。教學原理則包含各學習理論在教學的應用、教學目標與教學活動設計、各種教學法和評量。測驗評量主要提及試題的編擬、信效度和解釋應用。而班級經營則是師生互動策略、獎懲、行為問題與處置。值得注意的是，最近幾年的新興教學議題，例如：翻轉教室、學習共同體、行動學習，可能也會被關注。

㈠ 課程的定義

包含：課程即目標、課程即經驗、課程即科目、課程即假設……

例題（105年）：某校課程發展委員會決議，請各年級教師利用暑假設計「多元文化課程」，包括課程目標、課程內容、教學活動及評鑑工具和程序等。這是以下何種課程觀點？　(A)課程即活動　(B)課程即經驗　(C)課程即目標　(D)課程即計畫

㈡ 課程結構

包含：正式課程、非正式課程、潛在課程、懸缺課程……

例題（104年）：老師帶學生到植物園進行戶外教學途中，恰巧遇到一群為失業問題而示威的群眾。學生得知示威活動者的言論、所張貼的標

語以及群眾的激憤。學生回校後上網瞭解臺灣的失業問題，並在臉書上張貼弱勢族群的就業問題，讓大家一起協助解決。請問，此一示威活動對學生而言，屬於下列哪一課程？　(A)顯著課程　(B)潛在課程　(C)空白課程　(D)正式課程

(三)課程發展意識型態

包含：精粹主義、經驗主義、社會主義、重建主義，以及各種取向的意識型態

例題（105年）：杜老師認為中學的課程應該加入更多偉大著作作為基本授課教材，例如：國文應該收錄更多歷代文選，英文應該收錄像莎士比亞文集等著作。杜老師的課程觀受到下列何種課程設計取向的影響？(A)精粹主義　(B)經驗主義　(C)社會主義　(D)實踐主義

(四)課程設計模式

包含：目標模式、歷程模式、情境模式

例題（105年）：快樂學校要應用目標模式進行學校課程的規劃。下列何者不是學校決定課程方案時，應優先考慮的面向？　(A)先做好學生學習需求的評估工作　(B)先調查及蒐集學校附近的景觀資料　(C)先思量學校要培養出什麼樣的學生　(D)先檢討與分析現行課程實施的品質

(五)課程組織類型與原則

包含：融合課程、核心課程、活動課程、螺旋課程、各種主題統整課程

例題（103年）：五木中學的王老師以學生需求與興趣為課程設計的主軸，並從學生的日常生活中取材，設計教學內容與活動。王老師的此種設計較傾向何種課程組織型態？　(A)核心課程　(B)相關課程　(C)科目本位課程　(D)經驗本位課程

(六)學校本位課程和SWOT分析

包含：SWOT分析、課程特性、課程發展委員會

例題 （102年）：下列何者不符合學校本位課程發展的特性？ (A)階層化的課程領導 (B)草根式的課程發展 (C)師生共享課程決定 (D)創造學習經驗的課程

㈦ 課程實施

包含：相互調適觀、忠實觀、行動落實觀

例題 （104年）：張老師在學校的課程發展委員會中主張，學校本位課程的內容應該做原則性的規範就好，不需要做太詳細的設計，以便教師實施時能因應各班情形進行修改。此種主張較符合下列哪一種課程實施觀？ (A)調適觀 (B)忠實觀 (C)締造觀 (D)重建觀

㈧ 課程評鑑

包含：各種評鑑模式、評鑑的規準

例題 （103年）：美美國中為了評估該校推動「生命教育」的成效，遂請該校教師針對自行研發的課程進行評鑑。此一評鑑方式具有下列哪一種優點？ (A)評鑑過程較具客觀性 (B)較瞭解設計者的原意 (C)評鑑結果較具公信力 (D)評鑑人員較具專業性

㈨ 教學目標分類與應用

包含：認知、情意、技能以及各領域的層次，表意目標、行為目標

例題 （105年）：江老師在進行價值觀教學時，問學生：「坐在付費座位的年輕人應該讓位給年長者嗎？」依克拉斯霍爾（D. Krathwohl）的情意目標分類，這屬於以下哪一層次的問題？ (A)價值反應 (B)價值接受 (C)價值判斷 (D)價值組織

㈩ 各種學習理論在教學應用

包含：社會學習、訊息處理、建構理論、後設認知、皮亞傑、布魯納、蓋聶……

例題 （100年）：班度拉（A. Bandura）的社會學習理論最強調教學中的何種活動？ (A)增強與制約 (B)觀察與模仿 (C)長短期記憶 (D)

鷹架與支持

(十一) 各種教學法和新興教學議題

包含：探究教學、合作學習、創造思考、討論、直接教學、道德澄清、翻轉教室、學習共同體……

例題（105年）：光明國中國文、自然與生活科技及數學學習領域的教師，一起為八年級學生規劃並實施一套名為「花落誰家」的課程。這群教師所採用的是何種教學方法？　(A)探究教學法　(B)協同教學法　(C)合作學習教學法　(D)創造思考教學法

(十二) 教學設計

包含：要素、流程、資源和教案

例題（103年）：下列有關教學設計的認知，何者有誤？　(A)教學設計以總結性評量為主　(B)學生是教學設計的核心所在　(C)教學媒體的選擇宜考量教學目標　(D)教學目標的實現須仰賴良好的教學策略

(十三) 教學評量

包含：評量類型、時機、解釋

例題（103年）：黃老師想要在平日課堂教學中瞭解學生的學習表現，作為修正教學策略的參考。黃老師該使用下列哪一種評量最為適合？(A)形成性評量　(B)總結性評量　(C)標準參照評量　(D)常模參照評量

(十四) 測驗信效度

包含：各種試題信度、效度、解釋

例題（105年）：蘇老師在編製段考考卷時，會特別關注每個單元的題數比例是否合適，以及六個認知領域教學目標的題數比例是否恰當。蘇老師的考量有助於提高段考考卷的何種效度？　(A)表面效度　(B)內容效度　(C)聚斂效度　(D)效標關聯效度

(十五) 測驗成績換算和解釋

包含：PR值、T分數、Z分數、解釋

例題（105年）：小美在全校高中入學模擬考成績的百分等級是80。下列哪一選項最適合說明其在該校的成績表現？ (A)其成績全校排名爲第八十名 (B)其成績超過百分之八十的考生 (C)有百分之八十的機率考上高中 (D)換算成滿分100分後，其成績爲80分

(十六) 班級經營策略

包含：師生互動、常規

例題（104年）：有關班級經營的敘述，下列何者最爲正確？ (A)班級經營應遵循成規，對學生一視同仁 (B)班級經營的決定應由教師與學生共同參與 (C)班際比賽得到冠軍是班級經營最應強調的事項 (D)教師只要有耐心與愛心，班級經營即可順利進行

(十七) 學生行爲處理

包含：行爲常規、輔導管教

例題（105年）：根據「學校訂定教師輔導與管教學生辦法注意事項」，教師處理學生的違規行爲時，下列何者並非合理的處罰方式？ (A)在教室後面罰站二十分鐘 (B)經學務處和隔壁班教師同意，於行爲當日，暫時轉送其他班級學習 (C)經班會決議通過並徵得家長會同意後，在班規中明訂處以一百元的罰款 (D)在教室安排一堂課的「特別座」，暫時讓學生與其他同學保持適當距離

(十八) 獎懲策略

包含：增強、原則、時機、方法

例題（103年）：王老師知道班上同學喜歡打球，但不喜歡寫數學練習題，因此要求全班同學完成數學練習題後才可以去打球。王老師運用了何種賞罰原則？ (A)代幣原則（Token principle） (B)普利馬克原則（Premack principle） (C)社會性酬賞原則（Social reward principle） (D)社會互賴原則（Social interdependence principle）

(十九) 一些師生互動專有名詞

包含：比馬龍效應、月暈效應、漣漪效應

例題（102年）：教務主任為了實驗，隨機抽取八年一班的三位學生，然後告訴新接八年一班的英文教師，這三位學生的資質特別優異。一學期後，這三位同學的成績果然脫穎而出。這三位同學表現優異的現象，屬於下列哪一種效應？　(A)月暈效應　(B)霍桑效應　(C)混沌效應　(D)比馬龍效應

(二十) 課程與教學相關政策、綱要

包含：九年一貫課程、十二年國民基本教育

例題（104年）：根據「十二年國民基本教育課程綱要總綱」，其中「藝術涵養與美感素養」的核心素養項目，屬於下列哪一面向？　(A)溝通互動　(B)自主行動　(C)終身學習　(D)社會參與

　　從上述的題目可以發現，多數為情境題，亦即以某一個教育事件或教育實務，要求判斷是源自於理論基礎，或者是要求選出適當的處理方式，也有可能是以四個選項的教育實務，要求選擇正確或錯誤的作法。若非情境題類型的題目，大都是一些教育主題理念的解釋或轉化，少數事實性知識的記憶。

　　上述共六十個主題概念僅供讀者參考，或先提供讀者建立信心，考生還是要自行多閱讀整理。本書建議讀者，先把上述的主題概念細分成小概念，再搜尋書籍，把書籍內關於主題概念的解釋寫於下面，另外，將實地學習或教育實習期間蒐集的實務資料也寫在該主題概念的下面。這樣不僅對主題概念易於瞭解，也可以熟悉情境題的考試題目類型。

第三節 與他人共組讀書社群

如果教師資格檢定考試通過了，那下一關即是更難的教師甄試。大部分的教師甄試都會區分爲初試和複試，初試都是以紙筆測驗集體考試爲原則。如果是各地縣市學校或高中聯招，多以選擇題爲主，若是學校獨招，可能是申論題或部分申論題。不管如何，通過初試才有機會上臺教學和參與口試，初試未通過，等同於此場次教師甄試結束。

教甄的筆試比教師資格檢定考試的筆試要難，競爭更大。命題委員不若教師資格檢定考試被視爲國家考試那樣的遴聘，往往找一位或幾位命題委員編擬題目，並略爲審題後即成測驗題目。以國高中而言，部分縣市考教育科目和專業科目，教育科目無範圍，占40%；專業科目即是報考任教科別的內容題目，占60%。幼兒園和國小教甄多爲教育科目，而高職教甄多爲專業科目。若要通過初試，100題得正確90題才行（以臺北市某年度爲例）。

在題目沒有特定範圍、又得高分的條件下，能通過教師甄試筆試的考生絕對不是臨時抱佛腳讀書型的學生，不僅儘早準備，也會有一些讀書策略。和實習同儕、大學同學或同爲考生的朋友共組讀書社群，是經常聽聞的事。讀書社群其實就是一群人爲了考試的目的臨時組成的團體組織，在這其中，除了相互提供各地考試資訊、分享自己寫題目心得外，也可以相互激勵、相互鞭策。特別注意的是，準備參加教師甄試的考生，心理壓力非常大，內心似乎充滿了不安全感，逐漸焦慮的心難以平復，考生自己要能調適自己的心情，必要時求助他人。

本書提出三個面向，提供讀者參考。

一、形式建立

讀書社群的形式部分是指參與的對象、時間，也可能包含社群運作的方式和聚會的地點。以對象而言，找有志一同的夥伴很重要，大家都抱持著一個非考上教師不可的心理，願意準備被安排的任務以及願意協助他人解決難題，有時也需要激勵、鼓勵和安慰同儕。以時間而言，從考完教

師資格檢定考試後到教師甄試大約兩個月到四個月，本書建議至少兩天或三天就要花一個半天時間聚會。儘量不要找餐廳、咖啡店或速食店，安排在某一個人的家裡或是借用大學圖書館研究室。重要的是，一定要持續下去，不要輕易請假。

二、內容安排

在讀書社群的運作內容上，若此時還在閱讀專書和教科書已經來不及了（即使閱讀專書和教科書，也是自己在社群運作時間外自己努力），應該把重點放在考古題上。不過，不是填寫考古題正確即可，而是需要理解每個答案的對或錯的理由，甚至思考題目可能會怎麼變化。

先前有些考生的作法可以參考，例如：每一個人負責從自己填寫題目當中發現比較困難的題目，挑出五或十題後綜合起來成為一份試卷，在約定時間前完成，聚會當天檢討有爭議或較偏難的題目。

或者是各自找一份題目，自己先填寫和理解每一題選項的理由後，聚會當天發給另外的人填寫，填寫完畢後對答案，並由提供題目的考生負責解釋錯誤較多的題目，以此輪流。

這樣估計，以三個月的時間計算，至少會有二十四次聚會的時間，每個聚會時間練習一百題（包含教育和專業科目），大約可以把所有的題目練習完畢。

如果自己覺得在讀書社群的表現略差，那更要利用自己的時間多閱讀，每天讀書時間從上午圖書館九點開門到晚上九點大有人在。自己的讀書內容即是讀書和寫相對應的題目，不斷練習、不斷學習和不斷地充實自己。如果還找不到讓自己可以沉浸的讀書方法，可以求助他人，不過，只有自己努力才能夠完成自己的理想。

三、心理調適

不管是自己讀書時間還是讀書社群運作中，有時考生會因為自己沒有獲得成就感而產生挫折，甚至有些情緒反應。先告訴自己，「寫題目本來就是在學習，如果每一題都寫對，那是不是沒有看到比較難的題目」。因

此，寫錯題目答案正是讓自己又學習了一些內容。不過，千萬提醒自己，一定要理解自己錯誤之處與何爲正確答案，避免相同的錯誤再度發生。

共組讀書社群的另一個用意是希望考生出去走一走，看看同學、互吐苦水，之後再度披上戰袍勇往直前。積極正向的話語不嫌多，特別是在教師資格檢定考試到教師甄試之間，每天不斷讀書，日復一日，偶而會讓人陷入付出是否得有收穫的迷思。本書建議每次社群運作聚會時，輪流一人花五分鐘講出一些激勵人心的話，離開時再相互鼓勵和加油。

適度運動有助於調劑身心，每日或至少每兩日一定要運動半小時，要離開書房、要流汗，一方面放鬆身體和解除壓力，另一方面也培養自己的好體力，以應付到處征戰考試所需的體力負荷。

打仗是需要戰友和軍師，孤獨的戰士沒有戰友，會愈走愈孤寂，漸漸地會自我懷疑，風吹草動之際，更讓自己陷於自我矛盾中。

要通過教師資格檢定考試與教師甄試初試，方法即是讀書。從師資生開始就要規劃，包含修課、主題概念式的筆記、實地學習和教育實習經驗的整合，以理解取代純記憶背誦，才記得長久。另外，心理壓力與調適相當重要，與他人協同合作與共同奮鬥，相互補足自己不足，也相互激勵堅持走下去。

第十章

準備教師甄試口試

　　如果師資生已經獲得教師甄試複試的資格，那已達臨門一腳的時機了。如果師資生在此關失敗，甚是可惜。

　　有一件事值得注意，在早先幾年，教師甄試的成績包含筆試、試教和口試的分數加權計算。不過，筆試成績高通常可以拉升總分，即使試教和口試的分數略低也無妨，許多擔任評審的學校教師認為錄取的考生比較會唸書而不會教學，因此，已經有一些縣市或教育機構辦理教師甄試，在其簡章上註明，筆試通過最低進入複試的成績後，筆試成績不再計算，或只計算少量加權。這樣的改變，使得教師甄試的試教和口試相當重要，任何可以讓自己在試教和口試上顯得更有能力，讓評審教師更青睞的表現都需要呈現。

　　以口試而言，問題大都聚焦在教育理念、班級經營、教學知能、校務參與和特殊表現，以及個人儀容舉止和表達能力。以前面五項內容而言，甚少提及教育學程之課程內容，多與學校事務有關，以及個人在學校事務的特定表現。考生若要在這些面向的問題回答得好，一定要有豐富的內容，再以邏輯系統方式表達出來。而豐富的學校事務參與內容，則來自參與教育實習的投入。

　　本章藉由引領實習學生蒐集教育實習的實務經驗，提及教育專業履歷的規劃與製作，並提醒實習學生可以依據口試題目的類型進行分類，與邏輯系統地練習表達。

第一節 蒐集在教育實習期間所發生的事

　　參與教師甄試口試，不能只練習口試技巧，對題目的回應內容要廣要深，廣度是多元面向觀點，深度是具有理念基礎或證據經驗，指出問題核心的回應，絕對不是華麗詞彙的應用而已。

　　要具有豐富的口試回應內容，實習學生可以從修讀教育學程階段的課程知識和課外活動經驗蒐集起，不過，多數的口試題目類型多屬於教育實務題或情境題，這得要實習學生在參與教育實習時，事先規劃、過程中記錄、對發生的事件具有敏銳度、可與他人交換經驗，以及自己從接收的資

訊中省思。

　　實習學生可以從行政實習、教學實習、導師實習和研習活動等四類作規劃，再指出細項。在實習期間隨時保持敏銳度，隨時觀察記錄事件的發展。

一、行政實習

　　對教育事務的行政參與通常是口試題目重要的來源，不過題目不會是哪一項行政業務的內容，而是行政業務所隱含的教育意義、對學生影響的過程、問題和策略。

㈠教務部分

　　教務部分包含學校本位課程、教科書選用、教師教學群的安排、教師專業成長、教師排課與代課、教室布置、教室設備與安排、學生學習活動與成績、學生學籍、校外教學內容、資訊課程、資訊設備使用、其他推動的教務事項和比賽，例如：閱讀、資訊競賽、海報和學生作品展示……。

　　實習學生先建立一套細項標題，若有機會參與，則在參與後整理教務事務的理念、過程、省思和心得。若細項標題不足，或有些可以統整，可以再增加細項。

㈡學務部分

　　學務部分包含學校各種典禮儀式、學生獎懲辦法、學生品德與行為規範、生活教育、學生社團組訓、學生體適能、導護教師與地點安排、健康保健、學生活動設備管理、反菸毒教育、交通安全和其他安全教育，以及其他推動的學務事項和比賽，例如：健康操、運動會、游泳、海報和學生作品展示……。

　　如同先前，實習學生先建立一套細項標題，或有些可以統整，充分蒐集資料。

㈢總務部分

　　總務部分包含門禁管理、公文處理、設備維護、校園安全死角、班

級動線安排……。由於愈來愈多縣市或學校開始聘用專業人員處理總務事項，專業性的問題（例如：採購、建築規劃）不再是口試問題之來源

㈣ 輔導部分

學校學生家庭狀況與緊急聯絡網、學校班親會的規劃、輔導功能和策略、集體或班級輔導課程、學生事件與輔導、後續追蹤、中輟生、補救教學（配合教務）……。

㈤ 其他行政部分

學校公關事務、與社區互動、學校組織氣氛……。

二、教學實習

教學部分可以從上臺試教過程中，檢視考生的教學能力，但愈來愈多的教師甄試之試教後，要求考生留下來回答問題。本書此部分的內容，也可應用於上臺試教之後。

㈠ 教材內容分析

學校本位課程的教材內容、特定學科的內容設計、某個學科概念的講述細節、學生對某個內容不瞭解、教科書選用、創新課程設計、統整教材、各種課程的配合……。

㈡ 教學活動設計

教材與教學活動的結合、學生討論活動的設計、學習任務分派、學生上課表現、未進行學習或學習情形不佳、學生分組、數位資源運用……。

㈢ 新興教學策略

除了一般教學技巧，另可包含翻轉教室議題、合作學習、學習共同體、學思達等新興教學策略。

㈣ 作業評量

作業類型與適量安排、作業表現與評分、未完成作業、家長對作業的要求……。

三、導師實習

導師在學校扮演重要的角色，導師功能若能充分發揮，對學生的學習和成長均有相當大的助益。許多教師甄試之口試，有許多關於導師或班級經營方面的題目。

㈠師生互動

瞭解學生、家庭弱勢學生照顧、學生同儕關係、班級特殊孩子、歧視與刻板印象、孩子家庭文化……。

㈡班級親師溝通

家庭訪問、聯絡簿、家長無理要求、家長建議與專業衝突、家長進班協助、班級家長代表、通訊軟體應用、家長捐款和改造教室……。

㈢班級環境布置

各種學習角落設計、公布欄內容、清掃工作分派、班級設備維護與管理、家長介入（例如：裝窗簾）……。

㈣班級常規管理

班級幹部選拔、獎懲制度運用、值日生、午休與外出、霸凌與打架……。

四、研習活動

研習活動是教師專業成長的一部分，即使愈來愈多的評語認為參加工作坊式的教師研習與教學實務脫離，以及教師不一定會在自己的教室教學中應用，不過，研習活動是促進教師瞭解某一特定議題的時機，考生還是得注意這方面的內容資料蒐集。

㈠校內外研習經驗

參與校內外教師研習的經驗和心得、教師專業研習的建議和理由、校外研習與校內活動衝突或不被准假、研習心得的分享與應用……。

(二) **參加競賽**

參加校外競賽的情形與理念、參與過程和心得、對專業成長的助益⋯⋯。

五、教師專業與權力

近年來，校園衝突不斷，除了師生衝突、親師衝突外，教師間的衝突，特別是行政與教師之間的衝突愈來愈多。即使這些衝突多是語言或情緒之間的對立，但影響校園組織氣氛，進而影響校園文化，教師甄試之口試題目也逐漸出現。

(一) **教師特質**

包含個人在教育工作上的專業與能力、情緒管理、時間管理、衝突管理、教育熱忱、生涯規劃⋯⋯。

(二) **教育政策**

從國家的十二年國民基本教育政策、升學制度議題、校內成績是否計算議題，一直到地方政府要求或學校與地區合作的事務，或是學校內的規定與制度，例如：被要求擔任行政、教師超額後進先出的辦法⋯⋯。

(三) **教師同儕合作**

教師社群、教師協同、共同備課、相互觀課、教學群運作、教師間的不協調、對不適任的看法⋯⋯。

(四) **教師組織**

加入教師團體組織、被要求假日上班、被不合理對待、教師與行政之衝突、各種教師與學校間的矛盾⋯⋯。

以本節蒐集教育實習資料而言，實習學生必須瞭解口試題目之回應不會是來自於教科書的內容，在師資培育之大學也鮮少有類似資訊的學習，只有在教育實習階段廣泛蒐集，若實習學生蒐集的資料不足，可以和其他學校的實習學生交換，這樣具有加乘效果。

第二節 製作教育專業履歷

　　早期的教師甄試需要先繳交個人資料，資料審閱經常花費許多人力，也造成考生負擔。許多學校教師甄選改成聯合招考，考生便不需要繳交資料。不過，有些學校仍是獨自招考，少數學校仍要求繳交簡單的教育履歷。

　　本章特別列入「製作教育專業履歷」此節，主要目的在於提供實習學生完整地構思與呈現個人的教育專業成長歷程，即使部分辦理教師甄選的學校不需要繳交資料，實習學生亦可以藉由個人簡介的製作，方便自己記憶重點內容。另外，有些學校在教師甄選之口試時，可以接受「個人履歷三折頁」的資料提供，此教育專業履歷即可使用。

　　本書不稱為個人履歷，而以「教育專業履歷」為名，即是在告訴實習學生把個人履歷聚焦在教育專業經驗上。招考教師的學校或機構，並不關心你的性別、出生地、家庭狀況、中小學經驗、信仰、種族和長相，他們想要知道你有何能力能夠成為一位好老師，而能力是需要從參與經驗中省思而來。因此，教育專業履歷即是實習學生在師資培育階段和教育實習期間所參與教育事務的經驗，在省思後所型塑的個人專業能力。

一、製作教育專業履歷之內容方向

　　教育專業履歷不是教案比賽文件，也不是藝術欣賞作品，更不是展現電腦功力的時機，是需在有限的篇幅下，告訴評審你是一個多麼有能力而且適合他們學校的未來教師。因此，製作專業履歷要加入報考地區或學校特色為基礎，不只是以你自己的特色為主。簡單來說，報考不同地區的學校應從自己的經驗裡面挑出各種不同的特色，製作不同（或部分不同）的教育專業履歷。以下有三點參考方向，並舉出錯誤和正確的例子。

(一) 以報考地區學校的學生特質進行思考

　　弱勢地區、偏鄉地區、成績不佳的學校或特殊文化地區，強調你參與過的類似活動細節、經驗和心得。如果沒有，則想想曾經修過的相關教育

課程，那些課程給你的啓發。最後，再提及你可以用什麼方法幫助這些孩子。

錯誤的例子：參與過補救教學。

正確的例子：曾經爲五個需要補救教學的孩子，設計過具有結構的教材內容。

原因解釋：錯誤例子只提及經驗，正確例子提及專業性的活動細節。

㈡以報考學校的本位特色課程進行思考

所報考的學校是否重點發展教育內容或常申請什麼計畫，例如：游泳、閱讀、行動學習……。此時強調你的參與經驗、你的方法以及經過那些經驗之後，你的創新想法。

錯誤的例子：跟輔導教師進行行動研究。

正確的例子：在教學中針對學生經常不寫作業的問題，以行動研究的方式發現什麼策略。

原因解釋：錯誤例子只提及經驗，正確例子提及專業性的過程細節與結果。

㈢以報考學校的教師社群進行思考

部分學校教師自主性或全校性成立教師社群，進行共同備課、觀課和議課；有些學校幾位教師經常有創新教學的作爲，或自主性地在教室中嘗試新興教學議題，例如：翻轉教室、學習共同體。在教育專業履歷中，你需要強調你的理解、經驗和心得。如果有的話，再強調你自己在實習時上臺試教過的經驗。

錯誤的例子：進行過合作學習。

正確的例子：嘗試應用合作學習教學法，發現部分的學生不太會合作。

原因解釋：錯誤例子只提及經驗，正確例子提及過程細節與心得。

從上述的例子可以發現，教育專業履歷要呈現的是「專業過程、專業心得」，不是只有「經驗」。

二、製作教育專業履歷之內容格式

　　教育專業履歷的內容格式沒有統一的規準，各評審教師的思考角度也不同，但有一個共通特色是：他們無法花很長的時間看你的教育專業履歷，每份只看一分鐘甚至更少時間的情形大有人在。如何透過專業履歷的內容格式，吸引評審教師的目光相當重要。在內容格式上，本書提供三個建議。

㈠字體字形顏色

　　部分實習學生會喜歡用表格的方式呈現，但多數評審教師認為，表格格線干擾閱讀。本書建議可以善用「標題、內容和空行」，呈現一個內容區塊。字體大小只有三種，18、16、14或20、16、14，分別是（姓名）文件標題、內容區塊標題和內容。字形統一，或是標題和內容使用兩種字形；顏色也不要超過兩種，通常以黑色在白紙上呈現，可以在重點內容上加上粗體。以中文字而言，粗體好過於斜體；以英文字而言，則斜體勝過於粗體。

㈡使用的語句動詞

　　這是本書作者的經驗，當閱讀教育專業履歷時，使用「過去式」的動詞會顯得比較有經驗。另外，使用「動詞」會比使用「名詞」好，例如：「參與過」比「參與」好，「參與過補教教學」比「補教教學教師」好。

　　再者，多使用能力與心得的動詞。能力動詞包含「設計、運用、辦理……」，而心得動詞則有「發現、瞭解、感受……」。

　　在相關經驗的語句上使用這些動詞，會讓評審教師感覺到「你不僅會做、做了還有一些心得」，也似乎感覺到經驗非常豐富的樣子。另外，每一位校長、主任或校內教師多希望進來的新老師不需要怎麼教就會許多事，也希望新老師做事會省思，而心得即是省思後的結果。

㈢內容呈現之先後順序

　　內容呈現順序為：姓名、聯絡資料、畢業學校、重點經驗和能力、證書和解釋文字，最後是相關經驗細節。除了後兩者之外，最好不要超過兩

頁，不過，若篇幅更小，基本資料部分宜精簡。

姓名後面不要加先生、小姐、同學或碩士，不需要綽號和小名。愈來愈多人認為不需要張貼照片。聯絡資料包含傳統地址、電話和網路聯絡資料，不需要臉書或Line帳號。畢業學校需要提及畢業年度、修讀教育學程的學校和年度。經驗和能力是關鍵重點，呈現經驗和能力時，寫法上是「職務名稱、學校縣市、時間」，例如：「補救教學教師、彰化市進德國中、2010.09-2011.01」，一行字呈現一個經驗，再指引評審教師翻閱後面的證書和相關經驗細節。而相關經驗細節的寫法，就如同先前所提之「強調自己參與過的類似活動細節、經驗和心得」，例如：

相關經驗細節

● 補救教學教師、彰化市進德國中、2010.09-2011.01

　■ 曾經為五個需要補救教學的孩子，設計過具有結構性的教材內容，學生經過教導後，施測成績進步22分。

　■ ……

另外，證書掃描後要有文字說明。重要的是，證書要與教育專業相關。通常大學社團的幹部證明會被嫌棄，而教育部的獎狀會被青睞。如果要提及興趣、旅遊經驗和語文能力，最好要與教育專業有關，或有助於你的教育工作。

先前提及，教育專業履歷不是你個人秀，而是表現你可以在這所學校成為一位好老師。摘要重點、藉由關鍵語詞以及邏輯系統呈現，會讓考生表現更好。

第三節 擬定口試題目類型與練習

當通過教師甄選的筆試後，隨即而來的是焦慮，擔心上臺試教與口試回應。不管還有多少間學校需要去考試，已經有複試資格一定要充分準備，畢竟複試後的錄取率通常高達20%到30%（以三倍或五倍進入複試的

人數計算），這比另一間的教師甄試從頭來的通過率還高。

　　口試時間大約是十五分鐘，有些學校辦理教師甄選還將口試分成兩場次，各考生輪流到場接受提問。而口試的問題分為兩個面向，能自我控制回答（例如：自我介紹、個人專業表現）和接受問題回應。前者的回答內容大都可以來自先前的教育專業履歷，至於接受問題回應，得要從豐富的實習經驗回憶起，不過，還是有技巧可以參考。

一、自我介紹呈現經驗和能力

　　通常口試官會希望考生做一分鐘的自我介紹。考生要把握這一分鐘，儘量呈現你的經驗與能力，也能誘導口試官由你的自我介紹中提出問題。自己的經驗和能力即是從教育專業履歷中摘取重要的內容，記得不是你的能力專長秀，而是你具有什麼特質符合該地區、該類型學校、該學校學生的需求。但先不要解釋細節，待口試官好奇地進一步提出問題，如此你便可以充分、系統地解釋非常豐富的經驗，記得也要說說你從哪些經驗所省思後的心得。

　　自我介紹可以從剛畢業的學校談起、實習學校、課程與教學，一直到未來教學生涯，務必要事先準備並在一分鐘內講完，否則口試官會打斷你的話，也可能發生你想講的重點卻沒提到。

二、口試前努力回憶參與過的教育實務

　　不管還有幾天要參加口試，或者是口試前一兩個小時，口試技巧可以事先學習和訓練，但沒有內容可以說，而只光練習技巧，一樣會表現不佳。回應的內容大都來自教育實務經驗。在參與教育實習時，行政實習、導師實習、教學實習、校內外研習活動以及聽聞過的教育事件，再細分項目，逐一回憶，必要時先做回憶筆記，將關鍵內容寫下來。

三、瞭解口試題目的類型

　　先前提及，口試問題大都聚焦在教育理念、班級經營、教學知能、校務參與和特殊表現，而題目的命題情境通常有三種類型：時事類、實務

類、理論轉實務類。時事類是指最近一年內曾發生過在臺灣各地校園的新聞事件，這些時事會轉為題目來詢問考生的看法或解決策略，例如：最近某高中發生霸凌事件，你的看法為何？實務類是指一般學校教師會有的教育作為，例如：有學生經常請假不來上課，身為導師該如何處理？理論轉實務類通常指的是某一個教育原則、政策在教育實務上的應用策略，例如：什麼是翻轉？要如何在某某科目上應用？

上述這些題目有時早已設計好，透過籤桶讓考生抽題，有些是口試官臨時想到或事先準備的題目。

四、每個題目分段說或分面向說

當聽到或看到口試題目後，即使有豐富經驗，回答不符合邏輯系統也沒用。邏輯系統可以包含前因、過程、後果；解釋題目、重點方向、預期效果；先前作法、學習過程、之後作法；理念、作法、心得……。先把這些要項背下來，到時候視題目應用兩、三個面向套用內容提出來說。

另外，有些口試官是校長或行政主管，他們希望未來的教師夥伴能夠有多元思考的能力，不要固執或鑽牛角尖，因此，在回應口試題目上，就要有多元面向觀點。多元的思考面向（勿直接用，僅提供思考方向）包含認知學習、外在行為、環境管理、心理輔導、親師溝通……。

舉例而言，一個口試題目為：如果發現班上有霸凌事件，身為導師如何處理？

不佳的回應：教師需要制止、告訴學生霸凌是不好的，霸凌影響學生身心發展，教師要制止霸凌……。

較佳的回應：首先，教師要瞭解整個事件經過……；其次，治標也要治本，從學生學習角度而言，教師要讓學生瞭解……；再從學生行為常規而言，教師可以制定……；再從校園安全而言，校園死角……。

上述第一種回應過度狹隘，思維繞著一個觀點轉不出來，很容易發現教師缺乏經驗和能力。第二種回應是多元面向思考，每個教育作為或事件影響因素很多，這樣的回答會讓口試官認為你是一位多面向思考的人。

特別注意的是，不管如何回應，都要以關心學生、教導學生、期望學生正向成長爲原則去提出看法。

五、手勢表情可輔助

適度的手勢和表情是需要的，如果會緊張，讓你的手藉由手勢動一下會減緩緊張。在談論自己的經驗時，偶而皺個眉頭、偶而顯露高興、偶而嚴肅、偶而堅定，這會讓你說的內容和你的經驗被賦予情感，故事會顯得動人。

不過，切記只有你自己說故事時才用得上，聆聽口試官說話時只有一種表情：微笑並略微張大眼注視口試官，且仔細聆聽。

六、自己設計題目

當上述的內容都瞭解，並且已經回憶起許多豐富的內容，可以自己設計題目。從最能自我控制的題目開始，例如：自我介紹、爲何要錄取你、你做過哪些事……，一直到關於教育實務。本書舉出十二個類型的題目供讀者參考，但限於篇幅，僅提出問題的關鍵字句，讀者可以自行增加。

㈠個人特質（包含能力）

1. 一個好老師的特質是什麼？你又有何特質？
2. 我們爲何要錄取你？

㈡實習參與

1. 你參與過什麼行政事務？學到什麼？
2. 你在實習時，遇過什麼讓你最不滿的事？

㈢工作管理

1. 你平時如何安排你生活中的各種活動？
2. 如果同一時間有三件工作要完成，你評估後認爲做不到，你會怎麼辦？

(四)學生照顧

1. 某一學生家長負債逃亡，歹徒到學校要帶走孩子，你怎麼辦？
2. 當學生發生……，你如何處理？

(五)課程、教學和評量類（包含新興教學議題）

1. 你的班級學生考試成績全年級最後一名，你會怎麼做？
2. 如何進行差異化教學？

(六)學生行為常規

1. 你如何制定班級常規？
2. 學生校外打架，你如何處理？

(七)師生互動

1. 學生討厭科任教師，身為導師，你該怎麼辦？
2. 有些學生會激怒教師，你被激怒了怎麼辦？

(八)親師溝通

1. 你有何表現，又如何說服家長你是一個具有教育專業的教師？
2. 被家長誤會了，怎麼辦？

(九)教師專業

1. 你如何繼續發展你的教師專業？
2. 為何許多教師不認同教師專業發展評鑑？你的看法為何？

(十)同儕相處

1. 你認為一個學校教師該如何協同合作？你會做什麼？
2. 你的同儕教師要求你不要太創新教學，以免拖累他們，你怎麼看待？

(十一)教育政策（包含地區和學校特色）

1. 什麼是適性揚才？在國中或高中做得到嗎？
2. 本市推動暑假作業學生自己訂定，你的看法為何？

(十二) **工作生涯**

1. 如果你的學校要求你擔任行政工作，你如何看待？
2. 我們若希望你在此工作三年才能調動，你同意嗎？

上述題目從個人特質、工作策略，一直發展到學生、課程、教學，以及家長和同事互動，最後提及教育政策和自己的工作生涯。口試題目大略會有這十二個類型，讀者可自行再增加。

七、一定要練習、練習、再練習

很少人天生是演說家，也很少人在一個陌生環境，面對陌生人就會表現很好，讓自己表現佳的不二法門是練習、練習、再練習。設計好題目後，自行抽題，面對鏡子坐著，試著回答，必要時自己錄影、錄音起來作修正。其次，找些師長、同學幫忙聽聽，也讓自己練習面對人群說話。

若仔細檢閱歷年來各地教師甄試的口試題目，不難發現口試題目的類型。另外，本書不提供口試題目的參考答案，是希望考生依據本書提供的原則和自己的經驗發展，千萬不要死背回答內容，這是口試之大忌。實習學生需要自己發展與練習，顯示自己獨特的經驗和能力，若無法做到，便無法在口試場合表現出令人刮目相看之處。

第四節 表現令人印象深刻

先前提到，口試大約十五分鐘，但因為人數動輒數十人，整個口試也需要至少四小時或甚至一天時間。每個考生都會準備應付口試，即使部分教師甄試的口試進行分成不同場次，但口試官長時間聆聽考生的回應，身體疲累之餘，對每位考生的印象都差不多，所給的分數也差異不大。如同進行馬拉松跑步，如果考生要能突破一堆同分競爭的群組，超越他人跑在前面，那得要讓口試官印象深刻。

印象深刻不只是肢體動作，回應的內容也可以令人打起精神，對考生的回應產生情感。

一、一般肢體動作

一般而言，考生進入口試場地後，口試官對考生大致有許多不同的印象，從焦慮緊張、不知所措到呈現有信心的笑容，本節針對進入場地後的事說明如下：

㈠**進入**

先在外面張大你的身體，這有助於減少緊張。口試場地會有人引導，考生獲准進入後，可先敲門但不需要等回應即可進入，進入後再關門。進入之後，眼睛可以看到考生座位席（若不明顯可詢問），即邁開大步前進，但走路速度不要太快。做任何事速度太快，容易出錯，出錯後更容易緊張。進入後不需要和口試官握手，只需要微笑。

㈡**坐下**

坐下前，先站著向口試官問好。若考生面前有桌子，手不應放桌上，那會顯得無禮。坐下後，兩腳自然併攏，不要交叉雙腿，雙手自然下垂放在腿上，呈現放鬆狀態。如果前面有一杯水，緊張時，藉由空檔喝一下沒關係，那可以消除緊張。

當聆聽口試官講話時，考生面帶微笑，先看過每一位口試官，再注視發問的口試官。

㈢**回應**

每個問題回應時，務必略微轉頭觀看每一位口試官。先前提及，可加手勢、可用表情。部分語調可加重音強調。說話速度不要太快，一個有自信的回應是一段兩、三句話說完之後，略微停頓，再接下一段話。

二、回應時的思考

口試題目不會像是非題或選擇題，一定是需要邏輯系統回答之題目。有以下五種情形需要注意：

㈠誠實

誠實是上策，考生難免會遇到沒有經驗、沒有學過的知識，而不知道如何回應，特別是提及政策、地方教育局處的作爲以及學校本位特色。若不知道，可以承認沒有涉獵，回家後一定會去查詢請教。不過，若只是說這樣，那不會有分數，考生除了表示再查詢外，可以提及類似的領域並表示願意眞誠地投入。例如：「這問題我還沒有很貼切的答案，不過，就（類似的議題）而言，我會願意（做什麼……）」。

㈡情境式題目

若口試官或抽取的題目是描述「某一個教育情境，詢問你的策略」這種情境式題目，可先思考兩秒鐘，至少要先想好，開頭要怎麼說和你的類似經驗。提出策略的同時，也可以加入自己的經驗輔助說明。例如：「針對這個問題，我有三個方法可以嘗試使用，第一：我會以學生的程度思考教材應該如何調整，在我的實習經驗中，我做了……；第二：我會用……」以此類推。

㈢矛盾式題目（爭議性題目、兩難題目）

有時候口試官會以兩難或爭議性題目提問，考生除了要有豐富的內容以增強信心外，不要顯露焦慮，畢竟沒有標準答案。

考生遇到這種題目不要一下子選邊站，否則口試官會從爭議的另一邊逼問你。但也不要含糊回答，例如：「兩種都可以，有時可以這個、有時可以那個」。可以先表達自己不確定，但針對兩邊的爭議各提出理念和作法。例如：「這個問題我還在找尋合適的答案中，我未來會去找尋更適當的證據，不過，我目前認爲，第一，以……而言，那是一種……觀點，可以（怎麼做）；另一方面，那又是……觀點，可以（怎麼做）……」。

㈣遇到故意刁難的口試官

這種口試官只是利用他的表情、語氣，甚至有點生氣的樣子，想要知道考生遇事是否臨危不亂，也想要觀察考生的動作，例如：有些考生緊張便會抖腳，另有些考生會緊張到說不出話來。

　　首先，考生要保持微笑，心裡知道口試官的目的是想要考驗自己的臨危不亂。其次，聽了口試官的說明後，思考兩三秒鐘，並稍微點頭示意，略有點同意口試官的樣子，再提出自己的回應；第三，如果對自己的答案很有把握，則娓娓地說出具有理論或證據的觀點，若對答案沒有把握，則可以回答：「口試官說得有點道理，我先前認為……，我會再把口試官的想法納入，再重新思考一次。」如此趕緊把刁難的問題給結束掉，又不失沉穩。

㈤如果發現自己說錯了

　　如果考生被口試官指出說錯之處（不是故意刁難類型），千萬不要強硬地堅持自己是對的。考生難免思考不周，有時評審教師（口試官）會提醒你，他們可能也想要知道你對於他人觀點的接受度之程度，避免他們以後與「固執到無可救藥」的同事共事。

　　首先，你可以面帶微笑或感謝的表情，正向回應口試官，再談及剛剛略微失誤之處，再說修正後的看法。例如：「謝謝口試官的提醒，我剛剛的看法忽略了……，加入剛剛口試官的寶貴意見，我發現這件事可以……。」

　　在我擔任口試官的經驗裡，曾詢問一位考生「作業沒寫完是否不准學生下課」的問題，該考生一直堅持「還是不准下課，除了上廁所」，我一直暗示他學生生理發展需要多活動，但他仍然堅持，最後當然是獲得低分。

　　本章提及教師甄試的口試之準備原則，這些功夫只能自己幫自己，口試準備的重要性和筆試準備都是需要花費大量時間，亦即不是考前閱讀整理即可。實習學生需要規劃、逐步蒐集、發展題目、自己練習。

　　資料規劃與蒐集是豐富口試的內容，教育專業履歷與表達原則是強化口說的技巧，而自己發展題目是給自己回憶整理所經歷的教育事務，再以不斷練習讓自己不易緊張和發展信心。在內容、技巧和熟練的相互配合下，把參與過的經驗說出來，讓口試官認定你就是具有教育專業能力、你就是他們想要的人。

第十一章

準備教師甄試試教

　　教師甄試的試教之目的，在於檢視一個教師是否具有教學能力，雖然經常被質疑難以從短時間內看出一個教師的教學能力，但這種方式實施已久，也逐漸發展出檢視教師教學能力的規準。從另一個角度而言，教師甄試的試教如果遠離此些規準，將被視爲不合格，也就無法獲得錄取。

　　這些規準包含教材內容、教學技巧和表達能力三個面向，如果考生在試教中能夠將這三個面向統合聯繫好，將會呈現趨近完美的教學表現。

第一節　快速分析教材、撰寫簡案與試講

　　教師甄試簡章會提及複試時的試教教材內容範圍，但大部分的簡章都只提及教材內容的版本，有些會加提冊別（例如：國中國文○○版第三冊）。通過教師甄試初試的考生在報到後，會在上臺試教前一個小時或更少時間，被要求抽取教材單元，主辦單位會給考生一本沒有任何筆跡的課本（少數教師甄試是要求考生自編教材）。亦即可能只有一小時的備課時間，考生要做的是快速分析教材、撰寫關鍵字簡案以及到戶外（例如：找一個大樹）試講，把一小時的備課時間切割成三個二十分鐘，來進行下列三件事。

一、快速分析教材

　　教師甄試上臺試教的時間大約十五分鐘，有些稍微長一點，可能有二十分鐘，但亦有十分鐘的安排。每位考生要知道這短短十五分鐘或二十分鐘不可能教完該單元所有內容，必須要選取一小部分，搭配教學技巧、運用表達能力，把這一小部分的教材內容教清楚。有以下幾個步驟可供參考使用。

㈠瀏覽課本

　　先前所提，考生會在上臺試教前約一個小時被要求抽取教材單元和拿到一本沒有任何筆跡的課本，考生必須先瀏覽整個單元內容。即使少數教師甄試是要求考生自編教材，考生也要先有單元內容的構想。

㈡找出核心概念、技能和情意

如同本書第二章所提，單元內容裡有許多的概念、技能和情意表現，由於大部分試教場地只有評審沒有學生，因此，不易進行技能方面的教學，更不易進行情意方面的表現。大都是以教導某個核心內容要素之概念為主，技能與情意表現可融入概念教學時附帶演示出來即可。

㈢概念選取與前後概念連結

考生需要評估每一個概念大約要教導的時間，以十五分鐘而言，真正講授教材概念的時間大約八至十二分鐘。若是小學或幼稚園，則以八分鐘為主，其餘時間多講解、多互動與評量應用，國中則以十分鐘，高中職傾向重視教材的深度，因此可有十二分鐘，其餘時間做互動與評量安排。若教學時間為二十分鐘，也大約可以用這種比例思考。

有些教材單元概念不易發揮，可能過於抽象、也可能得要畫複雜的圖在黑板上，宜避免教這些概念。任何教師甄試的試教，並沒有規定要教該單元哪一個部分。考生儘量挑可以口頭解釋、少許板書，也可以用問題引起學生思考的概念內容。

另外，選取概念後，也要選取此概念內容之先前概念，目的在於呈現「喚起或連結先前所學」的教材教法理念；也要選取此概念內容之後續概念，其目的則在於呈現「預告下次教學內容」的樣子。這些目的在於告訴評審教師「我是多麼瞭解此單元的內容結構」。不過，這得要考生對於單元內容裡的概念關聯性充分瞭解才行。

二、撰寫關鍵字簡案

當選取好所要教學的概念內容後，開始套用教學技巧與流程（下一節再說明），並且拿筆記本構思要講的內容、順序與方法。更重要的是，要提出來問學生的問題。

㈠概念的屬性

寫下來此概念有哪些屬性（屬性請參閱本書第二章），再提出一些反例作為強化正例之用，並註明使用什麼方法，例如：口語講述、舉例說

明、畫圖。

(二) 安排屬性的細節順序

寫下屬性和反例屬性後，哪一個要先說、要後說，安排出來。有些考生自認爲教得不錯，爲何試教成績差，多是因爲忽略了某些概念的屬性，具有豐富教學經驗的教師認定這樣教學會讓學生誤解和產生迷思概念，因而給低分。考生要將概念的屬性寫下來，才不會忘記講。

(三) 教學提問的問題

預先構想要在教學時提出的問題很重要，教學一定有互動，而重要的互動是來自於問題發問。不過，多數考生試教時所發問的問題是「知道嗎？」、「小明，有沒有問題？」這種非引發學生思考的問題。最佳的問題是以「爲什麼」爲起頭句，不過發問後，得讓學生有時間思考才行。

問題發問有許多層次，較低層次是要求學生把教過的內容回憶一次，中層次問題是要求學生應用所學去解釋另一個情境，而高層次問題則多是給學生一個事件，要求學生去分析細節，或是給幾個面向的內容去思考相關、去比較不同。我建議低層次和中層次各一個，但這純只是建議，要看教材內容而定。

爲了讓這些思考能夠在試教過程中呈現出來，避免遺忘，考生務必將順序寫在筆記本上。

三、試講

備課時間已過大半，考生剩二十分鐘得練習一次。到戶外，若被限制無法到戶外則默唸在嘴巴裡，試著把所設計的內容，模擬對學生講話的樣子，也可以加入手勢，試著把剛剛設計的內容演出來。

(一) 可以配合手勢表情

試講時要模擬從進門開始，不要忽略每一個細節，講到哪段需要表情、需要手勢就真的做出來，不要害羞，成功了，這些都不算什麼。

㈡試講中思考內容重點

逐一講述過程中，可以邊試講邊思考，哪些內容是重點需要加重音、需要寫板書、需要走動、需要發問問題。內容重點的呈現相當重要，可以做教具、用有顏色的粉筆寫出來，讓評審老師清楚你的教學重點。

㈢重新思考不順之處

在試講過程中，一定會發現不順之處，如果是自己的語句不順，那多練習，若是教材講述不順，甚至連自己都無法清楚表達教材內容，建議修改或從簡單教材內容說起。

此時考生可能會發現一件重大的事情：你剛剛設計的內容根本講不完，或是太快講完。若是太快講完，本書建議不要在此時增加教材內容，那變數太大，可以運用問題方式與學生互動。若是內容太多講不完，則可刪掉部分內容，但還是得保持一個概念和其屬性的完整性。若還是教不完，那可能是平時試教經驗太少，此時只能講述簡單一點試試看了。

以上的一小時備課是讓考生構思上臺十五分鐘的試教內容，有準備就不會臨時不知道講些什麼。評審教師教學經驗都很豐富，考生講述不順或牙戲拖棚時，評審教師都很清楚。如何讓十五分鐘的教學緊湊又有豐富性，這一小時的備課很重要。本書也建議實習學生平時就以這種抽教材單元、一小時備課的方式練習試教，以熟練這種一小時備課的技巧。

第二節　教學流程與教學技巧應用

一般教學流程包含準備活動、發展活動和綜合活動，十五或二十分鐘的試教也是要如此，基本上即是把教室教學的過程濃縮式地演示出來。

另外，大部分考生在教師甄試試教時都用講述教學法，鮮少加入學生討論、合作和發表，原因是教甄場合沒有學生、時間又短，根本無法在短暫時間模擬學生討論和合作成功的樣子，除非考生很有把握這些方法的流程，也能虛擬教室教學的情景，否則，本書建議還是以講述教學法為主。

　　但是講述教學法不是從頭講到尾，要有互動、要有問題讓學生思考、要評量學生成效，也需要板書和對學生正增強與讚美。以下說明試教時的教學流程和教學技巧應用。

一、進門到開始上課

　　進門之後，先向評審教師點頭致意，環顧四周，確認教學時可以走位的空間，將早已經安排好的教具或任何物品放在桌上，檢視黑板大小（書寫布局用）、黑板磁鐵放在何處、檢視粉筆槽的粉筆位置、顏色。等一切就緒（通常只會給三十秒），跟評審或時間控制人員點頭，即開始。

二、進入教學

　　開始說話時，第一句一定是聲音宏亮地、熱情地和面帶微笑地與學生（其實沒有學生的）打招呼。本書建議不要把評審教師當作學生，部分評審不喜歡。

㈠引起動機

　　不要一下子進入主題，可以藉由學生生活經驗帶入，但要與教材內容有關。技巧上可以引起學生的好奇、矛盾，此部分大約半分鐘，最多不要超過一分鐘。

㈡講述目標

　　引起動機後，順勢帶入教學目標，但不需要依照教學目標格式說出，用口語說出即可，例如：「我希望今天大家上完課，都學會……。」說完之後，把單元名稱和重點內容寫在黑板上。

　　寫板書時，要能估計要寫的內容，不能擠在同一邊。若有許多內容要寫，則要有布局的想法，橫式由左逐漸寫到右，直書由上而下、由右寫到左。

㈢喚起先備知識

　　講述完學習重點後，要喚起學生先前學過的內容，此內容若是先備知

識，可以提及上學期、上個月學生所學與此學習內容相關聯的內容。若是接續此單元上個教材概念，則可提及上一節課。例如：「還記得我們上學期……」、「還記得我們上一節課做過……實驗……」。再用一分鐘或更短時間，複習先前的內容。

唤起先備知識後，記得移動身體位置（這是肢體動作活動原則，每講完一個段落，考生需要稍微變動身體位置），並進入主題概念的講解。

㈣講解示範

開始進入教學主題。考生開始講述時，說話不疾不徐，環顧四周學生，也要偶而看評審教師。聲音要大到評審聽得見，重點內容放慢、加重音或重複講兩遍。比較抽象的教材若有教具更佳，否則簡單畫圖在黑板。

此部分非常重要，是評審教師理解考生對「教材教法」之熟悉程度的判斷時刻。亦即除了教材內容之外，評審教師也會想知道考生對這些教材所用的教學技巧。因此，舉例、解釋、畫圖、教具在此時機需要用上。舉例要符合學生生活經驗、解釋要能口語化、畫圖要簡潔、教具要能彰顯教材概念，也要注意教具的操作。

講解示範時，要觀看全場，也可配合一個例子或一個概念。解釋完畢時，走動換個位置。

三、開始互動

上述的教學活動不要超過三分之二的時間，考生解釋示範後需要確認學生是否理解教材內容，此時需要教學互動。這邊的教學互動不是指「叫某個正在打瞌睡學生」起床等類似常規管理的事情，而是指認知思考上的互動。

㈠提問與回應

通常考生教完一個概念，把那個概念的某個屬性轉化為一個問題，提出來問學生。記得先提問題，再指示學生回答。如果時間還夠，可以故意模擬某一個學生說錯，教學者給予提示與激勵，再請另外一位學生回答。這兩位學生儘量是坐在一左一右，或一前一後，表示教學者注意到全班學

生的學習狀況。

不管學生回答如何，教學者一定要簡述學生的回答內容。若學生回答正確，則給予鼓勵和正增強（低年級可用積點獎勵）；若回答錯誤，要給提示。不過，當學生全部回答後，教師要統整學生答案或講出最後適當的答案。

(二)繼續講解示範連結書寫

如果還有事先準備的第二個概念還沒教完，教學者可以繼續講述下去，作法如同先前。不過，有些知識需要確認全班學生都理解，此時，就把發問和一兩位學生回答的策略，改成全班寫習作、學習單或講義，或指出某些重點。教學者可以說：「好，現在請每位同學把講義拿出來，開始寫第一頁第……題」。

(三)要求寫講義、習作或每個人都指出

此時的教學技巧不是評量最後的結果，只是教學過程中讓每位學生都能對所學習的內容做一點產出，如同發問一樣。五秒鐘後，可以運用左右同學相互檢查的技巧，再以答對舉手方式，確認學生的學習情形。

四、結束教學

結束是讓評審教師知道你對教學活動的責任，結束階段的學生評量更是讓教學者知覺教學成效和學生知覺學習結果的重要時機。

(一)歸納統整

大約剩下三到四分鐘時，一定要開始做結束。教學結束的技巧通常是歸納重述教學重點，不需要發問，教師直接複習即可。講述重點關鍵詞時，速度宜慢且加重音。

(二)習作或學習單評量

之後，要做學習評量，此評量一定要回應到教學目標，以確認學生在接受教學之後是否具有教學目標所提之知能。如果因為時間不足而無法做學習評量，那將會失去檢視教學成效的機會。

教學者可以利用習作、學習單或講義，或是用教具壁報紙把學生要寫的題目貼出來，並告訴學生有五分鐘可以寫。此時五分鐘絕不是真的五分鐘，教學者走入學生群中，演出教學者巡視學生寫習題的樣子，不需要假裝對話，也不可以走至評審教師處，只是模擬看著學生寫習題，可以點頭即可。大約左邊、右邊各看一位，便可以說：「好，時間到。」

教師一樣公布答案，並且詢問寫正確的學生舉手，教學者這時可以模擬全班有90%的同學寫對。如果先前教太快，還有許多時間，此時可以模擬全班大半寫錯，進行重新教一遍，只是重新教一遍要強調學生可能錯誤之處。

　　㈢**彈性處理**

如果真的還有一些時間，可以交代回家作業，預告下次上課內容，以及生活周遭與教材相關的現象，務必要等到鈴聲響了才結束，這樣就不會扣到分數。

五、結束後的問答

有些教師甄試的試教後，會請考生留下來進行教學演示上的口試問答，問答的內容都是教學演示相關的問題，例如：教材內容的上下知識結構、使用教學策略的原因……。有時還會詢問另一種教學策略，在剛剛教學的教材上之應用方式。

會有這些作法是因為部分考生以補習班訓練的方式表現教學作為，評審教師想要瞭解考生是否僅有一套教學模式，也想要瞭解對整個學科教材內容的熟悉程度。

六、離開

鈴響之後，讚美學生今天上課努力學習，之後就可以喊下課。

　　㈠**物品**

離開教室前，先把教具收好，粉筆放回，記得擦黑板。之後，拿著所有東西準備離開。

㈡禮節

離開前兩三秒時，眼睛注視評審教師，微笑略鞠躬。最後也要提醒自己，自信地大步走出去。

除了上述的流程與配合的技巧外，考生也可以將在教育實習期間非常熟悉的班級經營策略運用上，例如：點名、班級秩序管理，不過切記這些只是輔助，勿喧賓奪主。有些教學技巧大可用上，但要看考生的熟悉度，例如：邊教學邊在黑板上書寫列出大綱、使用字卡遊戲。而教學技巧主要是在講解示範和問答互動之間，最好能事先熟練，否則反而會有反效果。

第三節 肢體動作、口才和板書的配合

許多人非常在乎上臺試教者的服裝、教學肢體語言和臺風口才，只要有助於教學成效，當然都需要。其次，若是增加教學的動態感不至於讓學生學習無聊，這也可以。若是減除自己緊張的動作而不影響教學，倒也無可厚非。考生在選擇判斷時，要注意什麼才是重要的、次要的、沒必要的。

以服裝而言，只要是傾向正式服裝即可。多數人會建議女生穿窄裙，有點跟的鞋子，這倒有點性別刻板印象，逐漸已不適用。另外，有跟的鞋子會產生干擾聲音，反而不佳。評分的重點是上臺試教，是教材教法和表達能力。因此，以服裝而言，只要是正式服裝，不是運動休閒（除了體育課外）、不是家居服即可。男性的服裝亦是如此，嘴巴裡面講出來的內容才是重點。

除了內容之外，有些肢體動作，配合語音、語調可以輔助內容說明，應用板書更能讓學生對訊息的接受更持久，這些也可以適度應用。以下將說明應用肢體動作與口才等技巧。

一、肢體動作

在一般教學過程中，學生看著教師，所有的學習訊息接收都是來自教師主導，教師的一舉一動，學生都看在眼裡，教師肢體動作可能不知不覺向學生傳達特定的訊息，例如：微笑可傳達親密與溫暖，而點頭則是一種正向回饋。因此，肢體動作是教師甄試時考生要注意之處，運用得好，還有加分作用。

㈠臉部表情

臉部表情要有變化，微笑是基本，但有時隨著說故事的情境得誇張、眼睛得睜大。當模擬請學生回答教師問題而學生表達正確時，臉部表情可以有讚嘆的感覺。

㈡眼神接觸

與評審教師眼神接觸，讓評審教師知道你對教學活動很有掌握、很有自信。但也不能只看著評審教師，設想教室內有二、三十位學生坐在各處，眼神也要模擬教學時關心學生學習注意力之樣子。若模擬師生對話，也要將眼神看著學生。

㈢身體姿勢

姿勢要自然、大方，不過，偶而隨著教材講解可以做出誇張姿勢。誇張姿勢還有一個好處，當考生緊張時，可以藉由張大雙手、身體扭動，進而減少緊張，不過，這得要配合教師教學活動才行。

另外，手勢也需要使用。請某一學生發言時，不要用食指，而是手掌微併攏，五手指指向學生，手心向上。指著黑板的板書內容時亦是如此，或是身上有支筆也可以拿來做指示筆用。

㈣近距離

模擬教學時，要認定臺下有學生，提出問題發問，要靠近學生一些；若是模擬一兩題作業練習，則要走到臺下，演出觀看學生寫作的樣子。但不需要把評審教師視為學生，甚至提出問題問評審。萬一有些評審回應進

而出題刁難，反而不可收拾。

若是進行小學低年級或是幼兒園的教學，也要在師生互動時，採低姿勢或蹲下來與學生對話。

㈤等待回應

這是很多在職教師不知不覺犯的錯，當教學過程中請學生回答問題，教師描述完問題，也讓學生思考，再請某一位學生發言時，學生可能不會立即說出答案，但教師卻等不及又叫另一位學生。其次，即使教師等待，但教師的表情、肢體動作都會影響學生，此時，考生在模擬學生回答時，除了給予三到五秒鐘時間外，也可以在臉上做出微笑、期待的表情。

另外，在教學過程中，要記錄學生正向行為，無論是認真投入學習、回應良好或是寫作正確，都可以適時地表揚學生。

教師甄試之上臺試教是比參加筆試和口試更為令人緊張，因為那是一個動態的歷程，但往好處想，由於多數教甄試教時沒有學生在場，那反而是一個可以自己控制的場面。因此，除了熟練教學技巧外，在教學過程中的肢體動作也需要練習。本書提出三個肢體動作的應用原則，供讀者參考。

㈠平衡原則

整個場次的教學過程，除了不要隨意搖晃或緊張的走動外，教學場地中的每個大略位置都要「去過」。在臺上講述時，有時在右邊，話說完一個段落後，可走到左邊。師生對話時，可往前走；學生寫作時，也需要向左、向右都走一遍。

另外，模擬學生回答時，請了左邊後方的學生回答後，下一題可以請右方前面的學生回答。

這即是平衡原則，在教學過程中，兼顧到每一個學生的視覺、注意力以及回應教師問題的權利。

(二)活動原則

如先前所述，教學是個動態的歷程，很多事情都可能發生，教師不能只是站在講桌前面講解，也不能只侷限黑板前面。坐不如站、站不如走、走不如動，這是肢體動作的活動原則。

除了上課腳走動外，頭、手、腰，也可以試著活動。有人說教學如演戲，這句話有三分對，讓教學活潑、貼近教材情境以及吸引學生注意，教師得要有肢體的演出，對考生更重要的是，活動可以減少緊張。不過，不可以太多、太過，目的達到即可。

(三)適當原則

不管是眼神、動作和表情，一切以適當為原則。適當之意有二：目的達成即可、不要做出超越界線的肢體表情。以眼神而言，需以適當的時間、空間、速度與學生接觸，切勿當上「三板大師」（黑板、天花板、地板）；以動作而言，以適當的距離、身體範圍與學生互動；以表情而言，略微誇張但不恐怖、略微幽默但不搞笑、略有情感但不情緒。

二、口才

口才是指一個人與他人或眾人在口語互動過程中，運用準確、得體、生動、巧妙、有效的口語表達策略，達到特定互動目的，並獲得滿意互動效果的口語表達之藝術和技巧。以教師甄試的上臺試教而言，好口才即是將教學活動以及和學生的互動內容，口說到非常準確、得體、巧妙，並且讓學生得以充分理解的成效。

一個好的口才，有三大要件。

(一)表達的內容

教師甄試時考生要表現好口才，需要先熟知說話的材料，亦即對教材內容非常熟悉，也瞭解非常廣泛。再者，熟悉的教材內容需要具有邏輯結構，在不同的教學情境表達適當的內容。

本書建議實習學生在參與教育實習時，運用自己的思想情感，多觀察、多記錄，逐漸累積實習生活與學校人士交流的經驗。也需要在教學實

習時，多省思自己的教學過程，再練習自編故事，或是將教學過程故事化，充實自己的教學語句。

(二)表達的語調

考生在上臺試教時要能控制語音、語調。語音是指音量，要適中，坐在後面的評審教師可以聽得見；而語調可以呈現問題中的疑問、肯定、嚴肅、諷刺，再結合聲音大小，將會產生不同變化的思想情感之語句，考生可以在師生互動中應用。

一般而言，若要表達疑問、驚訝之語句，則採用升調，調子由平而高；若要表達肯定、感嘆、請求之語句，則採用降調，調子先平後降；若要表達嚴肅、冷淡之語句，則採用平調，調子保持同樣的高低；若要表達含蓄、諷刺，意在言外之語句，則採用曲調，調子先升而降。

考生可以事先練習，特別是針對幼兒園或小學低年級學生，在教學過程中較有機會講故事，語調之變化可以讓故事附有情感，除了生動活潑吸引學生注意外，亦可達到互動的效果，表達的語調相當重要。

(三)表達的技巧

表達的技巧是指在不同時空條件，也可能因地制宜、因人而異，說話的類型不一樣，例如：上課、演講、辯論、推銷、談判，需要綜合不同的語音、語調和表達的內容，產生不同的表達技巧。

以表達類型而言，可以分為五種：1.以道理說服人：例如：他先來的，如果你也要玩，你必須要排隊，大家都要排隊，這是天經地義的事；2.以情感打動人：例如：當老師進入小明的房間，看到小明裹著薄被單在寒冷的冬天躺在草蓆上顫抖，一股辛酸油然而生；3.以數據教育人：例如：根據研究結果，有心利用運動減重者，最好一鼓作氣，連續三十分鐘，就能燃燒脂肪六小時；4.以興趣吸引人：例如：平板電腦不僅可以觀看教師的教材，也可以發訊息跟同學求救，只要你打出「跪求」即可；5.以妙語激勵人：例如：這世界是公平的，因為每一個人都會遇到不公平的事。

另外，以教學而言，有十個重要的表達技巧可以準確地傳達教師教學意念，亦可促進學習成效。

㈠用日常用語說明你的教學目標

在引起學生學習動機後，教學者需要講出先前備課的教學目標，亦即針對教師教學後，學生在教材內容上要表現的行為程度。教學目標可以讓學生在學習過程中有學習的方向。

不過，具有正式寫作格式用法的教學目標不宜直接唸出，宜轉化較為口語的用詞。例如：教學目標若是「學會顯微鏡的操作」，那口語化的教學目標可以是「希望今天上完課，大家都會操作顯微鏡」。

㈡解釋各種細節與作法

在教導核心知識和屬性時，宜用學生生活經驗、先備知識或簡單的實例解釋，一段一段講，講授要清楚明白。講授時也要看著學生的眼神表情，隨時掌握學生的理解情形。雖然教甄試教場合沒有學生，但也要模擬這些動作，偶而也看評審教師的表情眼神。

每一段屬性的細節講述完畢後，需要再統整說明，讓學生對教材內容概念有完整的掌握。

㈢重複說明重要細節

若遇重要的教材內容或重點細節，教師除了放慢速度，可以再重複說明講解，可以用「這個很重要，我再講一次」。「這個很重要」可以喚起學生的注意力，而「我再講一次」則可讓學生重複學習，避免遺忘。

㈣調整速度

解釋教材時，教學者的講話速度以慢為原則，不過，也可以藉由講話速度的變化，讓教學更為活潑，慢速則強調教學重點，而快速可以用在概念細節的連結統整。也因為講話速度不同，使得上課節奏變得有戲劇化，學生學習比較不會沉悶。

㈤ 給明確學習指示

如果要求學生回答問題、做出動作、或是操作教具，教師的指引要非常明確。講解動作時，講話速度要放慢，眼神注意學生是否注意觀看和聆聽；或是比較複雜的動作，宜分段說明，再整合操作。

㈥ 舉出實際的例子

有些要求學生回應的內容傾向於需要分析思考，也沒有標準答案，回答的內容也相當複雜，例如：要求學生設計一套程序。此時，教學者在講解時，需要舉出實際的例子，但是也需要說明，這只是一個例子，學生可以再行變化。

㈦ 明白清楚的示範

另外，有些操作動作是將小動作連貫或遊戲中的走位，操作的內容相當複雜，部分還要求學生自己設計動作，例如：要求學生表演連貫動作，教學者在講解後，需要清楚明白地示範，等到學生練習之後，學生可以再行變化。

㈧ 說明評分方式

教學者若有指示學生繳交作業，包含紙本、靜態作品或動態表現，都需要清楚說明評分的標準和方式。評分不在於將學生分出高低程度，而是在於讓教學者知道教學成效，以及讓學生知覺到自己的學習結果。清楚的評分方式可以讓學生瞭解如何將所學習的結果表現出來，除了學生可以知道完成作業的方法外，呈現較佳的表現也可以提升學生的學習自信心。

㈨ 說明你的期望

教學者對學生的期望具有引領學生學習的作用，根據學生的程度，教學者可對個別學生或群體，設計不同表現的期望水準，並以正向語言積極鼓勵學生學習。教學期望與教學目標不同，前者是指一種特定行為的信仰，後者是特定結果的期待。因此，給學生適當的期望是相信學生可以積極努力投入學習。

(十) **適度的讚美**

實習學生平時就要學會讚美學生，當上臺試教時，更需要針對學生的好表現給予讚美，但是讚美要適度，不可以浮濫和空泛。適度讚美的三個原則如下：

1. 真誠：要發自內心的誇獎對方，若是言不由衷，別人也感受得到。

2. 具體：要針對實際的行為或表現。例如：「你資料蒐集很豐富，看得出來你很用心」會比「你好棒！」來得好。具體的讚美會比概括的讚美來得好。

3. 即時：讚美要即時，如果延宕，就會降低效果。

三、板書

參加教師甄試的試教一定要寫板書。試教評分表上大部分會列出「教具使用」或者「板書」的評分欄位。即使已有教具，還是需要寫板書，至少寫出教學內容重點或單元名稱。

板書和書寫在紙張上不一樣，有些考生在紙張上書寫工整，會在板書上顯示出歪斜、大小不一或潦草的文字。原因在於書寫在紙張上時，手臂前肢有支撐，僅用手腕和手指的力量，況且視覺完全可以掌握所書寫的內容，又稱為硬筆字。但書寫板書是整隻手臂的力量支撐，由大拇指和中指握住粉筆，再用食指按住粉筆頭書寫，在比自己身體和視覺範圍過大的黑板上寫字。因此，實習學生平時就要多練習板書字體。

另外，書寫在黑板和白板也不同，通常白板較為光滑，建議考生也要多練習白板上的文字書寫。

試教應用板書，有四個書寫原則。

(一) 內容正確與適宜量

書寫在黑板上的內容絕對不是抄寫課本上的大段文字，而是提綱挈領地把知識重點寫出來。所有的內容也需要合乎邏輯，亦可容易歸納，對學生可呈現啟發性，引領自己思考。另外，不可以有錯字出現。

㈡ 字體和筆順

板書字體一定要夠大，若是教導低年級學生，字體要跟教學者的手掌差不多，愈往高年級教學，由於所要書寫的內容可能較多，字體可略小，但不宜小於拳頭大小。在國小階段的教學還需要注意筆順。即使國高中比較不重視筆順，但也不要出現太奇怪的寫法。

㈢ 中文形體

字形除了要正確，最好有九宮格的結構美學，大部分中文字都可以拆解成多個部件，每個部件在九宮格上呈現的位置能平衡呈現。

國字形體至少有二十一種結構（林國梁，1988）：左右平分（雕、韓、順）、三拼法（謝、街、辦）、左寬右窄法（劉、都、卦）、左窄右寬法（休、波、得）、左長右短法（江、扣、仁）、左短右長法（呼、晴、坤）、上平法（明、研、野）、下平法（細、鯉）、左高右低法（部、即、鄭）、左包右法（旭、勉、剋）、上下平分法（留、智、需）、上長下短法（孟、書、售）、上短下長法（前、員、簡）、上寬下窄（昔、晉、雷）、上窄下寬（尖、昌、奇）、層疊法（章、量、壽）、立中心法（士、中、車）、左右斜法（勿、多、也）、長形法（自、耳、胃）、扁形法（皿、四、工）、外形有角法（大、下、今、卜）等。部分文字亦具有兩種或多種形體結構。

㈣ 字順與方向

若是橫書，由黑板的左邊寫到右邊；若是直書，則由右到左，要注意工整。寫板書要有黑板布局的想法，亦即要能事先規劃整節課或一段教學需要寫到多少的板書內容量，在教學時一一條理地寫出。若以布局的方式書寫，整個黑板將呈現具有結構性的學習內容，不僅美觀，亦具有連結性。

參考文獻

林國梁（1988）。《語文科教學研究》。臺北：正中書局。

第十二章

萬一失敗如何明年再戰

　　教師資格檢定考試通過率逐年降低，105年的數據顯示，大約有五成的考生無法取得教師證書。看著同學在臉書上感性卻有點驕傲成就的發言，沒有通過考試的實習學生難免心裡難過。先前提到，教師資格檢定考試除了國語文（小教外加數學）外，是以教育科目為主，情境題的命題方式是需要兼顧教育理論基礎和教育實務的整合思考，讀書方法不正確，不夠積極投入，落榜的機會就很高。

　　另外，通過教師資格檢定考試的人，最後取得學校正式專任教師聘書平均不超過兩成，有些更低。多少人南北奔波，每年報考不下十場次，榜單上看不到自己名字的情形居多。在臺灣現在少子女化社會，教師缺額少的環境下，能通過教師甄試的考生不僅相當努力，考試的臨場表現和背後的教師專業能力也很強。如果自己夠努力，卻無法通過教師甄試，那可能是臨場表現和專業能力略比別人差。這已經不是早先十年，只要筆試夠高分就可以錄取的年代。每一個通過初試進入複試再通過的人都是高手，他們能在考場脫穎而出，一定是筆試、試教、口試三方面與其先前資料的準備和充分的練習之各項功夫扎實深入。

　　如果今年失敗了，自己一定會想要不要繼續堅持下去。有三個重點可以思考。

　　首先，當老師真的是自己的夢想嗎？是否思考過其他的生涯發展呢？是否覺得生命和青春需要浪費在這種不斷挑戰卻多數不會有成果的事情上？其他的生涯發展會不會比再度投入教師甄試更簡單、更容易達到目的呢？如果可以轉換跑道，是否已有具體的方向？

　　其次，若還是選擇走進教師這條路，會不會抱怨國家政策應多開放師資生名額？抱怨考題太難？抱怨師資培育之大學沒有教好自己？抱怨少子女化環境，學校不開缺額？抱怨教師甄試口試時，口試委員故意刁難？抱怨自己總是遇到糟糕的環境？如果都是抱怨和覺得上天不公平，那無法讓你產生正面能量並轉化為衝勁，可能還是得放棄教師這條路了。

　　第三，思考那些成功的人，他們是運氣好？還是真的夠努力、考試表現和專業實力強？如果還是想要當老師，而認為是自己努力不夠，再思考這一年內必須要心無雜念，除了代理代課和生活基本要事之外，其餘的時

間都得沉浸在可能無聊卻又必須對它有情感的考試上，這樣做得到嗎？

　　如果思考過之後或與他人商談之後，還是想要再給自己一次機會，那就需要先給自己一些心理建設，僅有教育理想和教育熱忱是沒用的，那是在獲得學校聘書之後的事，現在該做的是——準備考試。另外，這一年的時間也會經歷過無數的掙扎，鄰居一句「教師缺額少，何不趕快轉行？」就會讓自己質疑自己的夢想，但家人的支持往往又讓自己壓力大到半夜躲在棉被裡偷哭，或許就這麼天天生活在家人的支持和他人的揶揄矛盾情節中。自己得先放開這些，不管未來，現在該做的只有一件事——準備考試。

　　開始規劃一年的行程，三件重要的事情得要去做。首先，代理代課是必要之路，那可以提供自己與教育實務接觸的機會，得以從中蒐集教育實務資訊和練習教學技巧。其次，分析自己的優勢和缺點，藉由優勢去彰顯自己的魅力與特色，這會讓自己在教師甄試口試或試教場合表現亮眼。然而，自己的缺點要去克服，找出方法讓自己邁開，遠離缺點。這一年內，經常求助自己的社會資本，關於讀書方法、考試技巧，甚至找些資深優良教師或曾擔任教師甄試之試教評審的教師給自己一些教學上的建議，若有可能，請他們來看自己的教學。本章再詳細說明如下。

第一節　代理代課是必要之路

　　多數第二年通過教師甄試的儲備教師是經過第一年的代理代課教師之磨練，代理代課教師的情境會讓人上臺教學時臺風趨向穩健，對教材內容轉化為教學活動的想法也趨向純熟，在學校教育實務、班級經營和師生互動經驗也愈來愈豐富，因此，試教和口試會表現比去年好。

　　代理教師是指計算月薪、一定時間內代理學校原有教師因事請假、或缺額控管不招正式教師的職缺職務，有些聘期是半年、有些一年，部分縣市另設法規提及：若代理教師表現良好，第二年可以續聘，不需要再招考。因代理教師是以職務缺額聘任，除了教學實務外，亦需要參與學校各項事務，幾乎無異於正式教師的工作。而代課教師是指計算鐘點時數的教

師，僅需要負擔班級教學實務，也因爲鐘點數多、薪資少，比較少儲備教師願意擔任。

如果是教師資格檢定考試未通過，一樣可以尋求代課的機會，教師甄選通常會有第一次招考（簡稱一招，以下同）、第二次招考、第三次招考或更多，一招的報考資格是具有教師證書的儲備教師或已在他校服務的正式教師，若是學校開出正式缺，一招報考者多，一次即招足額。若是學校開出代理或代課缺，一招可能招滿，也可能無人報考，無人報考通常是偏遠地區或只是以鐘點時數計算薪資的代課教師，此時學校便會進行二招。二招通常會放寬報考資格，只要修畢師資職前教育課程即可，亦即修讀教育學程和參與教育實習等兩者成績均及格即可，無需要教師證。若二招仍無法招滿或無人報考，三招或更多次招考會在開學前繼續進行下去，而三招的報考資格降低到只要大學畢業即可，即使非畢業於任教學科之學系亦可。這即表示教師資格檢定考試未通過的考生，可以試試各學校教師甄試的二招甄選。

然而，不管上述哪一類型的代理或代課教師，明年也需要再經過筆試這關，讀書計畫是在代理或代課教師期間仍需要投入時間的事。在讀書與工作兩者均要兼顧的情形下，更需要信心與毅力。

一、代理代課教師的工作

即使要準備第二年的教師資格檢定考試或教師甄試，代理代課時也要專心投入。少部分代理代課教師會在教甄前一個月辭職，造成原學校聘請教師上的困擾，如此難免會讓人覺得代理代課教師私心過重，只求工作，不顧學生教育，這對自己的聲譽也有傷害。如果眞有心要代理代課，務必要專心投入。

可以具有智慧地思考，先前一年因爲參與教育實習，對教學實務現場還熟悉，但第二年準備教師甄試，若沒有持續練習上臺教學，何以通過嚴格的考驗？因此，自己要有正向的心態，上班代理代課即是在準備試教，而準備筆試的讀書是下班後的事，或一定要先盡了教師的責任後，在學校才可以準備考試讀書。

　　代理代課教師可以把自己的課程或班級當作教師甄試的試教情境，針對教材的某一概念，設計成十五至二十分鐘的教學活動，也明白地告訴學生，甚至教學完畢後立即詢問學生學習困難之處，再找機會自行調整。也可以邀請其他班級資深教師前來觀課，指導教學技巧。

二、讀書計畫與效率

　　在學校工作必須專心投入，那讀書計畫就要更早規劃和執行。由於先前一年已經閱讀過相關書籍內容，除了先前的內容要複習外，要知道哪一個學科比較不熟悉，或許也知道自己不當的讀書方法，先把不熟悉的部分補回來。準備筆試要具有全面性，不可以預知哪些面向的主題概念不會被命題。特別是準備教師甄試的筆試，考題非常多，命題範圍當然就廣泛，也因為初試通過率低，更需要題題計較，題題準備。

　　因此，先設定好要閱讀的書籍、要做的筆記、要寫的題目，並安排時間，設計第二年的讀書計畫，儘早開始愈好。也因為白天需要在學校代理代課（練習試教），下班後的讀書過程就要有「效率」，亦即所閱讀的內容能快速理解和記憶。要提升讀書效率，本章建議如下：

㈠充足的睡眠

　　睡眠不需要少，以睡飽為原則，切勿熬夜，晚上勿少於六小時，中午半小時。睡眠充足才有清晰的頭腦讀書。假日整天讀書時，若累了，則最好趴在桌上小睡片刻。若刻意要求自己、挑戰自己身體極限，過了幾次後，身體一定負荷不了，反而得不償失。

㈡把握任何可以讀書的時間

　　白天在學校代理代課，下班後讀書，又要睡眠充足，除了假日之外，不會有長時間的閱讀。因此，把握任何零碎時間可以讓自己閱讀很多。先前提及，筆試大都是來自於主題概念，複習一個主題概念，外加相關的題目練習，可能十分鐘便可結束。可以把讀書計畫的時間分類成長時間和短時間兩類型。零碎時間就閱讀少量內容，長時間就閱讀大型的內容量。

　　可以利用手機將一頁一頁的筆記拍下來，臨時有個零碎時間時，別人

在滑手機玩遊戲，但你在滑手機「讀書」。

㈢ 找對讀書地點

白天在學校代理代課，儘量將所有工作在校完成，離開學校後，到圖書館讀書，或至少到遠離床和電腦的地方讀書。

㈣ 假日讀書內容是承先啓後

假日是可以長時間投入讀書之中，在開始閱讀時，先複習「統整」前一週所閱讀的內容。由於是第二年的讀書準備，閱讀速度會比第一年快，因此，第二年的閱讀需要特別注意統整。統整是指相關的主題概念連結在一起思考，也可以繪製成心智圖、概念圖或結構圖。統整過的知識比較不容易遺忘，也可以觸類旁通或舉一反三，對選擇題的選項判斷亦有相當大的助益。

其次，再針對即將要閱讀的內容分類，以及規劃閱讀的時間。

如此，承先啓後式地、一步一步地完成所計畫的讀書內容，也因為統整式地複習，在做題目時，看了一題便聯想到相關的概念，閱讀效果會很好。

三、激勵自己

如果說這是從自己出生以來最難熬的時光也不為過，白天需要在學校代理代課，有時還可能因為學校的排課、工作量、不受重視之事耿耿於懷，甚至更要面對校內師長和家長認定不夠專業的眼光。下班後和假日大都是沉浸在圖書館和書堆之中，一頁一頁的文字圖表，一題題的馬斯洛、結構功能論、潛在課程……還有自己的專業科目之考題等，每天不斷從眼前掃過，難免會自我懷疑自己是否有足夠的毅力繼續下去。另外，有時候會聽到一些傳聞，提及教師甄試不公平，內定和關說小道消息一堆，這可能會讓自己更挫折。或許有心人士若要少一個競爭對手，就說出類似的話，可能一些人就會自動放棄，這真是輕鬆打敗對手的方法。

不要擔心、也要相信教師甄試是公平的，每一個考生都要經歷筆試、試教和口試。即使報考教師甄試時發現周遭都是具有好幾年代理代課經

驗的高手，當進了考場，就是考驗大家平時的準備功夫和有自信的臨場表現，成功是要靠自己，不是靠評審教師。

「隨時激勵自己」是在代理代課期間最需要做到的事。只要設定目標，規劃好時間按部就班去準備，做好每一個細節步驟，用一小部分有成效的行動來自我激勵，用逐步的行動效率克服不安全感，逐漸地，困難度也只是一關一關待突破的障礙而已。簡單來說，只要知道要怎麼做，剩下的就是去做而已。

第二節　分析自己的優勢與缺點

第二年的教師甄試準備有了更多的教學經驗和學校事務經驗，讀書計畫也重新擬定並執行過，以這些思考去年教師甄試失敗的原因，例如：讀書不太積極、上臺試教時過度緊張，口試時自以為是……，這些問題是來自於自己的疏忽，還是個性上的缺點？如果是自己的疏忽，那很容易在第二年的表現修正，若是屬於個人長久的個性特質，那就得先要思考有沒有調整的可能性。如果真的不容易，那得選擇合適的教師甄試場次報考，否則只能放棄了。

分析自己的優勢和缺點，思考讓自己發揮長處，克服缺點或隱藏缺點，重新擬定教師甄試準備的方向、報考的地區、獨招或聯招、公立或私立學校……，是一些成功者常分享的經驗。

一、自己的優點與發揮

經過前一年的教育實習和考試經驗，再加上第二年在學校代理代課經驗，列出自己的優點，例如：在教材教法上，對某些教材和其教法特別熟悉，有創意獨特的理念，實驗過的學生之學習成效非常好，這讓自己在教師甄試挑選上臺試教的單元時非常有幫助。自己要試著把這些獨特的教學理念應用於不同類型的教材單元之教學活動設計中，並上臺練習教學，務必將這些理念展現得淋漓盡致，在教學過程中相當流暢地表現出來。105學年度某縣市的國中教師甄選是讓考生自己挑選教材單元上臺試教，自己

在此方面的優點便可以發揮作用。

在教育實習上，對帶領某個學生的教育活動或參與某個學校事務有獨特的想法，並且在自己心智中已經構思出完整的一套模式，例如：帶領球隊的歷程、社團活動的規劃與實踐、克服偏遠地區學校少子女化廢校危機的創意特色。這些獨特的想法一定要編寫下來，並轉化為各種項目綱要，再試著練習套用到學校教育實務中，並以口試題目進行練習，試著讓這些獨特想法在口試回應中出現。有這些獨特性，除了挑選可能有此需求的學校或地區報考外，在教師甄試口試場合要能夠引導口試官對你發問，發揮自己在此方面的本事。

在選擇題或申論題的表現上，多數聯合甄選的教師甄試之筆試採用選擇題，然而，獨自招考的學校可能就較多申論題或其他開放性問題的考題。國中小的教師甄試之筆試較多教育科目，而高中職則較多專業科目的內容，這也可以在挑選教師甄試場次與報考前多加思考。

簡單而言，挑選教師甄試的場次時，重點放在可以發揮自己優勢之處，其他場次也可以試試，自認對偏遠地區學校有些創新想法就往那裡去。

二、自己的缺點與調整

如同先前所述，經過教育實習、諸多考試與代理代課經驗，自己也大都知道自己的缺點，針對自己的缺點與不足之處得要思考改善。

以筆試而言，去年一年的讀書技巧和內容，若知覺有成果，得要保留，但對於讀書時間不足，沒有充分準備，這得思考在代理代課之外增加讀書時間，且要嚴謹地善用零碎時間。若是忽略某些特定主題內容，當然需要加強閱讀。不過，比較難以克服的缺點是，部分考生閱讀技巧不佳，知識片段難以統整，這需要花一些時間做主題式內容的筆記。雖然可以向去年已經考上的同學借閱筆記，不過畢竟不是自己整理的筆記，內容理解上還是會有一點差異。

以口試而言，去年的表現是緊張？還是內容不夠具體和豐富？這兩者有部分關聯。要克服緊張，大致有兩個主要方法：第一種方法是有話可

說和有話巧說，當知道要說什麼和有條理地說出來，緊張已經減少大半，這得要考生多加準備，這部分可參考本書第十章的內容；第二種方法是藉由身體放鬆、呼吸放慢等動作。可在進考場前，先做伸展操，雙手前伸、往左右前後迴旋，即是儘量拉大你的身體，藉由肌肉放鬆緊張的情緒，或是用呼吸方式，吸氣到飽後先憋住，等快憋不住後，慢慢由嘴巴吐氣，連續做出到肌肉放鬆為止。每一位考生都會緊張，評審教師也都知道，不要「怕緊張表現不好而緊張」。

以試教而言，去年的表現是教學活動太過沉靜不夠活化？教材內容分析不夠透澈？或是教學技巧，包含肢體、口才和板書配合不佳。這些缺點在第二年的代理代課期間就應該找時機練習與克服，這也是為何代理代課教師比較容易考上教師甄試的原因。不過，本書建議既然正在學校代理代課，那就好好分析教材內容，歸類出幾種不同屬性的教材內容（例如：抽象型、問答型、計算型……），並且在教學過程中嘗試運用一些教學技巧，不斷調整和修正，轉變成自己的教學模式，也需要整理成教學策略筆記。等到教師甄試上臺試教前的教材單元抽取，立即翻閱筆記，隨即可知教學應用策略。

不管是筆試、口試或上臺試教，要能找出自己的缺失，並進而尋求改進的方法。知道方法後，一定要練習、練習再練習；在口試或上臺試教上，可以有多種方法，當自己獲得多種方法後，需要嘗試每一個方法，瞭解哪一個或哪些方法可以讓自己自然地展現和貼近自己的風格，之後，還是練習、練習再練習。

教師資格檢定考試是筆試成績及格即可，與他人成績無關，自己需要投入時間和運用讀書策略。然而，教師甄試就是與他人競爭，只有獨特的口試和試教表現才會獲得評審教師青睞，這即表示若是使用大家都常用的教學技巧、一般人說話的語氣和態勢，那並不獨特。除了建議考生再複習本書第九、十、十一章外，分析自己的優勢與缺點，發揮優勢，改善缺點，再經常練習與建立自己的模式，這即會有比較獨特的表現。如果表現仍像第一年那樣的懵懂無知，那就枉費第二年在學校的代理代課之經驗獲得了。

第三節 求助自己的社會資本

本書第八章第二節提及在參與教育實習時要建立自己的社會資本，亦即建立自己的人際關係網絡。對實習學生而言，社會資本主要包含實習機構的輔導教師和其他師長、實習同僚以及校外教育人士（包含曾在研習會場上認識的教師、某個臉書社群的朋友）。這些社會資本除了可以強化教育實習的學習機會和成效外，在第二年的教師甄試準備過程中，遇到難以克服、不知所措和期望獲得更深入指導的情形時，社會資本的求助便顯得相當重要。

一、以誠懇的態度

人若遇到挫折，特別是在相當努力、竭盡心力後又無法達到預期目標的情形下，通常會有兩種極端的表現，其一是封閉自己、其二是求助他人。封閉自己無濟於事，反而讓自己的身心受傷，即使自己在思索後願意繼續挑戰，但單打獨鬥甚至不知自己錯在何處，成功的機會不大。如果能改變心態，自己的思維總是有限、自己的觀點還是不足，把眼前的失敗視為一種疏忽或無知，進而求取正確可行的方法，成功機會大增。

求助他人時，態度務必誠懇，考生必須瞭解，他人沒有幫忙的責任和義務，這一切都是自己的請求。即使是先前已經建立良好的人際關係網絡，他人不一定願意幫忙，有時是他人非常忙碌沒時間幫忙，因此，誠懇與等待可以獲得更進一步的回應。

由心而發地請求協助，就會在語氣和禮貌上展現出來。見面時，不見得送個大禮，有時候對方喜歡的一盒手工餅乾、一杯咖啡、一杯茶，在會面時，邊指導邊享用，可以更進一步地拉攏關係。若是協助幫忙看教師甄試的口試或試教，簡單的茶飲是必要的，不過千萬不要大費周章地準備，這反而失去意義也浪費時間，誠懇表達心意即可。

如果他人真的在短時間內沒空，你又沒有時間壓力，除了另尋社會資本外，等待也是一種方法。儘量配合他人的時間，也儘早提出請教的問題，他人可以衡量時間做出安排。

接受協助後，莫忘情感，社會資本之所以長久維繫在於雙向互動的關係。平時若有建立良好的人際關係網絡，在請求協助上會更容易一些。

二、明確的需求求助

請求他人協助，得事先準備好問題、或提出他人要幫忙之事，切勿只是抱著一個學習的心，只想聽聽別人的經驗（那只適合演講的主題），如此的學習將很空洞，協助之人也不知所措。好的請求協助是因應自己的困難而來，不是聽取他人的困難和突破之道，不同的人有不同的困難。所以，先確定好自己的問題，再去請求協助。

如果是筆試的準備，包含哪些主題範圍和主題內容不理解、有何筆記方法或協助記憶的方法、哪裡找考古題、寫考題如何分析判斷題目……，先提出自己的問題和困難，再聆聽他人的經驗。

若是口試的準備，如同先前，得先思考自己的問題。若不知自己的問題，可以將去年的口試回應說給協助者聽，或者是將自己練習口試題目的回應說出來，請協助者判斷，再進行指導。甚至，自己有何獨特的回應技巧和回應內容，也可以提出來討論，請協助者提供建議。

以上臺試教而言，那就必須真正地教給協助者看。需要找個教室，或是利用假日回到教育實習機構的教室，自己先找出幾個主題概念實際演練，請協助者幫忙指導，指導後再教一遍，目的在於自己是否暸解協助者所提建議的內涵；之後，再模擬教師甄試上臺試教的情景，三位評審教師坐在教室後面觀看，有人計時按鈴，之後再請協助者提供建議。

簡單來說，讓協助者知道可以提供哪些具體內容，會有助於自己缺點的調整與改進。

三、自己要試過

不管運用多少社會資本，請求多少他人協助，對於他人的協助除了感恩之外，需要自行判斷與採用，亦即自己對未來所做的行為負責。協助者只是提供建議，不是考試命題者，也不是評審教師，切勿將過多的期望、甚至責任寄託在協助者身上。

　　其次，對於他人提供的建議一定要自己試過，有些建議距離自己的風格太遠，自己又難以在短時間內調整，就不需要勉強，但需要另尋其他資訊改善。例如：某教師建議可以在教學過程中採用「學生兩兩同儕討論法」，但自己卻沒有試過，這就要好好思考可不可以採用。

　　另外，有些來自協助者的建議不一定適用於每一個情境。例如：部分協助者提及在上臺試教時可將評審教師當作學生進行互動，不過，這應屬於協助者個人的評審風格，還是有部分評審教師不認為如此。因此，聽取建議後，可自行判斷，若沒有把握，可先擱置。

　　夢想是自己的，生涯也是自己規劃，自己要能自我掌握。如果平時已經建立良好的社會資本，此時便可善用，求助社會資本可以讓自己事半功倍。

　　未通過教師資格檢定考試是屬於讀書方法的問題，瞭解自己蒐集的書籍資料、讀書習慣和技巧是首要步驟，請求他人的建議藉以改善自己的缺點，再積極努力投入時間讀書才有機會在第二年通過檢定考試。然而，目標不僅是通過教師資格檢定考試，如同許多人一樣，以準備教師甄試作為目標。

　　許多人在第一年、第二年多場次的教師甄試都有獲得備取的名次，只是備取要能夠獲得補上的機會，只有正取考生因重複正取多場次的教師甄試而留下之缺額。備取令人懊惱，但也證明自己是有能力通過教師甄試。如果託付於運氣，可能過於消極，不如好好充實準備。

　　在準備過程中，不要放棄擔任代理代課教師的機會，更不要去找尋非教育類的工作。在學校代理代課雖然占去大半時間，不過那是練習上臺試教與進一步獨當一面去面對教育實務的機會，那也是一種試教和口試的準備。如果先前的閱讀習慣不佳和閱讀內容不足，需要大量時間補足，那可以僅代課即可。每週十節的代課教學經驗會讓自己熟練教學實務，每週進入學校也讓自己對教育實務保有知覺和熱忱。

　　第二年的教師甄試準備是心理進階、方法進階和毅力進階的時刻，只要心態正確、方向正確、堅持下去，成功指日可待。或許自己有個信仰可以寄託，並許下諾言：讓自己成為一位正式教師，一定會把孩子教好、貢獻教育。如此，或許也會獲得一些效用。

第十三章

初任教師的震撼

　　終於接到學校專任教師聘書成為一位正式教師，多年來的努力就是為了這一刻。有些學校的校長或教務主任會找新進教師一起討論工作事宜，有些會直接指派班級和任教科目。大部分學校會安排班級導師職務給新進教師，或許自己會開始質疑，對學校什麼都不瞭解就要帶班是否適當？更甚的是，這個班可能是最「青春活潑」、最多調皮搗蛋學生的班級，質疑學校為什麼要安排這個班級導師職務給一點教師經驗都沒有的自己？當其他教師知道你接了這個班級，他們可能面帶微笑卻又有點暗自嘲笑的表情，這會讓自己更恐慌並認為，這到底是什麼班級啊！

　　別忘了先前參加教師甄試口試時那種「只要錄取我，什麼都答應的花痴樣子」，也別忘了曾許下「一定會把孩子教好」的諾言，教甄口試官可能也是因為你的承諾而錄取，千萬不要一夕之間轉變個人啊！其實，許多學校都有一些特殊班級和特殊學生，這些班級學生不是不好，只是先前的教師之教育作為方法不對、技巧不佳或者是心態不正確，讓那些班級學生看起來是個燙手山芋。有時候師生的緣分就是這樣產生，這些學生就是非你不可，或許你是上天派來照顧他們的天使。另外，還記得當初修讀教育學程的理想嗎？把學生教好，別人做不好，你來做，莫忘初衷啊！

　　另外，新進教師大都需要兼任行政工作，這些工作是歷練，甚至是承擔。兼行政組長的教師除了既定的課程與教學工作外，也要對全校性的事務多所著墨。全校性教育活動規劃本是難事，執行過程也無法讓所有人都滿意，有些事情來得突然，難以處理，有時也會面對學生衝突事件。不過，學校行政工作主軸不在於文書處理，而在於設計全校性或全年級性的非正式課程以及促成非正式課程得以有效的支援。行政工作像是將學校內所有教師的教育作為串聯起來，像繩子一樣，牽引著每個教師、每個學生，甚至包含家長。兼行政組長的教師就是這條繩子，牽引著每個節點，不讓每個節點偏離本道。學校需要為學生的天賦發展社團，辦理國語文競賽、數學競試、科學展覽、藝術展演、運動會、資訊教育比賽，也需要為學生的生活教育、品德教育規劃學校情境和設計活動課程，好多的事務不是一個班級導師或任課教師能夠處理，得要有人扮演這樣的角色。

　　剛開始不熟悉，心裡難免有壓力，這即表示自己真的是一位教育工作

者，很想把教育工作做好。剛開始也忙不過來，又要備課和教學，又可能在短短的下課時間被找去處理棘手的問題。可能打開午餐盒的時間已經接近一點，每天是月亮陪伴下班，轉個彎思考，這又盡心盡力了一天。或許幾週或幾個月後，會接收到一些他人對你工作上的質疑，那也是正常的，聆聽不同的聲音才會讓思考更周延，教育活動更貼近教育理念與本質。也或許會聽到一些揶揄聲音，被人嘲笑兼行政職務是笨蛋的話語，這是一種心智上的歷練，透過這種歷練，教師生涯將更強壯。

　　教學年資三年以內通常被稱為初任教師，初任教師的經歷與專業學習影響教師生涯的發展。因此，通過教師甄試，開始成為教師，不是結束而是開始，開始二、三十年的教師生涯，也是另一種學習的開始。初期會遇到一些教學震撼，之後，會透過各種學習機會讓自己的教育專業成長。逐漸地，將會產生個人的教育價值信念和型塑個人的教學風格。凡事正向地面對、思考和問題解決，幾年之後，將會發覺自己不一樣，不只是工作能力不一樣，人生態度也將不一樣，將會更有高度地看待自己。初任教師這三年的一切經驗與態度，會決定未來二、三十年的教師生涯。

第一節　在教育震撼中逐漸茁壯

　　初任教師在教學過程中通常會受到一些教育事件震撼，頓時不知所措，例如：需要管理一個班級學生的逾矩行為和處理各種不同特質學生的問題、需要針對大量且不同的課程進行備課、面對上課過程中學生突然的情緒反應以及面對家長的質疑。針對這些教育震撼，少部分的初任教師有些情緒反應，自我懷疑是否走對了生涯路。即使教務主任、校內師長不斷地提醒和傳授可行的策略，初任教師可能也不知道事情的輕重緩急和處理事件的訣竅，這三年的教學工作對初任教師而言是一個重大的挑戰。

　　初任教師在面對上述問題時，可能會認為在師資培育大學修讀教育學程所獲得的知識毫無用處，而在教育實習時也沒有類似問題的處理經驗，轉而想起早先年幼在中小學當學生時他們老師所用的方法，以小時候教師的方法教育現在的學生，這是相當危險的事。並不是教育學程知識無用

處，學程知識無法提及所有教育情境，這得要初任教師依據不同情境轉化學程知識為能力；換句話說，初任教師必須要以先前所學的教育知識和教育實習的經驗為基礎，重新建立「自己」所需要的教育知能。

面對教育過程中的諸多挑戰，初任教師很想立即獲得問題的解決策略，但是，來自他人的建議也總是能控制局面而已，無法充分解決問題。初任教師要先釐清教育事務的處理優先順序，一件一件慢慢地建立自己的教育觀點與所需要的教育知能。

一、震撼一：非預期教學過程的慌

在早期參與教育實習時，見習實習輔導教師教學機會較多，而上臺練習試教的機會較少；另外，先前教學實習時，可針對一個單元教材花許多時間寫教案、思考教學策略、準備教具、設計學習單和批改作業，不過，在成為正式教師之後，每週有十幾節課，得要練習快速備課和批改作業的方法。再者，先前教育實習上臺試教時，輔導教師也在教室觀看，臺下學生學習比較容易專心，而成為初任教師後，即是獨當一面的時候，沒有人指導，也沒有人在旁邊提醒。教學過程中，學生會有許多非預期行為，進而干擾教學，影響其他學生學習，教師原本的教學構想完全被打亂。此時，初任教師會認為參與教育實習時所學習的教學知識和教學經驗似乎難以應用。

初任教師需要在有限的時間內，快速地發展每一單元每一節課的教學活動設計，本書還是建議初任教師撰寫教案，但不是教育實習時的那種詳細格式（除非是擔任教學演示，需要提供給觀看者），而是一張白紙或一本筆記本，只要寫出教學流程和可用的資源即可，目的在於課前仔細思考教學中可能涉及的因素，提早思考因應策略。當然，寫簡單教案不代表簡單教學，整體教學流程還是要掌握教學目標、教學活動與教學評量的連貫性。

另外，部分班級學生比較活潑，也可能因為是年輕初任教師，學生總是喜歡在上課時吸引初任教師的注意力，不過，他們引起教師注意的方式常常讓人覺得幼稚或隱含青春氣息的動作，他們也從未想到初任教師已經

被課程與教學和其他的事務搞得焦頭爛額。初任教師需要先瞭解這些學生的善意，心理不要受到干擾，在教學過程中要以教材、教學、學習活動和評量為中心，切勿被一些非預期的行為導向無意義的教學活動。

二、震撼二：班親會與家長們的刁

大多數的初任教師若不是兼任行政組長，就是被要求擔任導師，即使不兼任行政組長或擔任導師，也都會面臨到家長對學校教育和初任教師教學的關心。現代的家長知識水準比以前高，年齡也幾乎比初任教師要大，光是養兒育女的經驗就可以「教導」初任教師如何帶領孩子的方法。在班親會中，許多家長會提出一些建議（其實是要求），更擔心的事是其中兩位家長提出的建議竟然相反，並要求教師回應，例如：一位家長建議高年級學生中午應有午休睡覺，另一位家長卻認為不需要；或者是一位家長認為午餐應該強迫學生吃完，另一位家長直接認定不好。或許家長的意見也不一定會在班親會上提出，而是運用聯絡簿、電話或親自到校，在眾多的聲音中，初任教師可能難以招架，卻得要有個合宜的回應。

最大的震撼出現在家長對你教學、班級經營和各種教育作為的質疑，當你想要進行翻轉教學、探究教學和要求學生課後蒐集資料閱讀書籍，一位家長回應：「請教師專心教學，不要拿這些不會考的內容來教育學生。」當你將某個學生在校不當行為告訴家長，並請家長多指導時，家長回應：「這是在學校的事情，請教師負責任把學生教好。」這些來自於家長的意見，不會在教育學程的課程中被提及，即使參與教育實習也未曾發生過（實習輔導教師太高明，不會讓這類事情有機會發生）。初任教師面對這些震撼，不能怨恨和挫折，得想出一套辦法或因應策略。

初任教師勿以為這些家長找碴，家長認為他們可以參與教育活動，本就可以提供教師良性建議，初任教師和家長們只是思考面向不同。若只是透過文字溝通，更容易加入情緒，若文字加上負向情緒，在閱讀文字訊息時就可能誤解對方，教師也是、家長也是，任何人都是。

要處理這些問題，唯一的準則是教育專業。初任教師要先靜下來思

考，從學生的生理發展、心理發展、教學策略、班級經營……找出相關教育知識，再與當時的情境，整合思考並形成面對教育事務的理念與一套說法。再者，在陳述理念時，化身成一個旁觀的教育專家，嘗試解釋教育策略的目的與細節，此時情緒便會穩定許多。再以平穩的語氣、隱含教育專業用詞，卻簡單的詞彙對家長說明。即使家長一開始可能無法立即接受，不過聆聽到教育專業語言，似乎也會由心底知覺初任教師是一位經過專業訓練的教師。

三、震撼三：教育熱忱與教育情境交織的累與煩

所有初任教師都想要把教育工作做好，也都知道比資深教師投入更多時間是應該的，因此，初任教師可能在不知不覺中，走路速度加快，吃飯速度加快，甚至連騎車、開車上下班都在想學校的事情。不過，再看看隔壁班教師或同處室教師，怎麼做事輕鬆，教學也很有成效。初任教師前三個月會發現自己下班回家後，身體好累，不想出門、不想聯絡朋友，只是想好好歇息。再加上不斷地接收到學校校長、處室主任、學生和家長的訊息，更有一種感覺——「煩」。

上述的原因，來自於初任教師想要發揮自己心中醞釀已久的教育熱忱與教育理念，因此，會花許多時間思考各種教育作為，包含教材設計、教學活動、班級常規之獎勵制度，有時還會思考如何把行政工作做好。但是，在踏出第一步後，情境所回應的事實不如原先預期，凡事開始產生一些不確定性。短暫的心靈交戰後，在不服輸且相信自己做得到的心理壓力下，所花的時間更多、所耗的體力更大，因此，累了、煩了。

本書建議初任教師要調整做事的步調，先前教育學程所學習的理念和教育實習所獲得的經驗都是一種參考，但不是依循，是一種啟發，而不是仿效。「理念」為基礎，「彈性」為原則，不需要依循特定細節。其次，建立工作時間表，可節省時間，教學更有效率。第三，與其他教師協同或合作，部分工作可以相互分享、相互支援、或分工再整合。更重要的是，注意自己的健康和安全，有足夠的休息和睡眠，開車、走路勿分心，保有

良好的情緒待人。

上述是一般初任教師經常面臨的工作震撼，一種教育熱忱與實際教育情境交織而成的心裡感受，這是自然現象。教育熱忱應該獲得肯定，若能逐步思考與調整策略，也會有令人讚賞的教育作為。如果初任教師能夠以教育熱忱面對教育震撼，慢慢地，初任教師會發現，每一次面對問題就會有新的想法。當早先那些暗自嘲笑的人突然覺得「怎麼換一個人做，事情就變得好多了」時，初任教師可以很自信地展現笑容，這笑容是一個「教育家」專屬的記號。

第二節 初任教師的專業成長

初任教師需要繼續學習，此時教育知識的獲得是來自於學科知識、教育情境以及自我省思三者交互作用。以先前提及的教育震撼而言，教材教法和面對學生差異是兩大重點。另外，初任教師可以利用正式學習和非正式學習機會不斷地獲取專業知識，提升自己的教育專業。

一、教育震撼的主要來源與因應策略

㈠教材教法或教育活動設計

無論世界教育趨勢如何轉變和國內學校教育如何改革，教育作為不會脫離教材與教法的本質，即使仍有許多教育活動（例如：樂樂棒球、品德教育），那也是學生學習某些特定內容的教學活動；換句話說，學生應該學習的教材內容設計以及教師應該運用的教學方法，兩者是永遠不變的教育內涵。

為了有效地教導教材內容知識和其主題概念，初任教師必須非常熟悉該學科領域的教材內容，如此才能發展更有趣的教材內容要素和符合學生的學習需要。先前在師資培育之大學所修讀的專門學科知識均是大學教授以大學生程度提供的教材，不會是中小學的教科書內容，而初任教師到中小學任職之後，便需要對中小學的學科教材充分瞭解。這即表示，初任教

師必須自己藉由大學專門課程知識解讀中小學的教材內容與其連貫性。

初任教師必須思考教材內容、屬性與其對應的教學方法，在教學設計前也要思考學生的程度，安排合宜的教材內容。再者，透過教學實踐，蒐集學生表現資料，自我省思並發現需要修正之處。要注意的是，不是放棄比較難的教材，而是從學生的學習起點開始教學，也可能需要提供大量的教具和實例。

除此之外，初任教師儘量利用時間蒐集文獻和參與校內外與教材教法相關的教師專業成長活動，例如：針對教材知識尋找相關書籍以補充學生得以理解的教學實例、在校內教學群會議請教其他教師關於某特定教材的教法、或參與校外學科研習會，擴充自己在學科教材和教學法上的知能。

初任教師需要對教育或學科教育保有專業成長的熱忱，亦即用謙虛的態度渴求愈趨合宜的教材教法與教學創意思維，對教育或學科教育內容的知識獲取保有敏感度，隨時思考在教材教法上精進。

㈡面對差異學生

學生學習困難或行為出現問題，多來自於學生無法達到統一的標準而導致個人失序的情形；換句話說，初任教師若不瞭解學生差異，強制學生在各種教育作為表現齊一，學生就會有非預期的表現，讓初任教師感到震撼。

初任教師在早期是中小學學生時，當時教師對全班學生的態度一致、教材內容一致、互動與輔導的方法一致，以求每位學生公平對待的目的。不過，由於教育趨勢的改變，每一個孩子的受教權之解釋，從「被動接受相同教育作為」轉變成「接受符合自己學習的教育作為」。因此，教育之差異化作為是當前教育領域中重要的觀點，對欠缺教育經驗的初任教師，更是需要立即學習的教育理念。

每一個學生都是家長心中的寶，每一個家長都希望學校和教師能教育好自己的孩子；再者，每一個學生都是特殊的，他們有獨特的認知、生理、道德、特質和生活環境，即使他們表現出來的行為不符合團體規範，教師對待他們的方式也需要略微不同。教師當然希望每一位學生都在一套

標準下學習、遵守規範，如此教育工作將會多麼輕鬆。不過，教師若強力規定下，學生都在一套標準下學習和遵守規範，但那已經失去教育的本質，也忽略當前學生受教權的意涵。

　　初任教師面對學生差異時，首先需要建立一項重要教育理念，亦即相信每一個學生都可以學習、都可以輔導，也相信每一個學生都是良善的，只要教師瞭解學生的心理發展，提供貼近學生生活經驗或先備知識的學習教材。其次，初任教師可發展更有彈性的教育作為，教學、師生互動和學生作業表現宜有多種選擇，再鼓勵學生藉由自己條件思考（不是讓學生亂選擇，教師要引導），也需要瞭解每一個學生的專長興趣，提供適當機會鼓勵學生發展。第三，初任教師得要面對「表面失序」的挑戰，不同且彈性的教育作為在初期會讓學生抱怨不公平，校長、主任和家長也可能質疑，有時還會接收到來自上級的關切。初任教師不要灰心和挫折，除了更關心教育細節外，也需要一對一地瞭解學生的學習情形，藉以提出專業的論證，呈現給校內外長官和校長看。有些好的、創新的教育作為，一開始都不會被接受，唯一的路徑是，在逐步性的計畫策略中，細膩地處理每一個細節，再提出論證以彰顯自己的教育專業。

　　或許部分初任教師會認為差異化地面對學生過於困難，還是以傳統的統一規範以求公平的方式進行教育活動，即使瞭解這種差異化面對學生的觀點是符合邏輯，卻也認定過於理想而不願意嘗試，或許部分教師會等到有足夠教學經驗再來嘗試，這樣的想法沒有連結到學生學習或行為問題，即是造成教育震撼的原因。差異化面對學生不是困難，而是早先都被忽略了，當差異化面對學生的理念被實踐，學生學習獲得成就感，許多的問題行為都可以迎刃而解，學生也會因為喜歡學習而較少產生不當的行為。

二、初任教師的學習機會

　　初任教師早已經不是師資生或實習學生，一切的學習都需要自己規劃，也因為工作特別忙碌，較少有機會參與校外正式課程的學習，因此，初任教師的學習以校內活動參與經驗和藉由省思獲得的機會較多，亦即非

正式學習機會將比正式學習機會多。

一個教師的學習機會很多，第十四章第二節會提出學習的方式，本章僅就初任教師在學校內可能的學習機會提出說明：

(一) 非正式學習機會

教育工作參與經驗和自我省思本是一種學習形式，從參與學校校務運作可以瞭解學校教育的本質與各項活動的內涵，從學科教材內容分析與教學活動進行可以發現教學工作適切性的重要。不過，若要深度瞭解教育脈絡並藉此獲得專業成長的機會，得要有敏銳的觀察力和省思力。

敏銳的觀察力來自於符號互動論或詮釋學的觀點，亦即看待事務不能只是看到表面的層面，得去思考事件背後的細節因素，也要透過各種不同的角度蒐集資料與瞭解脈絡。一個學生沒來上課可能不只是「家長已有請假」的表面事實，敏銳的教師會打電話關心、瞭解狀況，甚至到學生家庭去觀看與訪問，或許就可能發現學生平時的生活樣貌；另外，一個學生總是孤零一人，文具盒內的筆每日減少，可能有著霸凌事件的徵兆；或者是觀看資深教師教學，雖然對於其使用討論教學法的步驟讚賞有佳，若不敏銳觀察學生互動討論的脈絡，進而思考該資深教師可能先前已經充實學生許多先備知識，而僅就步驟式的仿效，也無法產生具有討論成效的結果。初任教師在教育工作中，要能夠敏銳察覺各種事件。

另外，敏銳觀察事件與嘗試處理之後的經驗需要進一步省思，本書在第五章提及，自我省思是透過外在客觀環境的訊息接收，而對自己的想法、行為和態度進行評估判斷，藉由自我省思，個體可以修正、調整或修改，建構更好的行動意義以及型塑自己的教育信念。綜合上述，初任教師可以在活動參與、觀察、處理經驗和省思後，獲得更多教育觀點與學習處事的態度。

(二) 正式學習機會

在校內正式學習的機會是每週固定教師進修時間，邀請校外專家學者和專家教師前來分享教育理念與教育實務經驗，以及各學校均會對相同任教學科領域的教師安排學科領域教學群或年級教學群。前者以聆聽為主，

後者則自行規劃相關議題，包含校外專家教師分享、校內教師分享、教材教法討論以及教育相關議題進行討論。

以全校的進修研習而言，研習主題通常會事先規劃，若一個學校初任教師多，則多會安排與初任教師相關的議題，否則大都安排新興教育議題的內容。初任教師要把握的是各學習領域教學群運作的時間，部分學校會安排領域內教師教學經驗分享、共同備課、觀課和課後討論的機會，而在這之前，可能也會安排初任教師進行教學。

若是上臺教學演示，可以將教學理念與其他教師先行討論，再邀請其他教師協助觀看教學過程，請其從學生表現中提出教學策略的建議。有些學校教師相互觀課的執行效果不佳，觀課後的討論僅是表面讚賞，對教學毫無幫助，另有些是初任教師不願意上臺教學，這眞正失去教學實務學習與省思的機會。

若是與其他領域教師共同備課，初任教師要能理解自己的教學活動設計與其他教師教學活動設計的差異，可以比較一個初任教師和資深教師或成功教師之教學理念，並請教其教學設計的觀點。若有對資深教師觀課的機會，初任教師得要仔細觀察其學生表現，並對應教師教學過程中所使用的語句和語詞，初任教師就會在這些語句和語詞的細節上發現一個資深優良教師的教學功力。

以臺灣近幾年來，教師缺額銳減，能通過教師資格檢定考試、教師甄試之筆試、口試和試教等層層關卡，最後錄取獲聘的教師都是極爲優秀。不過，極優秀是指考場上的表現，學校教育實務是無法完全以考場形式呈現；換句話說，考場表現極優不代表教學能力強或教師專業夠好。大部分初任教師的第一年都會經過教育震撼，與先前師資培育和教育實習經驗的差異很大，這是自然現象，也提醒初任教師，在面對教育實務上所需的知能還是不足。一般教師都得專業成長，初任教師更需要專業成長，專業成長方式很多，但還是得依賴初任教師在學校工作時，對各種教育事務的觀察和省思。若有機會參與教師社群，也宜把握與其他教師互動的機會。只有用謙虛的態度以求日復一日的精進學習，教師專業才會逐漸成長，教育震撼也逐漸遠離。

另外，本書也要提醒初任教師，繼續學習得要自己有強烈的信念。少數初任教師一考上教職，似乎也停止了主動學習。除了學校安排的研習活動外，大都以教育工作繁忙爲由，排斥主動學習和繼續學習。有心向上繼續學習的初任教師不要受到影響，自己的教師教學生涯自己規劃，充實自己完備的教師專業，也把學生教育成功。當初任教師的專業逐漸成長，學生獲得學習成就感，學生臉上的笑容與喜悅是無與倫比，這也是初任教師走入教師這條路的初衷。

第三節 發展教師專業認同

教師如何看待自己的角色相當重要，這影響到自己發展教育作爲以及與學生互動的能力，合適的教師專業認同是教師專業成長的關鍵。特別是初任教師，在面對教育震撼與遭遇挫折之後，少許抱怨是自然現象，比較令人擔心的是失去教育熱忱和信心，成爲一個僅上班操作既定教育事務的工作者而已。

教師的工作不只是教學，部分初任教師可能受到師資培育之大學過度重視PCK（Pedagogical and Content Knowledge）的影響，認爲教材教法是教師重要的教育工作，對於教材教法以外的事務不願意參與（例如：訓練學生參加比賽、學生犯錯直接要求學生到學務處或輔導室，自己不願處理）。然而，初任教師需要接受廣泛的教師角色，除了教學之外，學生對班級的認同感、學生心理輔導、學生校外活動以及共同建構安全的校園環境，也都是需要教師規劃與參與。

一、教學專業認同

教學專業認同是影響教師投入教學工作的關鍵因素之一，專業認同並非自然生成、互久不變，而是與教育改革息息相關，隨著持續的教學活動之實踐與省思，進而對教師專業重新定義，教師教學專業認同會不斷型塑、解構和重建。因此，初任教師教學專業認同是指其個人藉由在教學工

作的認知、經驗與其所處的教學活動之制度、情境與學生文化上的互動，進而對教學工作持有的價值、信念和抱負。就教學工作認知而言，具有包含性；就教學工作屬性而言，具有複雜性；就工作建構歷程而言，具有持續性。

(一) 教師專業的包含性

教師的工作相當廣泛，不僅是對學生教學，當前的教育思維是以學生為主軸逐漸擴散到學生的在校生活，包含瞭解學生並與其發展良好互動關係、建立學生學習組織和社群、營造生理、心理安全的學習環境、協助學生社交和情緒發展，以及協助學生發展生活和社會態度。先前所提，初任教師可能認為教師工作即是教學而已，上述所提之五項學生活動較少認同或無法體會，這是狹隘的觀點。教師的工作是由師生的互動開始，從教學活動擴大教育各層面的設計，亦即，教師的專業不只是「教學」，而是「教育」，不只是自己班級學生的教學，而是全校教師共同經營全校學生的教育活動。

(二) 教師專業的複雜性

教師是一項非常具有挑戰性的工作，內容不僅相當多元且複雜，也涉及許多因素，教師也需要找尋方法讓自己保有教育熱忱與動機。大部分的教育熱忱與動機不是來自於個人特質，亦即不是天生的，而是自己從教育事務中知道運用極佳的方法，讓教育工作得以呈現美好的一面。初任教師必須要擴大「教學僅是教材傳授的理念」，成為「教學是一種豐富且具有興趣的活動」，改善教學活動是必要的，在教學過程中加入一些元素使教學活動更為活潑，讓自己和學生更有興趣。當師生共處愉悅教學氣氛，教學成效便得以改善。

(三) 教師專業的持續性

教師需要發展個人教學魅力，藉以型塑自己的教學風格。而教學魅力或教學風格是從初任教師在教育工作上的興趣和能力開始。許多初任教師不願意提出個人的教育規劃，當別人問及有什麼計畫時，不是回答工作

職務調動、進修，就是回應「沒想過、不知道」，鮮少提及「我想要更深入瞭解什麼是差異化教學，到底可以幫助學生什麼」、「我想要去發展平板電腦在教學應用的策略」。教師個人的生涯發展是從初任教師開始，初任教師宛如教師生涯的彈道起點，彈道起點歪斜將有不當的教育發展。因此，初任教師永遠都需要思考下一步的教育理念是什麼。

二、教師個人認同

教師個人認同是指教師如何看待自己，是教師自己定位自己、和釐清自己與他人有何異同的方式，也是一種自我理解與自我詮釋的表現。教師個人認同是在動態且複雜的社會關係中被型塑，每位教師參與教育活動的過程不同，個人自我認同過程也不同。當初任教師能有意識地瞭解自己，便可以更理性地看待自己的工作，也能夠藉由個人認同發展更高層次的教育理想。初任教師要將自己看待是一個正向快樂的教師。

㈠ 看待自己不是一個純為教育而犧牲個人生活的人

初任教師要有合宜的自我認同，首先需要自我建立工作與生活的平衡性，這涉及拋棄一開始想要成為人人稱讚的好教師之想法，以及不要認為自己可以為教育而犧牲任何家庭或休閒生活。初任教師滿懷熱忱與教育理想，但擁有教育熱忱並不需要犧牲假日生活和犧牲與家人或情人相處的機會。不過，多數初任教師可能因為要處理的事情太多而做不到，轉而抱怨學生、抱怨學校校長或主管、抱怨教育環境、抱怨教育政策。有些事情可以改變作法、有些事情可以和他人合作，有些事情也不一定要那麼急著拿出績效。轉變一下自己的心境和改變一些作法，讓自己的休閒生活如常進行，教師也可以是一個愉快的工作者。

㈡ 看待自己是一個求知若渴的人

其次，初任教師的教育熱忱會比資深教師高，甚至認定可以開始拯救社會，拯救弱勢的孩子。然而，一旦接觸教育工作，遇到諸多的問題並不如想像中那麼容易，很快就瞭解所需要的知識不夠充分，而且從來沒有一天自覺完美地處理好所有問題。這是自然的現象，初任教師要看待自己是

個教育知識的吸收機，隨時隨地都可以為教育所需要的知識去吸收、去思考，進而去建構更新的教育理念，教師就是這麼一個「求知若渴」的人。

㈢ 相信自己和具有自信地看待教育工作

多數初任教師工作兩三年後被問及有何改變時，每個人的回答大都包含或認同「對教育工作比較有自信」，而透過教育工作的實踐和不斷地修正，教育成效愈來愈彰顯。然而，若他們再回溯初任教師的第一年，部分初任教師就會有點靦腆地說出當時的挫折和情緒有點不佳的回憶。

任何工作都是如此，在工作初期，由於缺乏經驗，自己又很想要做好每一件事，導致有點混亂，有時會有心理不適應情形，而面對上級政策、學校活動和突發事件進而會有些情緒低落的反應。初任教師要能夠瞭解教育工作的複雜性，得一件一件處理完，有時候也不難，只要靜下心來思考解決策略，最後還是可以完美地處理好。因此，初任教師應該對於教育政策或非預期性的教育工作抱持著正向的態度，仔細探究工作細節，切勿立即反彈。相信自己可以不需要花費太多時間，而且完美地完成。簡單來說，相信自己，也更有自信地看待教育工作。

本章以「初任教師的震撼」為題，指出初任教師在教育生涯前三年會遭遇到的教育實務、可能會發生的衝突現象以及自己應該調整的策略。教育工作雖具複雜性，但不會無法克服，只是因為經驗不足而有些許震撼而已。只要初任教師瞭解問題本質，透過各種方式提升自己的專業能力並進而一一解決，逐漸地轉化為更進階的專業能力，並在教師教學專業與個人自我認同中，發展二、三十年具有工作責任感的教師生涯路。

第十四章

成功教師的圖像

　　成為正式教師後，也經歷過了前三年的教育震撼期，教學態勢稍微有點樣子，但此時大約是教師生涯的交叉點。如果前三年的初任教師生涯中沒有發展出正向的專業認同與教學態度，或因為教學挫折不願意求助別人而封閉自己，則對教育工作逐漸失去信心，也經常會有憤怒和抱怨的情緒，教育工作就會經常消極以對。然而，如果前三年的初任教師期間抱持著一種挑戰的學習態度，一心一意想要找出自己教育工作疏忽之處，或教學後總是覺得還可以再更好，便會開始思考精進策略，逐漸地，對教育工作產生信心，慢慢地，將散發出教育熱忱，連周遭同事都感受到自己的教育熱情。

　　一個經常省思的教師會發現，自己永遠無法達到完美的教學境界。教育工作涉及太多因素，最大的因素是學生，每一年遇到的學生可能不同，不同學生可能就會需要教師改變原有的教育理念與教學模式。沒有完美的教學模式、也沒有永遠最佳的教師，只有需要不斷專業成長的教師。如果能隨時因應學生的學習需求，且積極找尋可以提升學生學習成效的方法，再隨時調整自己，讓自己不斷精進學習，這才是一個好老師、一個成功教師的圖像。

　　一個成功教師，除了具有「接受嚴謹的師資培育訓練」、「在特定領域持有專業證書」、「具有三年以上教學年資」外，會常表現下列七點教育作為。

1. 關懷與尊重每一位學生生理、心理發展和差異。
2. 呈現自己對學生高度的期望。
3. 投入許多時間備課與教學省思。
4. 藉由不同的教學策略、活動和作業安排提升教學成效。
5. 運用有意義的方法促進學生對教材內容的理解。
6. 藉由有效的班級管理與學生組織達到最大的教育效果。
7. 提供多元環境讓不同能力的學生均有機會表現。

　　以上述七點教育作為而言，其關鍵點在於促進學生學習與生理、心理發展，而且關注到每一個學生的學習成效。教師需要藉由不斷地學習，獲得更多合宜教學策略。另外，一個成功的教師不僅能指導其學生學習與發

展，也需要將其理念傳承，帶領實習學生開啓教育之門。

第一節 瞭解教師的關愛對學生的重要

學生進入學校，決定他們未來生活的人不是校長、不是家長，而是他們的教師。教師瞭解學生的學習起點與需求、充分理解教材內容、清楚明白地講解與示範、想盡辦法知道學生的學習困難並提出因應策略，以及隨時關照學生日常生活點滴，這樣被教導的學生就會有美好的未來。相反地，教師不管學生需求、模糊地講解教材、自認盡責地教完每一單元和出了題目考學生、認定學生學不好是自己不努力和家長不教導，以及經常抱怨學生的行爲問題，這些教師的學生得靠其他資源。上述這兩類教師所教導後的學生，未來生活將有很大的差異，形成一種「教育落差」現象，原因來自於先前教導他們的教師們之教育態度上的落差。藉此，多數人一定同意──教師對學生很重要；而教師也要知道──自己對學生很重要，對每一個學生都很重要。

一、先型塑自己對學生關愛的教育理念

絕大部分教師對每一位學生都是關愛的，不過多數教師對學生的關愛只在於行爲規範或生活照顧上，即使關心低能力或弱勢學生學習，多數教師選擇教學完畢後的補救教學和輔導，較少思考在教學過程中如何讓每一個學生都參與。亦即教師需要關心每一位學生的學習參與過程，而不只是關心他們的學習結果。

學生在校的學習過程與結果往往決定他們的自我認同，失敗的學習過程與結果讓他們自以爲無法跟他人比較，自己也想不到什麼方法可以改善，他們便轉而在行爲上想要突出表現，卻因爲干擾其他成績好的學生，他們再度被認定爲失敗者。於是，他們開始逃開學習，此時，教師又認定他們是一群無法向上的學習者，要不給予憐憫式的語言和表情，要不在他們行爲問題產生時給予重重一罰。

　　如果再把事件往前推，當他們還在教室樂於學習時，教師已經注意到他們學習上一點點的困難和問題，便開始思考問題特徵和設計對應的教學策略，包含確認學習問題、安排同學相互協助、追蹤他們的學習過程，以及依照他們的程度給予他們可以學習、適合他們學習的內容，他們可能就可以學會，而且還產生學習成就感，更覺得學習是一件值得努力和投入的事。若是一開始就有這樣的事情發生，後面的憐憫和重重一罰就不需要了。

　　即使後面的憐憫和重重一罰之學生的問題行為產生不是那麼簡單，尚有許多因素關聯，但是讓每一位學生都能參與學習是一個教師必須要做到的事。「每一個學生」都應該擁有「可以學習」的「受教權」，教師得要擴大思考如何做到這種程度。教師不要認為家長可以在家裡教導他的孩子數學代數或牛頓定律，也不要認為學生學習落後自己要想辦法補習救回。沒有學生就沒有教師，教師之所以存在是因為學生的學習需求，而且每一個學生有同等的權力，因此，教師需要顧及每一個學生的學習需求。

二、思考關愛到每一個學生學習的方式

　　學生若能樂於參與學習，在學校的問題行為就會變少。不過，教師可能認為「一個教師在有限時間的一節課裡，怎麼可能關注到每一個學生的學習狀況？」這樣的反應聽起來恰似合理，但是如果把「學習參與」從「教師的關注」導向「跟同學的互動、有意義的互動和談論教材知識的互動」，問題可能就解決大半，亦即學生參與學習是參與學習活動，而不限於跟教師對話。而教師要思考的是，如何讓同學間彼此互動、有意義的互動以及進行學習討論的互動？

㈠讓學生相互討論刺激每一個學生都思考問題

　　傳統的教學型態大都是教師先講解教材，之後再提出問題，請兩三位學生發表，教師回應學生的答案後，再要求所有學生練習寫習作、學習單、講義上的題目或練習所要學習的動作。這種教師掌控教學流程的方式可以讓教材內容不至於延宕，教師一步一步引導學生，全班學生專注於眼

前的觀念。多數教師備課時也是以這種「講解、問答、練習」爲主要的教學活動設計。會有學生喜歡這種教學方式，這些學生認爲「我懂了，教師就應該繼續教下去」，不過，教師得要思考，學生專注於眼前的黑板是否眞正在思考教材內容？當教師提出問題希望藉由學生的回答來檢視學生是否理解自己所教導的教材內容時，可以再看看舉手回答的學生是否都是某些特定的學生？有些教師也會嘗試要求另外一些未舉手的學生回答，但有時卻等不及他們的答案，就找了另外一個舉手的學生。

　　改善這種情形不是拉長上課時間，而是把「問答、練習」顛倒一下成教師講解核心知識後「先自己寫、再分享討論」，甚至也可以將所有程序翻轉，由「講解、問答、練習」翻轉成「先自己寫、再分享討論、大家一起學」。

　　教師先講解教材內容，之後提出問題讓學生討論。不過，學生不一定會參與討論，一個關鍵因素是「學生不知道要說什麼」。這涉及兩個因素，學生未瞭解學習內容或問題，以及學生在過短時間內無法產生回應。前者的問題得要教師重新解釋教材內容和問題內涵，而若是時間過短無法回應進而造成不願意回應，那教師得要思考促進學生討論的教學策略。

　　如果學生在參與討論過程中，教師強迫學生相互對話，學生可能會亂說或者是依照先前同學說的內容簡要重複一次。教師不要怪罪學生不認眞，而是需要在教完核心知識後和討論前先讓學生寫。「寫」是一種學生對教師所提問題，在其心智中思考與產生答案後進行邏輯整理和表現於外的動作，亦即把思考的內容寫下來。當學生進行此動作時，他正在「參與學習」。

　　其次，當教師要求討論時，每一位學生便可以將自己所寫的內容說出來，他們也會聽到其他人的答案，學生會在聆聽他人答案時，不知不覺跟自己的答案做比較，這時，他也在「參與學習」。

　　最後，教師可以要求學生更改原有的答案，學生或許聆聽到別人的答案有些比較正確之處，便將別人的答案融入到自己的答案中，如此便達到教師要求討論的目的。重要的是，學生參與「完整的思考、對話、修正與內化的討論歷程」。

㈡運用差異化教學讓每一位學生有適當的任務

提供學生貼近自己程度的教材內容可以促進學生的學習參與，不過，這種差異化教學的理念幾乎是當代的教學革命，非得一番寒徹骨才能夠達到目標。原因是多數教師認為不可能提供二、三十種不同程度的教材，教師若有這樣的想法是誤解差異化教學的理念了。

本書第七章第二節內提及差異化教學理念，本章則以提供學生參與學習的角度再度說明。

教師一樣在教室裡講解教材內容或示範操作技能，儘量講述明白，每個細節均需提及，也可以用正反例去強化知識概念。之後，即是差異化學習開始。

教師可以預先在學習單上設計不同難易程度的題目，或在黑板上寫出幾個不同難易度的題目，指示學生練習其中一個或少數題目即可，若回答正確便可以拿到獎勵。這些題目均屬於同一個知識概念，只是在應用、分析、綜合等各種深度的發展。低程度的學生可以挑選最簡單的題目，也可以答對題目，高程度的學生亦是，所有學生正在「參與學習」中。可預見的事，低程度學生答對最簡單的一題後，教師可以鼓勵其往更難一點作挑戰，他們會願意；而高程度學生或許一開始為了拿獎勵挑選了最簡單的題目，不過，他們最後會覺得無聊，還是會挑選較難的題目。這種教室情景顯示的是，所有學生正在參與學習。

另一種即是加入思考，如同上一段的題目設計，不過挑選完題目與自行練習後（必定有些人懂、有些人不懂），教師可以立即提出：挑選相同題目的人聚在一起討論，這即是教學過程中的同質性分組。同一組的成員必須說出他們的想法和答案，也要聆聽同一組成員的想法，他們也會不知不覺把別人的想法和自己的想法做出比較，或是判斷別人的想法是否合理，進而採用。這段情景也是「每個人都在學習參與」。

這種同質性分組並不固定，優點是低程度學生不需要跟高程度學生在一起討論，那會有許多問題，例如：低程度學生聽不懂高程度學生說的內容，或是低程度學生不願意說給高程度學生聽。

㈢邀請其他教師幫忙觀察學生以提供學生問題所在

一個教師在教學過程中不可能知道所有學生的學習理解情形，多數學生專心注意聆聽教師對教材的解釋，卻可能誤解教師的意思，或者是教師根本沒有把教材細節說清楚，學生在聆聽後便自己解讀進而產生多種不同的解釋。另外，當教師要求小組討論時，小組內成員是否每一個人都發言，發言內容是否具有意義或只是模仿先前同學所說，針對這些現象，即使教師輪流走到每一組旁邊聆聽學生的討論，也不可能完全知道每一個學生的討論表現情形。

為了關愛照顧每一個學生的學習參與，邀請其他教師進入教室幫忙觀察學生，再於課後提供學生學習困難的訊息，教師便可以知道學生對教材內容的理解情形，也可以知道特定的學生在教學過程中之特殊表現。

邀請其他教師進入自己班級觀看自己教學通常需要很大的勇氣，畢竟同僑教師將也會注意到自己的教學語言、教學態勢以及教學成敗。然而，只要兩位教師能夠敞開心胸，瞭解互相觀課是相互協助、相互幫忙或相互提醒，且觀課後的討論內容是兩人的教育理念交換，不是評鑑教學，這是可以期待的教育作為。只是無法每一節課都能邀請到其他教師進入教室協助觀課，本書建議教師在知覺學生對某個特定課程的學習可能差異過大時，便可商請其他教師協助，如此，才能關注到落後的學生之學習狀況。

教師對學生的關愛至為重要，教師不能只是期待學生有問題馬上求助教師，學生也可能不知道他們的問題何在。教師需要掌握教室裡每一個學生的學習狀況，特別是落後的學生，他們不會提出問題，也可能會故意隱藏自己的缺失，以免遭受同學嘲笑或歧視，有時候他們連小組實驗的操作機會也被其他同學剝奪。

一個成功的教師需要重新定義「受教權」，建立每一個學生都需要以符合自己程度方式被教導的理念，盡可能觀察每一個學生的學習參與和學習表現，包含個人思考成果、小組互動或教具操作機會，思考可行的教育作為。一個成功的教師不是僅教導那些聽話或聰明的學生，而是顧及每一個學生的學習權利。

第二節 教師需要繼續學習

社會環境不同，所接觸到的學生也會不同，爲了改善學生的學習品質，教師應該隨時彈性調整自己，以面對複雜的教育環境。然而，教師不可以自我封閉，除了自行閱讀相關學科和教育書籍外，也需要與其他教師和教育相關人士接觸，藉由聆聽、分享、討論與自我省思，以隨時增長教育新知。

一、教師需要專業成長的理念

教師需要繼續學習，不斷地精進自己的專業，教師專業成長的理念要以學生爲中心，以教育相關理論爲基礎，發展適合學生學習的多元環境和策略。

㈠教師專業成長的目的在於改善學生學習品質

不管教師有多麼創意的教育活動、多麼好的教材內容、好的教學活動設計以及好的數位科技操作技術，如果不關心學生的學習過程和結果，這些課程與教學對學生沒有任何用處。學校教育活動和教師教學必須讓學生得以理解，進而思考和產生預期的認知和行爲效果，這是唯一目標。然而，教師難免會有忽略、思考未周延以及對學生學習情形不甚瞭解，教師需要調整修正自己的教材和教學。如果學習問題一再發生，教師就必須要尋求其他管道，獲取改善問題的教育方法。簡單而言，教師是爲了型塑學生關鍵能力以面對社會生活，進而發展培養學生能力的教學活動，也爲了改善學生的學習品質和提升學生的學習成效而調整自己的教學。教師所需要的知能都與學生學習有關，亦即教師專業成長之目的在於讓學生學習得更有意義和價值。

不過，學生的學習問題複雜多元，有些是生理問題，例如：過動兒、情緒障礙，也有些是學習問題。隨著年級愈大，也會有認知、道德、人格等發展上的問題，教師無法單一化處理所有不同狀況的學習，教師需要學習因應多元學生的教育策略。早期在師資培育之大學修讀教育學程時，沒

有充分瞭解相關知能，而在參與教育實習期間，也較少獨力處理特殊學生問題，因此，具有融合教育的專業知識幾乎都需要教師在任教過程中不斷地學習和不斷的專業成長。

　　學生有許多問題，教師不能誤判，如何精準地瞭解學生的問題與其背後因素是一個成功教師非常重要的專業知能，爲了改善學生學習品質，教師需要不斷學習。

㈡ 教師的教育作爲要以教育理論爲基礎發展教育實務

　　教師經常需要調整自己，抱持著實驗探究和求知若渴的心態，也需要瞭解沒有完美的教學模式。教師自己可以掌握的方式即是閱讀相關教育新知或接收新興教學概念（例如：翻轉教室）的資訊，並且嘗試運用於自己的教育實務中，甚至自己發展創新的教學模式。然而，嘗試新的教育理念，可能會受到上級、同儕教師或家長的質疑，他們可能會認爲影響既有的教學進度，甚至是升學成績。另外，這二十年來國內教育實施過許多創新教育作爲，例如：開放教育、建構式數學，但過了幾年又恢復傳統教學形式。早前失敗經驗使得當教師想要開展創新教育作爲時，經常受到家長質疑。

　　一個成功的教師發展創新教育理念並非無中生有，也非模仿而來，而是需要以教育理論爲基礎，藉由自己的教育實務，微調理論或原則，並呈現有別傳統的教育作爲。沒有教育理論爲基礎的創新理念，難以解釋教育實務上所發生的現象，也難以導引教育實務的進行。

　　以當前教育領域經常聽聞的翻轉教室、學習共同體等新興教學議題，都有一個共同的核心，即是學生需要互動討論。互動討論的理論基礎是學生藉由語言刺激、相互思考、對照比較，進而內化心智的歷程，這也是社會建構論的觀點。當教師瞭解上述的理論，便可以解釋學生在互動討論不成功或成功的原因，也可以藉互動討論的基礎關注學生學習的細節，以及發展讓學生討論具有成效的教學模式。

　　因此，無論是解決教學問題或嘗試新的教育作爲，教師要以教育理論爲基礎，在實踐中調整修正部分細節，進而發展貼近教育實務且對改善學

生品質具有成效的模式。

二、教師專業成長的方式

　　早期在師資培育之大學修讀教育學程課程時，學習的型態大多是個人知識的獲得，亦即開課教授講授教育相關理論或主題知識，偶而到中小學校參觀見習以擴充或驗證個人的教育領域相關知識，不過，學院派的知識需要在教育實務情境上做適當的轉化。因此，在職教師專業成長的方式要貼近教育實務，並以合宜的理論作為初步檢視的工具，大致上可以分為三種類型：紀錄省思、分享討論、行動研究。教師亦可嘗試多種不同的專業成長方式。

㈠記錄自己的教學過程與省思

　　記錄自己的教學過程不僅是蒐集自己教學過程中的資料，也需要撰寫教學後的想法，而撰寫過程即是一種回憶、整理與省思。

　　系統化的資料蒐集與記錄有助於教師的專業成長。教師自己可以設定目標，例如：提升中後段學生數學學習成效、改進班上學生罵髒話的行為，或是運用電子白板融入教學。設定目標後，發展教學活動、策略、資源和評量，並在教學過程後，運用教學日誌記錄上課過程。在記錄時，即是一種經驗回憶、訊息整理與自我省思，並且可自我判斷目標達成的程度。先前在參與教育實習時，部分實習學生被要求撰寫實習心得日誌，不過，教師的教學日誌不僅是自己的心得，也要呈現過程，亦即包含目標、過程、心得與省思的內容。

　　若是較為長期的目標，可以運用教學檔案記錄。教學檔案可以協助教師確認自己的教育哲學觀、瞭解自己在課程與教學上的轉化、對實施過程的知覺以及省思自己在教學專業上的成長。教學檔案包含四部分內容：特定的目的（教師信念、教學目標）、特定的人物（通常是教師自己）、教學過程的各種資料（例如：教案、學生學習單、同儕回饋單、課堂觀察、訪談學生資料）以及教師根據資料的省思記錄。

　　教師經常對自己的教育理念、過程和心得進行寫作，有助於教師專業

成長，甚至，在參與校內外的研習會、觀摩其他教師的教學、參與校務活動、與學生和家長的對話，都可以把思考內容寫下來，這是利用脫離情境的方式回憶思考，也可以用一種比較理性的態度回顧事件，藉由自己對事件的邏輯整理與心得省思，釐清問題和事件的核心，讓自己的專業繼續成長。

㈡教師社群成員間相互交換經驗和省思

教師專業成長的學習型態已不是大學課堂的聆聽教授講授課程的方式，也不（只）是聆聽兩小時的講座或參加校外幾日的工作坊，一種對教師非常有幫助的學習方式是和其他教師相互分享、互動討論，藉由教學過程中所遇到的問題，教師們相互刺激思考，發揮集體智慧，找出解決教育問題的策略；或是教師社群共同發展一套創新課程與教學方案，透過備課分享、觀課實務和議課討論，確認此創新課程與教學方案對學生學習的助益，也提升教師自己在課程與教學方面的專業成長。學校內通常會對同一領域教師、或同一年級或班群教師設有共同不排課時間，教師可以把握這個時間向其他教師請益，也可以相互交換成功教學的經驗以及解決教學問題策略。

另外，教師也要經常跨出校門，參與校外相關教育活動，例如：參與共同備課社群、與其他學校成立跨校教師社群。教師間的經驗分享相當重要，可以在互動討論中，聆聽到他人的教育作為，並與自己教育作為相互比較，再依自己的教育情境做出些許的改變。這種教師間相互分享、相互討論與相互協助的活動，逐漸成為貼近教育實務倍受教師認同的專業成長方式。

㈢運用教育行動研究發現問題和解決問題

行動研究是一種個人或群體所進行之問題解決導向的探究，是一種問題確認、系統化資料蒐集、省思、分析等循環行動的歷程。教師進行行動研究可以解決教育實務上的問題，而問題解決之後，對教育脈絡有更深一層的理解，教育專業也能夠提升。

教育行動研究不是那種需要歸納原理原則的基礎研究，也不是某個理

論之應用實踐的研究，是以某個（些）特定教育情境問題為起點，充分瞭解問題的脈絡因素，再參考相關文獻擬出可解決問題的行動方案。在實際實施時需要蒐集與問題相關的回應資料，可能運用問卷、訪談、觀察或焦點座談，之後分析資料與自我省思，以確認問題解決的情形。第二循環是針對尚無法解決的問題，重新擬定教育方案或調整先前的教育方案，再度實施、資料蒐集與分析、再自我省思，以此循環，直到問題解決為止。

一般來說，教師教學會出現的問題大都是關於學生學習問題或行為問題，教師分析問題後，擬定教學方案和教學策略，實施時蒐集學生的表現資料，再藉以判斷問題是否解決。若尚有問題，則修改教學方案和方法，再行實驗教學。

由於教育行動研究是以教師所處的情境為研究場域（學校行政、課程與教學），對解決教育問題相當有助益，教師也可以在過程中獲得問題分析和問題解決的能力，進而提升在教育工作上的專業能力。

上述的專業成長方式僅為實例說明，教師仍可以綜合這些方式的細節，自己設計與發展。一個成功的教師不斷在學習，以貼近自己教育實務為情境，以自己的省思為工具，而這些方式均適合各階段的教師。

第三節 教育傳承引領實習學生

自己曾經是個實習學生，現今已是一個通過初任教師考驗的中階教師（教學年資為三年以上、十五年以下，十五年以上可稱為資深教師）。對學校事務不再那麼不知所措，對家長建議也懂得專業判斷，對學生的心理和行為也略有研究。自己也在不斷地學習和成長，或許自己對某個學科領域和學生活動已經有獨特的見解和模式。走入教師這條路，從實習學生、初任教師到中階教師，也經歷期待、投入、挫折、求助、試驗和成功的歷程，很慶幸自己堅持理想，也感謝周遭曾經提供協助的人。此時，新的任務即將到來，學校將安排你成為實習輔導教師，帶領曾經是一個幾年前的自己——實習學生。

一、回顧過往與規劃實習學生的學習內容

實習學生的學習是多元複雜，是由個人認知與社會文化進行相互作用的結果。以臺灣的教育實習制度而言，除了培養實習學生具有一個教師應有的知能外，指導通過教師甄試的能力也是多數教育實習機構和輔導教師自己設定的輔導作為。

回顧自己曾是實習學生時，自己對教育實習也有過期待，多數是以在修讀教育學程時所型塑的教育信念看待教育實習，這是用來投入教育實習的學習基礎。然而，由於自己曾經參與過，所以知道學校教育事務與教育學程的修讀內容有些落差，這落差並非教育學程理論錯誤，而是需要轉化、調整和建構自己的教育觀點。再以教育實習是「個人認知與社會文化的相互作用結果」而言，參與教育實習即是將個人對教育的認知，投入教育實務中，去體驗與社會文化的互動歷程，逐步型塑自己的教育信念。

然而，每一位實習學生的理念與目標不盡相同，部分受到師資培育之大學的課程修讀影響，亦有少部分仍停留在先前中小學生時對其教師的知覺仿效，教育實習輔導教師需要考慮每一個實習學生的差異，例如：學習目標與方向、學習和生活經驗、教學信念，以及先前學過的學科知識和師資培育過程。瞭解這些，輔導教師可以和實習學生討論實習計畫書，從實習學生的經驗起點開始，指引他們參與教育實習。

㈠與實習學生討論教育實習計畫

剛接觸實習學生，找一段時間好好跟他們對話，瞭解他們的求學經驗、讀書習慣、做事態度以及對教育實習的期待，再分享自己對教育實習與學校教師角色的看法。這種在教育實習觀點的理念分享可以讓輔導教師瞭解實習學生的起點經驗，也可以讓實習學生知道學校事務和成為一個教師應該具有的知能，以便建立教育實習的目標。

㈡重新思考教育實習的輔導內容

一個成功的輔導教師首先要思考教育實習的定義、範圍和目標，確認輔導教師在教育實習輔導的空間；其次，根據共同討論與規劃的教育實習

計畫，思考輔導階段、策略和任務；並且在各種任務實施過後，與實習學生商談，促進其思考所經驗過的事務，協助其建立自己的教育觀。

不過，在跟隨輔導教師學習的過程中，有許多的細節問題。例如：實習學生在教育作為或教學設計過程中有些疏忽，需不需要提醒他？還是故意讓他犯錯以深度體會嚴謹教育策略的重要性？實習學生教學時無法處理學生行為問題，輔導教師需不需要出手搭救？還是讓他有個遭遇困難的機會，以激發他面對挫折與鼓勵其思考適當策略的能力？另外，當實習學生不夠投入時，輔導教師需不需要告誡他？還是讓他自覺能力不足時再說？

上述這些問題並沒有正確答案，輔導教師的信念主導著教育實習輔導工作的進行，多數輔導教師會以曾經是實習學生身分時的學習歷程，轉化為教育實習輔導的內容，這無可厚非，只是需要把實習學生的特質加入思考。

(三)建立協同教育實習輔導社群

傳統的教育實習三聯關係（亦即師資培育之大學、教育實習機構和實習學生，或者是師資培育之大學的指導教授、教育實習機構的輔導教師和實習學生之關係）意圖彰顯之協同實習輔導的工作理念似乎沒有成效，本書第四章提及師資培育之大學的指導教授因為許多因素無法投入較多時間在教育實習輔導上，當前臺灣的教育實習幾乎是教育實習機構的輔導教師擔任關鍵人物。師資培育之大學和教育實習機構之行政業務單位，也僅提供輔導教師些許資源或支援而已。三聯關係不彰有許多因素需要克服，不過，本書發展一個協同教育實習輔導教師社群的觀點，可以改善實習學生的教育實習品質。

將一個教育實習機構的所有輔導教師、所有實習學生以及他們所屬師資培育之大學的指導教授組織起來，成為一個學習社群或學習共同體，所有的實習學生都可以向所有的輔導教師請益，所有的輔導教師也可以相互分享平時教學與學習輔導經驗，指導教授除了提供教育理論架構外，也可以在參與中獲得更多的教育實習相關知能，而實習學生也可以在社群中相互幫忙、相互分享與相互學習。

本書建議教育實習機構之行政業務主管單位能積極協助組成類似社群，或由輔導教師自主性邀請同一學科領域或同一年級的輔導教師和實習學生共組社群。協同輔導有助於擴充實習學生的學習範圍，也有利於輔導教師之間的相互成長。

二、確保實習品質以培養獨力面對教育情境的能力

教育實習要有成效，實習品質的確保相當重要。師資培育相關政策制定者、師資培育之大學、教育實習機構和教育實習輔導教師以及實習學生，多認為半年的教育實習一過，即具有一般教師得以獨力面對教育情境的能力，也因此，各個相關人士不會重視輔導教師應該要有的資源和實習學生應該要學習的內容。半年教育實習即具有一般教師得以獨力面對教育情境的能力？這是異想天開的想法。

要克服這些問題和確保教育實習品質，本是一個相當大的挑戰。不過，若將一個教師要獨力面對教育情境的能力進行分析與解構，轉化成教育實習品質的檢核，在教育實習的保證品質上將會有一定程度的效果，在作法上有三點建議：

㈠一般教師需要具備的教育知能

一個教師在教學情境中需要獨力進行的事務，包含瞭解學科知識的內容結構與彈性連結；瞭解學生的先備知識和生活經驗；搭建有效的學習鷹架；運用教學策略連結學生的先備知識、新知識和生活經驗；提供學生練習與挑戰的任務；評量學生表現以調整教學；提供清楚的標準、具體回饋和調整修改的機會，以及發展有效的小組合作或學生互學的機會。

另外，與教學相關的輔助知能，包含建立班級合宜的常規、有效的師生互動與對話原則、良善的親師關係、協同合作的同儕關係、自我探究與學習新知的態度……，也是一般教師的知能或態度。

上述這些知能是一般教師需要具備，輔導教師宜在輔導過程中規劃，以確保教育實習的品質。

㈡ 輔導教師在此知能上的輔導作為

輔導教師的示範以及示範後清楚明白地告訴實習學生，是首要的步驟，讓實習學生見習與對教學過程的發問，可以讓他們知道一個教師應該做到的程度和品質。其次，要求實習學生練習該有的知能，輔導教師可先要求實習學生提出構想，再與輔導教師討論後調整修正，並於實踐過後，提出心得與省思，輔導教師再藉以強化正確知能與提供進一步的建議。

再者，增加實習學生的責任感有助於培養他們應有的知能。教師是一個需要投入時間和心力的工作，不是上下班打卡的員工，是一個引領學生向上發展的教育工作者。輔導教師給予實習學生任務時，工作完成之有效程度的檢核多過於僅完成工作。責任感是對自己在工作中所承擔的責任具有高度的自覺，充分發揮積極性、主動性和創造性，除了得以完成任務外，也需要呈現具體有效的工作表現。因此，輔導教師需要不斷地要求實習學生表現盡善盡美，以求實習學生未來獨力面對教育情境的能力。

㈢ 實習學生在此知能上的評量

輔導教師評量實習學生是否具備一般教師獨力面對教育情境之知能時，除了以《師資培育之大學辦理教育實習作業原則》第七點和第三十五點指出實習學生教育實習事項及比率（教學實習占百分之四十五、導師或級務實習占百分之三十、行政實習占百分之十五、研習活動占百分之十）為向度外，宜針對每一個實習項目發展出可以獨力面對教育情境之知能的評量任務或標準，或參與本書附錄四《師資培育之大學辦理教育實習作業原則》內之附表「教育實習表現指標」內容，再藉由這些任務或標準思考實習學生應該參與哪些活動。

不過，輔導教師也要留意實習學生在實習過程中的表現，適時提供關鍵性知識的學習和技能的練習。另外，對教育持有的態度也需要整合思考，除了先前提及的責任感外，對教育工作持有的信心與對學生的真心關懷都可以列入觀察項目之一。

評量的目的不在於否認實習學生的教育實習參與過程，而是從一個教師的角度，真實地提供實習學生瞭解已經具備或者尚欠缺的知能。實習學

生也可以藉此思考自己的長處和應該修改調整之處。

　　教育需要傳承，學校教育事務的傳承需要有經驗、有責任、有熱忱的輔導教師共同參與。「傳承」是一個成功教師的責任，輔導教師在教育實習領域扮演相當重要的角色。輔導教師自己經歷過也瞭解到一個實習學生應該表現的行為，以及應該具有的學習態度和知能，也因為自己已經經歷過初任教師的震撼，逐漸具有教學經驗，更能體會一個學校教師應有的責任。輔導教師需要將這些經驗轉化為輔導策略和輔導課程，逐步地、階段性地鼓勵和要求實習學生去見習、練習和省思。

　　一個成功教師的知能和態度，是經由不斷的經驗累積以及在工作中不斷與情境互動所獲得的。沒有完美的教育模式，一切以學生的學習為中心，需要顧及每一個學生的發展與學習需求，因此，教師需要繼續學習、繼續專業成長。然而，成功的教師也需要傳承，帶領新一代的實習學生參與新時代的教育過程，培養他們可以獨力面對教育情境的能力。實習學生經過成功教師的引領與提攜，又成為另一位成功教師，以此循環，教育領域才能有長久且正向的發展。

　　教育實習是一個教師培育過程中非常重要的階段，實習學生需要瞭解本身的條件、教育實習過程應該參與的內容，積極面對，有責任地參與，不怕困難的面對與挑戰，在輔導教師的妥善規劃下，充分展現自己的學習態度，也需要適時調整自己，最終完成教育實習。教育實習目的在於獲得一個教師應有的知能和態度，而非只是參與過而已。

附錄一　教學目標領域、層次、定義、動詞用語和實例

認知領域			
層次	定義	參考動詞（註）	實例
記憶	從長期記憶中提取相關知識	知道、列舉、描述、命名、認明、回憶、背誦、選擇	知道平行四邊形的面積公式
瞭解	從教師教學訊息中建構知識的意義	解釋、說明、舉例摘要、歸類（事物）、歸納（要點）、指出（關係）	說明甲午戰爭發生的原因
應用	執行或使用一個程序在另一個情境	應用、證明、解決、利用、使用、運用、套用、演算、計算	應用心智圖繪製「恆久的美」的內容結構
分析	分解教材資訊成幾個組成要素，並且確認各要素之間與整體結構的關聯。	分析（流程）、判斷（各細節）、區別（異同）、指出（因果）、檢測	指出一個數學應用題計算錯誤之處
評鑑	根據規準與標準作判斷	評估、判斷、評論、比較（價值）、批判、檢討、比較、對照	評估政府發放消費券的效益
創造	將各個元素組裝在一起去形成一個完整且具功能的整體，或重組各要素成一個新的組型或結構。	設計、規劃、創造、產出、改寫、重組、重寫、整合（新事物）	改寫花木蘭代父從軍的情節

註：所提動詞僅為參考，仍需要結合學習內容，再以整句話判斷領域層次。

技能領域			
層次	定義	參考動詞（註）	實例
感知	感官察覺、注意或感應到外界之物體、性質或關係的歷程	描述、說明、指認、發現	指出三個動作的順序
趨向	感官接收刺激、產生感覺或感應後，開始要進行某種動作或意向之心智與肢體的準備狀態	選用、回應、表現、嘗試	選用合適的肢體動作表現
引導反應	在教學者的教學指導示範下，或類似操作手冊、作業範例、標準程序單等書面文件或視聽媒材的導引下，所明顯跟隨經引導後做出的動作與行為	模仿、複製、依從、跟隨	跟隨教師做出開合跳動作
機械化	動作技能可成為習慣性、反射性的連續順暢動作反應	操作、裝卸、熟練、校驗	熟練顯微鏡的操作動作
複合明顯反應	綜合複雜動作內容之後所表現明確有效率的動作技能	組合、修繕、統整、混合	完整做出跳箱的連貫動作
適應	面對內容不明或初次嘗試的事項，重組、調整或修正動作行為，以因應新問題情境或解決的技能	調整、修正、改變、改組	改編一套現代舞蹈的組合動作
創新	依據既有的知識與技能為基礎，加入個體的創意，建構新的動作、行為、處理方式或程序	設計、規劃、編輯、製作	運用基本動作即興創作一分鐘的舞蹈表演

註：所提動詞僅為參考，仍需要結合學習內容，再以整句話判斷領域層次。

情意領域			
層次	定義	參考動詞（註）	實例
接受	知覺或意識到現象或事物的存在	詢問、選擇、傾聽、注意、尊重、指認、接納、同意	尊重地傾聽他人 能注意上課的內容
回應	參與學習、對特定現象回應、亦有學習結果獲得滿意之意	回答、協助、順從、表現、練習、服從、遵守	參與課堂討論 主動舉手發問 知道安全規則後進行動作
價值化	一個人賦予一個特定的個體、現象或行為的價值	解釋、闡述、認同、啟動、分享、規劃、探討、贊成	闡述民主的價值 認同環境保護的重要 規劃校園安全維護的路程圖
組織	一個人將價值組成一體系、區別價值的意義、確定價值的關係	建立、安排、組織、歸納、形成、綜合、（兩事件的）堅持	論述自由和責任的平衡需要 建立一套社會生活規範 有效地運用時間符合家庭與工作的需要
品格形成	一個人依據價值體系表現前後一致，且趨近長久的行為	信守、實踐、呈現、影響、型塑、表現、改造	實踐自己的專業責任 顯示學習的責任感 信守教育承諾 具有悲天憫人的胸懷

註：所提動詞僅為參考，仍需要結合學習內容，再以整句話判斷領域層次。

附錄二　師資培育法

修正日期：民國103年06月04日

第 1 條　為培育高級中等以下學校及幼稚園師資，充裕教師來源，並增進其專業知能，特制定本法。

第 2 條　師資培育應著重教學知能及專業精神之培養，並加強民主、法治之涵泳與生活、品德之陶冶。

第 3 條　本法用詞定義如下：

一、主管機關：在中央為教育部；在直轄市為直轄市政府；在縣（市）為縣（市）政府。

二、師資培育之大學：指師範校院、設有師資培育相關學系或師資培育中心之大學。

三、師資職前教育課程：指參加教師資格檢定前，依本法所接受之各項有關課程。

第 4 條　中央主管機關應設師資培育審議委員會，辦理下列事項：

一、關於師資培育政策之建議及諮詢事項。

二、關於師資培育計畫及重要發展方案之審議事項。

三、關於師範校院變更及停辦之審議事項。

四、關於師資培育相關學系認定之審議事項。

五、關於大學設立師資培育中心之審議事項。

六、關於師資培育教育專業課程之審議事項。

七、關於持國外學歷修畢師資職前教育課程認定標準之審議事項。

八、關於師資培育評鑑及輔導之審議事項。

九、其他有關師資培育之審議事項。

前項委員會之委員應包括中央主管機關代表、師資培育之大學代

表、教師代表及社會公正人士；其設置辦法，由中央主管機關定之。

第 5 條　師資培育，由師範校院、設有師資培育相關學系或師資培育中心之大學為之。

前項師資培育相關學系，由中央主管機關認定之。

大學設立師資培育中心，應經中央主管機關核准；其設立條件與程序、師資、設施、招生、課程、修業年限及停辦等相關事項之辦法，由中央主管機關定之。

第 6 條　師資培育之大學辦理師資職前教育課程，應按中等學校、國民小學、幼稚園及特殊教育學校（班）師資類科分別規劃，並報請中央主管機關核定後實施。

為配合教學需要，中等學校、國民小學師資類科得依前項程序合併規劃為中小學校師資類科。

第 7 條　師資培育包括師資職前教育及教師資格檢定。

師資職前教育課程包括普通課程、專門課程、教育專業課程及教育實習課程。

前項專門課程，由師資培育之大學擬定，並報請中央主管機關核定。

第二項教育專業課程，包括跨師資類科共同課程及各師資類科課程，經師資培育審議委員會審議，中央主管機關核定後實施。

第 8 條　修習師資職前教育課程者，含其本學系之修業期限以四年為原則，並另加教育實習課程半年。成績優異者，得依大學法之規定提前畢業。但半年之教育實習課程不得減少。

第 9 條　各大學師資培育相關學系之學生，其入學資格及修業年限，依大學法之規定。

設有師資培育中心之大學，得甄選大學二年級以上及碩、博士班在校生修習師資職前教育課程。

師資培育之大學，得視實際需要報請中央主管機關核定後，招收大學畢業生，修習師資職前教育課程至少一年，並另加教育實習課程

半年。

前三項學生修畢規定之師資職前教育課程，成績及格者，由師資培育之大學發給修畢師資職前教育證明書。

第10條　持國外大學以上學歷者，經中央主管機關認定其已修畢第七條第二項之普通課程、專門課程及教育專業課程者，得向師資培育之大學申請參加半年教育實習，成績及格者，由師資培育之大學發給修畢師資職前教育證明書。

前項認定標準，由中央主管機關定之。

第11條　大學畢業依第九條第四項或前條第一項規定取得修畢師資職前教育證明書者，參加教師資格檢定通過後，由中央主管機關發給教師證書。

前項教師資格檢定之資格、報名程序、應檢附之文件資料、應繳納之費用、檢定方式、時間、錄取標準及其他應遵行事項之辦法，由中央主管機關定之。

已取得第六條其中一類科合格教師證書，修畢另一類科師資職前教育課程之普通課程、專門課程及教育專業課程，並取得證明書者，由中央主管機關發給該類科教師證書，免依規定修習教育實習課程及參加教師資格檢定。

第12條　中央主管機關辦理教師資格檢定，應設教師資格檢定委員會。必要時，得委託學校或有關機關（構）辦理。

第13條　師資培育以自費為主，兼採公費及助學金方式實施，公費生畢業後，應至偏遠或特殊地區學校服務。

公費與助學金之數額、公費生之公費受領年限、應訂定契約之內容、應履行及其應遵循事項之義務、違反義務之處理、分發服務之辦法，由中央主管機關定之。

第14條　取得教師證書欲從事教職者，除公費生應依前條規定分發外，應參加與其所取得資格相符之學校或幼稚園辦理之教師公開甄選。

第15條　師資培育之大學應有實習就業輔導單位，辦理教育實習、輔導畢業生就業及地方教育輔導工作。

前項地方教育輔導工作，應結合各級主管機關、教師進修機構及學校或幼稚園共同辦理之。

第16條　高級中等以下學校、幼稚園及特殊教育學校（班）應配合師資培育之大學辦理全時教育實習。主管機關應督導辦理教育實習相關事宜，並給予必要之經費與協助。

第17條　師資培育之大學得設立與其培育之師資類科相同之附設實驗學校、幼稚園或特殊教育學校（班），以供教育實習、實驗及研究。

第18條　師資培育之大學，向學生收取費用之項目、用途及數額，不得逾中央主管機關之規定，並應報經中央主管機關核定後實施。

第19條　主管機關得依下列方式，提供高級中等以下學校及幼稚園教師進修：

一、單獨或聯合設立教師進修機構。

二、協調或委託師資培育之大學開設各類型教師進修課程。

三、經中央主管機關認可之社會教育機構或法人開辦各種教師進修課程。

前項第二款師資培育之大學得設專責單位，辦理教師在職進修。

第一項第三款之認可辦法，由中央主管機關定之。

第20條　中華民國八十三年二月九日本法修正生效前，依師範教育法考入師範校院肄業之學生，其教師資格之取得與分發，仍適用修正生效前之規定。

本法修正施行前已修畢師資培育課程者，其教師資格之取得，自本法修正施行之日起六年內，得適用本法修正施行前之規定。但符合中華民國九十年六月二十九日修正生效之高級中等以下學校及幼稚園教師資格檢定及教育實習辦法第三十二條、第三十三條規定者，自本法修正施行之日起二年內，得適用原辦法之規定。

本法修正施行前已修習而尚未修畢師資培育課程者，其教師資格之取得，得依第八條及第十一條規定辦理，或自本法修正施行之日起十年內，得適用本法修正施行前之規定。但符合中華民國九十年六月二十九日修正生效之高級中等以下學校及幼稚園教師資格檢定及

教育實習辦法第三十二條、第三十三條規定者，自本法修正施行之日起六年內，得適用原辦法之規定。

第21條　八十九學年度以前修習大學二年制在職進修專班師資職前教育課程之代理教師，初檢合格取得實習教師證書者，得依中華民國九十年六月二十九日修正生效之高級中等以下學校及幼稚園教師資格檢定及教育實習辦法第三十二條、第三十三條規定，並得自本法修正施行之日起四年內，適用原辦法之規定。

依中小學兼任代課及代理教師聘任辦法聘任之代課及代理教師，符合下列各款規定者，得免依規定修習教育實習課程，於參加教師資格檢定通過後，由中央主管機關發給該類科教師證書：

一、最近七年內任教一學年以上或每年連續任教三個月以上累計滿一年。前開年資以同一師資類科為限。

二、大學畢業，修畢與前款同一師資類科師資職前教育課程之普通課程、專門課程及教育專業課程，並取得證明書。

三、經服務學校出具具備教學實習、導師（級務）實習、行政實習及研習活動專業知能之證明文件。

前項規定之適用，自本法修正施行之日起至中華民國九十六年七月三十一日止。

第22條　取得合格偏遠或特殊地區教師證書，並繼續擔任教職者，由中央主管機關協調師資培育之大學，於本法修正施行後三年內專案辦理教育專業課程，提供其進修機會。

前項合格偏遠或特殊地區修畢規定之教育專業課程者，得報請主管機關換發一般地區教師證書，免參加資格檢定及參加教育實習。

取得合格偏遠或特殊地區教師證書並擔任教職累積五年以上者，不用修習第一項所指稱的教育專業課程，亦得報請主管機關換發一般地區教師證書，免參加資格檢定及參加教育實習。

第23條　本法修正施行前進用之現職高級中等學校護理教師，具有大學畢業學歷且持有中央主管機關發給之護理教師證書，並繼續擔任教職者，由中央主管機關協調師資培育之大學，於本法修正施行後六年

內，專案辦理師資職前教育課程，提供其進修機會。

前項護理教師修畢規定之師資職前教育課程，得以任教年資二年折抵教育實習，並得適用本法修正施行前之規定，取得合格教師證書。

本法修正施行前進用之現職大專校院護理教師，具有大學畢業學歷且持有中央主管機關發給之護理教師證書，並繼續擔任教職者，準用前二項之規定。

第24條　本法中華民國一百零三年五月二十日修正施行前已於立案之幼兒園實際從事教學及保育工作並繼續任職者，自修正施行之日起六年內，由中央主管機關協調師資培育之大學，專案辦理教育專業課程，提供其進修機會。

前項人員修畢教育專業課程及教育實習課程成績合格者，由師資培育之大學發給修畢師資職前教育證明書。但取得大學畢業學歷，且其最近七年內於立案之幼兒園、幼稚園或托兒所實際從事教學累計滿三年以上表現優良，經教學演示及格者，得免依規定修習教育實習課程，並自本法中華民國一百零三年五月二十日修正施行之日起十年內適用之。

本法中華民國一百零三年五月二十日修正施行前，已依幼稚園及托兒所在職人員修習幼稚園教師師資職前教育課程辦法規定修習幼教專班，且修正施行後仍在職者，得準用前項規定。

第一項及第二項應修課程、招生、免修習教育實習課程之認定及其他應遵行事項之辦法，由中央主管機關定之。

第25條　本法施行細則，由中央主管機關定之。

第26條　本法自公布日施行。

本法修正條文施行日期，由行政院以命令定之。

附錄三　師資培育法施行細則

修正日期：民國100年01月04日

第 1 條　本細則依師資培育法（以下簡稱本法）第二十五條規定訂定之。

第 2 條　師資培育之大學依本法第六條第二項規定合併規劃之中小學校師資類科，其教育專業課程、教育實習課程之修習及教師資格檢定之實施方式與內容，經師資培育審議委員會審議通過後，由中央主管機關定之。

第 3 條　本法第七條第二項規定用詞定義如下：

　　一、普通課程：學生應修習之共同課程。

　　二、專門課程：為培育教師任教學科、領域專長之專門知能課程。

　　三、教育專業課程：為培育教師依師資類科所需教育知能之教育學分課程。

　　四、教育實習課程：為培育教師之教學實習、導師（級務）實習、行政實習、研習活動之半年全時教育實習課程。

　　前項第三款教育專業課程及第四款教育實習課程，合稱教育學程。

第 4 條　依本法第八條、第九條第一項至第三項規定修習師資職前教育課程之學生，符合下列情形之一者，始得參加半年之教育實習課程：

　　一、依大學法規定，取得大學畢業資格，並修畢普通課程、專門課程及教育專業課程，且非第二款之在校生。

　　二、取得學士學位之碩、博士班在校生，於修畢普通課程、專門課程及教育專業課程且修畢碩、博士畢業應修學分。

　　三、大學畢業後，依本法第九條第三項規定修畢普通課程、專門課程及教育專業課程。

第 5 條　本法第八條、第九條第三項及第十條第一項所定半年教育實習，以

每年八月至翌年一月或二月至七月為起訖期間；其日期，由各師資培育之大學定之。

第 6 條　依本法第八條、第九條第一項及第二項規定修習師資職前教育課程之學生，依大學法規定，取得畢業資格者，得不繼續修習師資職前教育課程，先行畢業。

本法第九條第三項所定師資培育之大學招收大學畢業生，修習師資職前教育課程者，稱為學士後教育學分班。

前二項已修畢普通課程、專門課程及教育專業課程者，得自行向原師資培育之大學或其他開設有相同師資類科之師資培育大學，申請參加半年教育實習課程，成績及格者，由原師資培育之大學核發修畢師資職前教育證明書。但原師資培育之大學已停招或停辦者，得由辦理教育實習課程之師資培育大學會同原師資培育之大學核發修畢師資職前教育證明書。

第 7 條　已取得本法第六條中等學校類科合格教師證書，並依本法第十一條第三項規定修畢中等學校階段其他任教學科、領域專門課程者，由師資培育之大學發給任教專門課程認定證明書及專門課程學分表，並造具名冊報請中央主管機關發給該類科教師證書。

國民小學合格教師修畢國民小學階段任教領域專門課程者，得準用前項規定辦理。

特殊教育中等學校及國民小學教育階段合格教師，得準用前二項規定辦理。

第 8 條　本法第十三條第一項所定偏遠或特殊地區學校，由直轄市、縣（市）主管機關按學校位置或不足類科師資需求認定後，報中央主管機關核定。

第 9 條　本法第十五條第一項所定實習就業輔導單位，應給予畢業生適當輔導，並建立就業資訊、諮詢及畢業生就業資料。

中央主管機關得協調師資培育之大學共同劃定輔導區，辦理地方教育輔導工作。

第10條　師資培育之大學應遴選辦理教育實習課程之高級中等以下學校、幼

稚園及特殊教育學校（班）（以下簡稱教育實習機構），共同會商
簽訂實習契約後，依本法第十六條規定配合辦理全時教育實習。

第11條　師資培育之大學為實施教育實習課程，應訂定實施規定，其內容包
　　　　括下列事項：

一、師資培育之大學實習指導教師、教育實習機構及其實習輔導教
　　師之遴選原則。

二、實習輔導方式、實習指導教師指導實習學生人數、實習輔導教
　　師輔導實習學生人數、實習計畫內容、教育實習事項、實習評
　　量項目與方式及實習時間。

三、學生實習時每週教學時間、權利義務及實習契約。

四、教育實習成績評量不及格之處理方式。

五、其他實施教育實習課程相關事項。

教育實習成績之評量，應包括教學演示成績，由師資培育之大學及
教育實習機構共同評定，其比率各占百分之五十。

第12條　師資培育之大學辦理半年之教育實習課程，得依本法第十八條規
　　　　定，向學生收取相當於四學分之教育實習輔導費。

第13條　師資培育之大學依本法第十九條第二項所設教師在職進修專責單位
　　　　辦理之各項進修，其授予學位或發給學分證明書，除依本法相關規
　　　　定外，並依大學法及學位授予法相關規定辦理。

第14條　本細則自中華民國九十二年八月一日施行。

本細則修正條文，自發布日施行。

附錄四　師資培育之大學辦理教育實習作業原則

中華民國94年9月7日臺中（二）字第0940122572號函
中華民國101年4月20日臺中（二）字第1010008381號函
中華民國103年9月15日臺教師（二）字第1030129241號函

第一章　總則

一、教育部（以下簡稱本部）為執行師資培育法（以下簡稱本法）第十六條
　　所定之督導事宜及提升師資培育半年教育實習課程之品質，增進教育實
　　習輔導之效能，特訂定本原則。

二、教育實習輔導之目的為提升下列知能：

　　（一）瞭解班級教學情境，演練教學知能。

　　（二）瞭解教育對象，演練班級經營管理知能。

　　（三）見習並參與學校行政工作，瞭解學校運作。

　　（四）體認教師職責及角色，培養專業精神。

三、本原則用詞定義如下：

　　（一）師資培育之大學：指師範校院、設有師資培育相關學系或師資培
　　　　　育中心之大學。

　　（二）教育實習機構：指經師資培育之大學遴選供教育實習之高級中等
　　　　　以下學校及幼稚園、特殊教育學校（班）。

　　（三）辦理教育實習業務單位：指師資培育之大學負責教育實習業務之
　　　　　單位。

　　（四）實習指導教師：指師資培育之大學教師受聘指導實習學生者。

　　（五）實習輔導教師：指教育實習機構教師，由教育實習機構向師資培
　　　　　育之大學推薦，輔導實習學生之教師。

四、師資培育之大學為審議教育實習相關議題，應成立教育實習審議小組，
　　其任務由各師資培育之大學自定。

　　前項小組，得置召集人一人，由校長、副校長或一級主管兼任，幕僚作

業由教育實習業務單位負責；其成員包括相關行政單位代表、相關院系所主管。必要時得邀請主管機關及教育實習機構代表列席。

前項成員，得視實際需要調整之。

五、實習學生教育實習期間為半年，以每年八月起至翌年一月止，或二月起至七月止；其向教育實習機構報到日期，由師資培育之大學定之。

師資培育之大學應訂定實習學生於實習期間回校使用校內相關資源之規定。

六、實習學生參加半年之教育實習課程期間，得比照參加政府機關主辦之訓練，申請延期徵集入營。

實習學生中途因故停止實習，師資培育之大學應輔導其儘速通知戶籍所在地直轄市、縣（市）政府役政單位。

七、實習學生教育實習事項及比率如下：

（一）實習學生參與教育實習課程事項包括教學實習、導師（級務）實習、行政實習、研習活動；其以教學實習與導師（級務）實習為主，行政實習及研習活動為輔。

（二）教學實習占百分之四十五、導師（級務）實習占百分之三十、行政實習占百分之十五、研習活動占百分之十為原則。

各師資類科教育實習表現指標如附表一至附表四，師資培育之大學得依發展特色自行調整。

第二章　實習學生之資格及審核

八、師資培育之大學應訂定教育實習課程申請及審查實習資格之規定。

九、申請教育實習課程學生，得自行向原師資培育之大學或其他開設有相同師資類科之師資培育之大學，申請參加半年教育實習課程。

師資培育之大學受理輔導他校實習學生，應與原就讀師資培育之大學確認實習學生修畢師資職前教育課程相關事項，始得進行教育實習輔導。

第三章　師資培育之大學實習輔導

十、師資培育之大學為辦理教育實習課程，應訂定實施規定，其內容應包括

下列事項：

（一）規劃教育實習課程內涵。

（二）規劃教育實習評量項目及方式。

（三）編印教育實習手冊。

（四）舉辦教育實習行前說明會，說明實習指導教師、實習輔導教師與實習學生實習期間之權利及義務等相關事項。

（五）實習學生申請參加教育實習資格及未按規定從事教育實習之議處機制。

師資培育之大學教育實習輔導方式如下：

（一）到校輔導：由師資培育之大學實習指導教師前往教育實習機構指導，並與教育實習機構首長、實習輔導教師及學生訪談。

（二）研習活動：由師資培育之大學辦理返校座談或研習活動，並以每個月一次為原則。

（三）通訊輔導：由師資培育之大學編輯教育實習輔導刊物，寄發實習學生參閱。

（四）諮詢輔導：由師資培育之大學設置專線電話、網路等，提供教育實習諮詢服務。

（五）成果分享：由師資培育之大學辦理實習學生教育實習成果發表及心得分享活動。

十一、師資培育之大學應遴選具有能力且有意願之實習指導教師指導實習學生。

具有在中等學校、國民小學、幼兒園、特殊教育學校（班）或其他教育機構一年以上之教學經驗者，得優先遴選為實習指導教師。

師資培育之大學應辦理實習指導教師及實習輔導教師專業成長相關研習活動，以提升教育實習歷程品質。

十二、實習指導教師職責如下：

（一）指導實習學生擬訂教育實習計畫。

（二）溝通協調實習學生與師資培育之大學及教育實習機構間之意見。

（三）對每位實習學生進行到校輔導至少一次。

（四）觀察實習學生教學實習，並給予回饋意見。

（五）主持或參與實習學生返校座談。

（六）評閱實習學生之作業及報告。

（七）評閱實習學生之教育實習檔案。

（八）評定實習學生之教育實習成績。

（九）其他有關實習學生之輔導事項。

十三、師資培育之大學實習指導教師，每人指導實習學生人數以不超過十二人為原則，得酌計授課時數一小時至三小時，並得視實際需要，由教育專業實習指導教師與學科專業實習指導教師共同指導。前往教育實習機構輔導時，師資培育之大學應酌予支給差旅費。

前項指導學生人數，因特殊情形專案報經本部同意者，不在此限；有關酌計授課時數方式採內含或外加，由各師資培育之大學定之。

第四章　教育實習機構之遴定及職責

十四、主管機關應於每年九月三十日前於全國教育實習資訊平臺公告所轄適宜辦理教育實習及願意提供實習機會之機構名單。

師資培育之大學辦理教育實習機構之遴選條件如下：

（一）地理位置便於師資培育之大學輔導者。

（二）行政組織健全、合格師資充足及軟硬體設施齊備，足以提供充分教育實習環境者。

（三）曾獲主管機關校務評鑑評定優良或通過基礎評鑑者為優先。

（四）經師資培育之大學主動推薦者。

（五）近三年無重大違規事件經主管機關要求限期改善而未改善者。

十五、實習輔導教師應具有合格教師資格。但新增類科或稀少性類科無足夠合格師資可供遴選者，不在此限。

十六、實習輔導教師由教育實習機構遴選，薦送師資培育之大學；實習輔導教師應具備下列條件：

（一）有能力輔導實習學生者。

　　　　（二）有意願輔導實習學生者。

　　　　（三）具有教學三年以上經驗及服務熱忱之專任合格教師。但有特殊
　　　　　　　情形，經教育實習機構主動推薦，並經師資培育之大學同意
　　　　　　　者，不在此限。

十七、每一實習輔導教師以輔導一位實習學生為原則，並得視需要實施團體
　　　輔導。

十八、為順利推展實習輔導工作，教育實習機構應成立教育實習輔導小組，
　　　擬訂教育實習機構教育實習輔導計畫，推動相關教育實習輔導工作；
　　　師資培育之大學並應主動提供必要之指導及協助。

十九、主管機關應就下列教育實習有關事項予以督導、協助及經費補助：

　　　　（一）督導所轄教育實習機構訂定教育實習計畫。

　　　　（二）協助師資培育之大學遴選優良實習輔導教師。

　　　　（三）給予所轄教育實習機構必要之經費補助。

　　　　（四）派員訪視所轄教育實習機構辦理教育實習情形。

二十、教育實習機構對實習學生輔導計畫周延，符合師資培育實習相關規
　　　定，輔導績效良好者，主管機關得依前點第四款訪視結果核實給予該
　　　機構首長及教育實習輔導小組相關人員獎勵。

第五章　實習輔導教師職責及獎勵

二十一、實習輔導教師職責如下：

　　　　（一）輔導實習學生擬訂教育實習計畫。

　　　　（二）輔導實習學生從事教學實習及導師（級務）實習。

　　　　（三）協調提供實習學生行政實習及研習活動。

　　　　（四）輔導實習學生心理調適問題。

　　　　（五）評閱實習學生之作業或報告。

　　　　（六）評量實習學生之教學演示及綜合表現成績。

　　　　（七）對實習學生有關之其他協助及輔導。

　　　　（八）參與師資培育之大學及主管機關辦理之相關活動。

二十二、教育實習機構得減少實習輔導教師每週授課節數一節至二節。

二十三、師資培育之大學得發給實習輔導教師聘書或感謝狀。

二十四、實習輔導教師任滿半年以上，輔導績效良好，有具體事實者，師資
　　　　培育之大學及主管機關得依相關規定給予獎勵。

第六章　實習學生之職責

二十五、實習學生應全時參與師資培育之大學與教育實習機構規劃之教學實
　　　　習、導師（級務）實習、行政實習及研習等活動。

二十六、實習學生應於教育實習開始前，與實習輔導教師及實習指導教師研
　　　　商後，擬訂教育實習計畫，包括教育實習機構概況、實習目標、實
　　　　習活動、預定進度及評量事宜，以作為輔導及評量之依據。

二十七、實習學生之教學實習，應以循序漸進為原則。開學後第一週至第三
　　　　週以見習為主，第四週起，實習學生每週教學實習時間如下：
　　　　（一）中等學校：不得超過編制內合格專任教師基本授課時數之二
　　　　　　　分之一。
　　　　（二）國民小學：不得超過十二節。
　　　　（三）幼稚園：不得超過十二小時。
　　　　（四）特殊教育學校（班）或其他教育機構：依前三款規定辦理。

二十八、中等學校教學實習內容應涵蓋主修之學科（領域、群科）專長；國
　　　　民小學教學實習內容應涵蓋七大學習領域；幼稚園教學實習內容應
　　　　涵蓋六大課程領域；特殊教育教學實習內容應涵蓋不同學習領域。

二十九、實習學生應參加師資培育之大學及教育實習機構安排之座談或研
　　　　習；參加座談或研習者給予公假。

三十、　實習學生應於教育實習期間繳交師資培育之大學規定之教育實習作業
　　　　或報告，並於期末整理成個人實習檔案，繳交實習指導教師及實習輔
　　　　導教師評閱。

三十一、實習學生應依相關規定參加學生團體保險；已辦理其他保險拒絕加
　　　　保者，師資培育之大學應盡告知義務，並請實習學生簽署切結書，
　　　　同時以書面通知學生家屬。

三十二、實習學生之各項教育實習活動應有正式教師在場指導。

實習學生不得從事下列事項：

（一）單獨擔任交通導護。

（二）單獨帶學生參加校外活動。

（三）單獨照顧身心障礙學生。

（四）代理導師職務及行政職務。

（五）擔任專職工作或進修學位。

實習學生於教育實習機構課後打工、兼差，應經師資培育之大學依教育實習實施規定及教育實習計畫審慎評估，並取得師資培育之大學同意。

三十三、實習學生應於規定期限內向教育實習機構報到。除因重大疾病或不可歸責於己之事由外，應在同一教育實習機構實習半年。

第七章　教育實習成績評量及請假規定

三十四、實習學生教育實習成績評量，由師資培育之大學及教育實習機構共同評定之，採百分法，以六十分爲及格。師資培育之大學實習指導教師評量占百分之五十，教育實習機構評量占百分之五十。

三十五、師資培育之大學及教育實習機構對實習學生之評量項目及比率如下：

（一）教學實習（包括至少一次教學演示）成績占教育實習總成績百分之四十五。

（二）導師（級務）實習成績占教育實習總成績百分之三十。

（三）行政實習成績占教育實習總成績百分之十五。

（四）研習活動成績占教育實習總成績百分之十。

實習學生於申請參加教育實習前，有不適合實習，或實習期間未按規定從事教育實習課程、實習表現不佳，經教育實習機構及師資培育之大學召開教育實習審議小組會議審議通過者，得不受理其申請參加教育實習或命其終止教育實習；未輔導改善前，得不受理申請或回復參加教育實習。

三十六、實習學生於教育實習期間表現良好者，師資培育之大學及教育實習

機構得給予獎狀。

三十七、實習學生半年教育實習期間之請假別及日數，依師資培育之大學規定辦理。

實習學生協助教育實習機構於夜間及假日辦理活動，教育實習機構應核實給予補休假。

三十八、實習學生全勤者，其成績得酌予加分。請假日數超過十日者，其教育實習成績不得超過八十分；請假日數超過二十日者，其教育實習成績不得超過七十分。

三十九、實習學生請假八小時以一日計算，應請假而未請假者，以二倍計算。請假累計超過四十日，應停止教育實習且不得申請退費。

請產假（包括：產前假、分娩假、流產假、陪產假）累計超過四十日，或代表國家參加國際比賽等活動請假累計超過十日者，應依超過請假日數補足教育實習，至多不超過三十日；超過者，師資培育之大學得命其終止教育實習。

教育實習機構應通知師資培育之大學其實習學生請假情形，師資培育之大學應據以辦理教育實習成績評量及追蹤輔導。

四十、因教育實習成績不及格、重大疾病或事故停止教育實習之實習學生，得向師資培育之大學重新申請教育實習及繳費。但在原教育實習機構重新實習者，以一次為限。

前項因重大疾病或事故停止教育實習之實習學生，重新申請教育實習時，師資培育之大學應審慎輔導及評估其教育實習機構環境，必要時應召開教育實習審議小組會議審議。

四十一、師資培育之大學、教育實習機構及實習學生，應依行政程序法相關規定辦理教育實習課程成績評量相關事項。

附表一　中等學校師資類科教育實習表現指標

表現指標		指標細項
1. 為學生規劃教學和學習	1-1 瞭解課程目標	1-1-1 瞭解國家所訂立之中學課程目標、課程內容、課程綱要等內涵。
		1-1-2 瞭解教師與學生特質、社區特性、以及相關資源等推動校務條件。
	1-2 設計適切的教學方案	1-2-1 依能力指標及目標研擬教學計畫。
		1-2-2 能依據學生學習特性和教材性質選擇適切的教學方法。
		1-2-3 教學活動能結合學生的生活經驗。
		1-2-4 適切分配教學活動時間。
		1-2-5 能設計多元、適切的評量方式。
	1-3 選編適合教材	1-3-1 選擇適切及有利於學習的教材。
		1-3-2 善用各種教學資源，編撰課程所需教材。
		1-3-3 運用資訊溝通科技（ICT）能力豐富課程教材。
2. 發展適切的教學與評量	2-1 掌握教學重點	2-1-1 熟悉任教科目或領域之專業知識。
		2-1-2 適時提示重點概念。
		2-1-3 清楚講解教學內容，並能維持教學流暢性與邏輯性。
	2-2 熟悉並善用教學技巧	2-2-1 引起學生學習動機與興趣。
		2-2-2 善用問答技巧。
		2-2-3 音量足夠、發音咬字清楚。
		2-2-4 適當運用肢體語言表達教學內容。
		2-2-5 有效應變處理教學進行中之偶發狀況。
	2-3 適切實施學習評量	2-3-1 能實施多元且適切的評量方式。
		2-3-2 適時瞭解學生的學習狀況。
		2-3-3 與學生共同檢討評量成果，並從中瞭解學生學習困難，並給予回饋與指導。
	2-4 善用評量結果	2-4-1 運用評量的結果，進行教學檢討與反思。
		2-4-2 透過師生互動改進教學方法、態度及教材。
		2-4-3 能與實習輔導教師討論方法之適切性。
3.	3-1 輔導個別學生	3-1-1 瞭解學生特殊行為的種類，並能察覺異常行為的出現。
		3-1-2 秉持尊重的態度，願意協助與輔導學生發展。
		3-1-3 尊重並保護學生之隱私權。
		3-1-4 輔導學生瞭解與處理性別相關議題。

表現指標		指標細項
3.營造正向積極的學習環境	3-2 適當處理班級偶發事件	3-2-1 瞭解偶發事件處理原則及通報流程。
		3-2-2 及時向教師和學校行政單位通報班級偶發事件過程。
		3-2-3 記錄實習輔導教師處理偶發事件之過程。
	3-3 建立有助於學習的情境	3-3-1 協助學生布置適當的學習環境。
		3-3-2 瞭解學生身心發展情形與個別差異，並給予適當的期許和支持。
		3-3-3 具備制定與維護班級團體規約的技巧。
	3-4 積極參與班級親師生活動	3-4-1 瞭解中學生次文化及其特性，並能適切的加以輔導。
		3-4-2 能與實習班級導師討論班務及學生狀況，並有效協助處理班務。
		3-4-3 瞭解親師座談會的流程與規劃方式。
		3-4-4 參與班級親職教育活動，並隨時利用機會學習有效的親師溝通技巧。
	3-5 瞭解學校行政之運作	3-5-1 瞭解各處室工作內容。
		3-5-2 瞭解行政活動辦理流程。
		3-5-3 協助支援各處室行政工作。
4.發展教師專業態度	4-1 累積專業知能與自信	4-1-1 根據教學需求，持續專業進修與學習。
		4-1-2 理解和分析重要教育相關議題。
		4-1-3 適切應用研究與研習進修成果於教育工作。
	4-2 學習成為學校社群的一分子	4-2-1 把握正式或非正式的管道，與校內同儕分享學習心得。
		4-2-2 學習各種情境之人際互動技巧。
		4-2-3 觀摩其他教師的教學技巧與經驗，虛心領受學習。
		4-2-4 瞭解各單位之教學資源。
	4-3 遵守教育專業倫理與規範	4-3-1 熟悉教育相關法規，瞭解教師權利義務。
		4-3-2 瞭解及遵守師資培育機構之規範。
		4-3-3 瞭解及遵守實習機構之規範。
		4-3-4 注意個人言行舉止，以立身教。
	4-4 熱忱務實投入教職工作	4-4-1 抱持主動積極的實習態度。
		4-4-2 展現教育熱情與執著。
	4-5 陶冶優勢能量	4-5-1 嘗試各種解決之道，從中學習新經驗。
		4-5-2 從做中學，培養積極的態度。
		4-5-3 尋找自己的優劣勢，並加強鍛鍊。
		4-5-4 對教育情境保持檢討、反省及學習的態度。

附表二　國民小學師資類科教育實習表現指標

表現指標		指標細項
1. 為學生規劃教學和學習	1-1 瞭解課程目標	1-1-1 瞭解國家所訂立之課程目標、實施要點、各學習領域綱要等內涵。
		1-1-2 瞭解教師與學生特質、社區特性、以及相關資源等推動校務條件。
	1-2 設計適切的教學方案	1-2-1 依能力指標及目標研擬教學計畫。
		1-2-2 能依據學生學習特性和教材性質選擇適切的教學方法。
		1-2-3 教學活動能結合學生的生活經驗。
		1-2-4 適切分配教學活動時間。
		1-2-5 能設計多元、適切的評量方式。
	1-3 選編適合教材	1-3-1 選擇適切及有利於學習的教材。
		1-3-2 善用各種教學資源,編撰課程所需教材。
		1-3-3 運用資訊溝通科技(ICT)能力豐富課程教材。
2. 發展適切的教學與評量	2-1 掌握教學重點	2-1-1 全盤瞭解與掌握任教學習領域之內容。
		2-1-2 教學過程中適時歸納與引導重要概念。
		2-1-3 清楚講解教學內容,並能維持教學流暢性。
	2-2 熟悉並善用教學技巧	2-2-1 引起學生學習動機與興趣。
		2-2-2 善用問答技巧。
		2-2-3 語速及音量適中、發音咬字清楚。
		2-2-4 適當運用肢體語言表達教學內容。
		2-2-5 有效應變處理教學進行中之偶發狀況。
	2-3 適切實施學習評量	2-3-1 能實施多元且適切的評量方式。
		2-3-2 適時瞭解學生的學習狀況。
		2-3-3 與學生共同檢討評量成果,從中瞭解學生學習困難,並給予回饋與指導。
	2-4 善用評量結果	2-4-1 透過評量結果檢討與反省教學實施。
		2-4-2 運用評量的結果,改進教學設計。
3. 營造正向積極的學習環境	3-1 瞭解學生同儕文化	3-1-1 瞭解性別平等相關法令並知悉處理原則。
		3-1-2 瞭解學生次文化及其特性。
	3-2 輔導個別學生	3-2-1 瞭解學生特殊行為的種類,並能察覺異常行為的出現。
		3-2-2 秉持尊重的態度,願意協助與輔導學生發展。
		3-2-3 瞭解弱勢學生的學習輔導策略。
		3-2-4 尊重並保護學生之隱私權。

表現指標		指標細項
3-3 適當處理班級偶發事件		3-3-1 瞭解偶發事件處理原則及通報流程。
		3-3-2 及時向教師和學校行政單位通報班級偶發事件過程。
		3-3-3 記錄實習輔導教師處理偶發事件之過程。
3-4 建立有助於學習的情境		3-4-1 協助教師或學生布置適當的學習環境。
		3-4-2 瞭解學生身心發展情形與個別差異，並給予適當的期許和支持。
		3-4-3 熟悉制定與維護班級團體規約的技巧。
3-5 積極參與班級親師生活動		3-5-1 能與實習班級導師討論班務及學生狀況，並有效協助處理班務。
		3-5-2 瞭解親師座談會的流程與規劃方式。
		3-5-3 能參與班級親職教育活動，並隨時利用機會加強學習有效的親師溝通技巧。
3-6 瞭解行政規劃與流程		3-6-1 瞭解各處室行政工作內容。
		3-6-2 參與學校例行事項及活動。
		3-6-3 展現積極的行政服務熱忱。
4. 發展教師專業態度	4-1 累積專業知能與自信	4-1-1 持續進行專業進修與跨領域學習。
		4-1-2 關心各項教育時事與議題。
		4-1-3 適切應用研究與研習進修成果於教育工作。
	4-2 學習成為學校社群的一分子	4-2-1 把握正式或非正式的管道，與校內同儕分享交換學習心得。
		4-2-2 運用人際互動技巧，融入學校社群。
		4-2-3 觀摩跨學科資深教師的教學技巧與經驗，虛心領受學習。
	4-3 遵守教育專業倫理與規範	4-3-1 熟悉教育相關法規，瞭解教師之權利義務。
		4-3-2 考量學生的權益，以良師為職志。
	4-4 熱忱務實投入教職工作	4-4-1 抱持主動積極的實習態度。
		4-4-2 展現教育熱情與執著。
	4-5 陶冶優勢能量	4-5-1 嘗試各種解決之道，從中學習新經驗。
		4-5-2 從做中學，培養積極的態度。
		4-5-3 尋找自己的優劣勢，並加強鍛鍊。
		4-5-4 對教育情境保持檢討、反省及學習的態度。

附表三　幼兒園師資類科教育實習表現指標

表現指標		指標細項
1.為幼兒規劃統整性課程和學習活動	1-1 瞭解課程目標	1-1-1 瞭解國家所訂立之幼兒園教保活動課程大綱之內涵。
		1-1-2 考量幼兒園發展目標、課程取向、幼兒特性、及相關資源。
	1-2 安排有效的教學型態	1-2-1 依幼兒學習特性和教材性質選擇適切的教學型態。
		1-2-2 教學活動能結合幼兒的生活經驗。
	1-3 設計適切的教學方案	1-3-1 依課程目標與學習指標，以統整方式研擬教學計畫。
		1-3-2 適切分配教學活動時間。
		1-3-3 能設計多元、適切的評量方式。
	1-4 選編適合教材	1-4-1 依據幼兒發展狀況與學習需求，規劃合宜的教保活動課程。
		1-4-2 善用各種教學資源，在地選材，編撰課程所需教材。
		1-4-3 運用資訊科技輔助教學。
2.發展適切的教學與評量方法	2-1 掌握教學重點	2-1-1 全盤掌握與瞭解任教之教學內容。
		2-1-2 適時歸納與提示重點概念。
		2-1-3 清楚講解教學內容，並能維持教學流暢性。
	2-2 熟悉並善用教學技巧	2-2-1 引起幼兒學習動機與興趣。
		2-2-2 善用問答技巧。
		2-2-3 音量足夠、發音咬字清楚。
		2-2-4 適當運用肢體語言表達教學內容。
		2-2-5 應變處理教學進行中之偶發狀況。
	2-3 適切實施教學與學習評量	2-3-1 能實施多元且適切的評量方式。
		2-3-2 適時瞭解教學過程中幼兒的學習狀況。
		2-3-3 依據學習評量成果，從中瞭解幼兒學習困難。
		2-3-4 適時對幼兒回應與指導。
		2-3-5 課程活動結束後，依據教學過程書寫課程記錄。
	2-4 善用評量結果	2-4-1 運用教學與學習評量的結果，進行教學檢討與反思。
		2-4-2 透過師生互動改進教學方法、態度及教材。
		2-4-3 能與實習輔導教師討論方法之適切性。

	表現指標	指標細項
3.營造支持幼兒學習的環境	3-1 輔導個別幼兒	3-1-1 秉持尊重幼兒的態度，輔導與協助幼兒發展。
		3-1-2 瞭解幼兒特殊行為的種類，並能察覺異常行為的出現。
		3-1-3 瞭解並輔導弱勢幼兒的學習。
		3-1-4 保護幼兒及其家庭之隱私權。
		3-1-5 瞭解性別平等相關法令並知悉處理原則。
	3-2 適當處理班級偶發事件	3-2-1 瞭解偶發事件處理原則及通報流程。
		3-2-2 及時向教師或幼兒園行政單位通報偶發事件過程。
		3-2-3 學習並記錄實習輔導教師處理偶發事件之過程。
		3-2-4 瞭解並協助類似偶發事件之處理過程。
	3-3 建立有助於學習的情境	3-3-1 師生共同布置適當的學習環境。
		3-3-2 瞭解幼兒身心發展情形與個別差異，並給予適當的期許和支持。
		3-3-3 學習制定與維護班級團體規約的技巧。
	3-4 積極參與班級親師生活動	3-4-1 瞭解親師座談會的流程與規劃方式。
		3-4-2 能與實習輔導教師討論班務及幼生狀況，並有效協助處理班級事務。
		3-4-3 嘗試與家長溝通，增進親師溝通能力。
		3-4-4 參與班級親職教育活動，學習有效的親師溝通技巧。
	3-5 瞭解行政規劃與流程	3-5-1 瞭解園務行政工作內容。
		3-5-2 參與幼兒園行事及各項活動。
4.發展教師專業態度	4-1 累積專業知能與建立自信	4-1-1 持續進行專業進修與學習。
		4-1-2 關心各項教育時事與議題。
		4-1-3 對教育情境保持檢討、反省及學習的態度。
		4-1-4 適切應用研究與研習進修成果於教育工作。
	4-2 積極投入幼兒園社群的一分子	4-2-1 藉由各種管道，與園內同儕教師或實習教師分享交換學習心得。
		4-2-2 學習建立各種情境之人際互動關係。
		4-2-3 觀摩資深教師的教學技巧與經驗，虛心領受學習。

表現指標		指標細項
	4-3 遵守教育專業倫理與規範	4-3-1 熟悉教育相關法規，瞭解教師之權利義務。
		4-3-2 遵守教保人員倫理規範。
		4-3-3 優先考量幼兒的權益，以良師為職志。
	4-4 熱忱務實投入教職工作	4-4-1 抱持主動積極的實習態度。
		4-4-2 展現教育熱情與執著。
	4-5 陶冶優勢能量	4-5-1 嘗試各種解決之道，從中學習新經驗。
		4-5-2 察覺與瞭解自己的優劣勢與限制，並加強鍛鍊。

附表四 特殊教育師資類科教育實習表現指標

表現指標		指標細項
1. 為學生規劃教學和學習	1-1 瞭解課程目標	1-1-1 瞭解普通教育課程綱要、課程目標、課程內容等內涵。
		1-1-2 瞭解特殊教育課程綱要、課程目標、課程內容等內涵。
		1-1-3 熟悉特殊需求領域之專業知識。
		1-1-4 能依據學生的特質與需求進行必要的課程調整。
	1-2 設計適切的教學方案	1-2-1 能依學生需求設計個別化教育計畫或個別輔導計畫。
		1-2-2 在教學時能分析學生能力與教學內容，必要時進行分組教學。
		1-2-3 能設計合乎邏輯性之教學流程。
		1-2-4 能設計多元、適切的評量方式。
	1-3 選編適合教材	1-3-1 依據學生特性及學習需求，選擇適切的教材。
		1-3-2 善用各種教學資源，編製課程所需教材。
		1-3-3 運用多元媒介與學習輔助科技豐富課程教材。
2. 發展適切的教學與評量	2-1 瞭解特殊學生之評量方式與鑑定流程	2-1-1 瞭解特殊學生鑑定安置之基本知識（如篩選、鑑定流程、轉介前介入等）。
		2-1-2 具備各種正式與非正式評量之方法。
		2-1-3 能協助教師進行鑑定評量工作。
	2-2 運用有效的教學方法	2-2-1 依學生學習特性和教材性質，運用適切的教學方法和策略。
		2-2-2 能清楚講解教學內容，並維持教學流暢性與邏輯性。
		2-2-3 教學活動能結合學生的生活經驗。
		2-2-4 能展現生動教學技巧（如音量足夠、發音咬字清楚、適當運用肢體語言及教具）。

表現指標		指標細項
3. 營造正向積極的學習環境	2-3 適切實施學習評量	2-3-1 能實施多元且適切的評量方式。
		2-3-2 能適時從評量結果瞭解學生學習困難。
		2-3-3 能依學生需要調整評量方式及評量標準，使其展現真正實力。
	2-4 善用評量結果	2-4-1 能運用評量的結果，進行教學檢討與調整。
		2-4-2 能適時地對學生回饋與指導。
		2-4-3 能參與實習輔導教師及其他教師溝通學生之評量結果。
	3-1 輔導個別學生	3-1-1 秉持尊重的態度，願意輔導與協助學生發展。
		3-1-2 充分掌握學生特殊行為的種類，並能保護學生隱私，積極輔導與協助學生發展。
	3-2 適當處理班級偶發事件	3-2-1 瞭解校園安全事件（如性別平等、霸凌、藥物濫用等）通報原則及通報流程，並及時向教師和學校行政單位通報。
		3-2-2 學習並記錄教師處理偶發事件之過程。
		3-2-3 瞭解並協助班級偶發事件之處理。
		3-2-4 針對特殊個案，能在教師協助下有效處理學生問題行為。
	3-3 建立有助於學習的情境	3-3-1 能配合教學需要，規劃與協助布置適當的學習環境。
		3-3-2 建立正向支持的環境，以健全學生身心發展。
		3-3-3 具備制定與維護班級團體規約的技巧，促進同儕合作。
	3-4 積極參與班級親師生活動	3-4-1 瞭解學生次文化及其特性，並能適切的加以輔導。
		3-4-2 能與實習班級導師討論班務及學生狀況，並有效協助處理班務。
		3-4-3 瞭解親師座談會的流程與規劃方式。
		3-4-4 能參與班級親職教育活動，並隨時利用機會加強學習有效的親師溝通技巧。
	3-5 瞭解學校行政之運作	3-5-1 瞭解各處室工作特性，及其與特殊教育之關聯。
		3-5-2 協助支援各處室行政工作，並推動落實融合教育。
		3-5-3 瞭解各單位與特殊教育相關之資源，並能規劃管理與統整應用。
4. 發展教師專業態度	4-1 累積專業知能與自信	4-1-1 根據教學需求，持續專業進修與學習。
		4-1-2 重視教學品質與效能的提升。
		4-1-3 關心重要教育相關議題。
		4-1-4 適切應用研究與研習進修成果於教育工作。

表現指標		指標細項
	4-2 參與學校社群	4-2-1 把握各種機會，與校內同儕分享教學與研習心得。
		4-2-2 學習建立各種情境之人際互動技巧。
		4-2-3 觀摩與學習教師的教學技巧與經驗，虛心領受學習。
		4-2-4 學習各種情境之人際互動技巧。
	4-3 遵守教育專業倫理與規範	4-3-1 瞭解相關法規（如《教師法》、《特殊教育法》）所規範之教師權利義務。
		4-3-2 瞭解並遵守相關機構（如師資培育機構、實習機構）所規範之實習學生權利義務。
		4-3-3 維護學生之受教權。
		4-3-4 尊重並保護學生之隱私權。
		4-3-5 注意個人言行舉止，以立身教。
		4-3-6 對教育情境保持檢討、反省及學習的態度。
	4-4 陶冶優勢能量	4-4-1 嘗試各種解決之道，從中學習新經驗。
		4-4-2 對教育懷抱熱情與執著，抱持主動積極的實習態度。

您，了沒？

趕緊加入我們的粉絲專頁喲！

教育人文 & 影視新聞傳播～五南書香

等你來挖寶

【五南圖書 教育／傳播網】
https://www.facebook.com/wunan.t8
粉絲專頁提供──

・書籍出版資訊（包括五南教科書、
　知識用書，書泉生活用書等）

・不定時小驚喜(如贈書活動或書籍折
　扣等)

・粉絲可詢問書籍事項（訂購書籍或
　出版寫作均可）、留言分享心情或
　資訊交流

封面圖
不定期
會更換

請此處加入
按讚

五南文化廣場

橫跨各領域的專業性、學術性書籍
在這裡必能滿足您的絕佳選擇！

五南全國展售門市

【逢甲店】

【台大店】

【嶺東書坊】

【海洋書坊】

【環球書坊】

【台中總店】

【高雄店】

【屏東店】

國家圖書館出版品預行編目資料

教育實習與教師之路：成為教師的十四堂課
／劉世雄著. ――初版. ――臺北市：五南,
2016.08
　　面；　公分
　ISBN 978-957-11-8684-9（平裝）

1.教育實習　2.教師專業資格

522.633　　　　　　　　　105011567

1IZJ

教育實習與教師之路
成爲教師的十四堂課

作　　　者 ― 劉世雄（343.4）

發 行 人 ― 楊榮川

總 編 輯 ― 王翠華

主　　編 ― 陳念祖

責任編輯 ― 李敏華

封面設計 ― 陳卿瑋

出 版 者 ― 五南圖書出版股份有限公司

地　　　址：106台北市大安區和平東路二段339號4樓

電　　話：(02)2705-5066　　傳　　真：(02)2706-6100

網　　　址：http://www.wunan.com.tw

電子郵件：wunan＠wunan.com.tw

劃撥帳號：01068953

戶　　名：五南圖書出版股份有限公司

法律顧問　林勝安律師事務所　林勝安律師

出版日期　2016年8月初版一刷
　　　　　2017年3月初版二刷

定　　價　新臺幣400元